Wenn der Körper schwingt, beginnt der Sitz zu sprechen.

Dieses Buch zeigt, wie Reiten zur echten Verbindung wird –
durch Spüren, nicht durch Kontrolle.

Eine neue Dimension der Sitzschulung:
ehrlich, tiefgehend, transformierend.

IMPRESSUM

Autorin: Nicole Truckenbrodt
Titelgestaltung: Klaus Niedermeier
Innengestaltung: Nicole Truckenbrodt
Lektorat: KPC Institut – Heike Mertins
Verlag: BoD · Books on Demand GmbH, Überseering 33, 22297 Hamburg, bod@bod.de
Druck: Libri Plureos GmbH, Friedensallee 273, 22763 Hamburg
Printed in Germany

Literaturverzeichnis & Bildnachweis
Titel: Nicole Truckenbrodt
Seite 321 und Seite 322

Haftungsausschluss
Die in diesem Buch dargestellten Inhalte, Methoden sowie Klangmassage-/Sitzschulungs- und Coaching-Hinweise, medizinischen und psychotherapeutischen Informationen und sonstigen Empfehlungen basieren auf den persönlichen Erfahrungen der Autorin und dienen der Veranschaulichung. Sie hat diese nach besten Wissen und Gewissen überprüft. Sie ersetzen keine medizinische, therapeutische oder wissenschaftliche Fachberatung. Dieses Buch beinhaltet eigene Interpretationen der Faszienstrukturen und Körperbereiche im Reitsport. Diese Inhalte dienen der Visualisierung der beschriebenen Methoden und basieren auf praktischen Erfahrungen. Sie ersetzen ebenfalls keine medizinische oder wissenschaftliche Fachliteratur.

Für einen eventuellen Missbrauch der Informationen in diesem Buch können weder die Autorin noch der Verlag oder die Vertreiber des Buches zur Verantwortung gezogen werden. Eine Haftung für Personen-, Sach- und Vermögensschäden ist ausgeschlossen.

ISBN: 978-3-8192-6449-8

INHALTSVERZEICHNIS

5. Lockerung und Durchlässigkeit

6. Die Faszien-Reiterklangmassage auf RISING STAR

7. Coaching Methoden

VORWORT

Liebe Leserinnen und Leser,

Reiten ist mehr als ein Sportart – es ist eine lebendige Verbindung zwischen Mensch und Pferd. Diese Partnerschaft basiert auf Vertrauen, Achtsamkeit und einem feinen Gespür füreinander. Doch im hektischen Alltag verlieren wir oft den Zugang zu uns selbst und damit auch für die feinen Signale, die unser Pferd uns sendet. Genau hier setzt die Klangmassage an: Sie ermöglicht Momente der Ruhe, des inneren Gleichgewichts und der bewussten Verbindung.

Die Schwingungen der Klangschalen haben eine einzigartige Kraft, die weit über das Körperliche hinausgeht. Sie können Spannungen lösen, das Wohlbefinden fördern und sogar die Kommunikation mit dem Pferd verbessern. Dieses Buch zeigt dir, wie du diese wunderbare Technik nutzen kannst, um sowohl deine eigene Energie, als auch die deines Pferdes in Einklang zu bringen.

Die Inhalte dieses Buches basieren auf jahrelanger Erfahrung, Hingabe und der Überzeugung, dass Achtsamkeit, Klänge und Schwingungen die Verbindung zwischen Mensch und Tier nachhaltig stärken können. Sie dienen zur Information und persönlichen Inspiration, ersetzen jedoch keine medizinische oder therapeutische Beratung. Bei gesundheitlichen Beschwerden oder Unsicherheiten sollte stets ein Facharzt, Physiotherapeut oder Osteopath konsultiert werden, bei mentalen Themen auch ein Psychotherapeut. Ich übernehme keine Haftung für eventuelle Schäden oder Verletzungen, die durch die Anwendung der beschriebenen Methoden entstehen.

Neben der Einführung in die Reiterklangmassage wirst du in diesem Buch wertvolle Impulse zur Verbesserung deiner Durchlässigkeit im Sitz finden – und dafür brauchst du nicht einmal eine Klangschale.

Ein besonderer Dank gilt an dieser Stelle meiner Tochter Anna. Mit ihrem unermüdlichen Forschergeist, ihrer Begeisterung für Neues und ihrer kreativen Energie hat sie nicht nur die Reiterklangmassage-Produkte mitentwickelt, sondern mich auch über die Jahre hinweg tatkräftig unterstützt und an diesen Weg geglaubt. Ohne ihre Ideen und ihren Einsatz wäre vieles in diesem Buch nicht möglich gewesen. Gleichzeitig gibt es viele weitere Menschen, die mich auf diesem Weg begleitet, inspiriert und unterstützt haben. Ihnen allen möchte ich am Ende dieses Buches meinen besonderen Dank aussprechen.

Lass dich inspirieren, öffne dein Herz und deine Sinne. Möge dieses Buch dir und deinem Pferd ein wertvoller Begleiter auf dem Weg zu mehr Harmonie, Leichtigkeit und tiefer Verbundenheit sein.

Mit den besten Wünschen für deine klangvollen und durchlässigen Erfahrungen,

Nicole Truckenbrodt

Gemeinsamkeit beflügelt.
Birgit Michael-Maiwert auf Zona

EINLEITUNG

Was bedeutet
K P C Klangpferdecoaching?

Dieses Buch geht weit über herkömmliche Ansätze hinaus. Im Mittelpunkt steht der KPC-Ansatz – ein Konzept, das die Grundlage für die einzigartige Methode der **KPC® Reiterklangmassage** bildet. Doch was verbirgt sich hinter KPC® – dem Klangpferde-Coaching-Ansatz?

© **K** steht für **Klangmassage für Reiter und Pferde.** Die Klangmassage ist eine wirkungsvolle Technik, die mit den Schwingungen von Klangschalen den Körper durchlässig schwingen lässt – und sowohl Menschen, wie auch Pferde tiefe Entspannung ermöglicht. Die klassische Klangmassage für Menschen im Liegen hat sich bereits seit vielen Jahren schon zur Entspannung, Steigerung des Wohlbefindens und zum Stärken der Selbstheilungskräfte bewährt. Im Rahmen von KPC® wurde sie weiter entwickelt: Einerseits für Pferde angepasst, andererseits für Reiter in eine vertikale Form gebracht – vom Liegen ins aufrechte Sitzen auf dem Holzpferd mit integrierter Klangschale. Dort wurde sie mit gezielten Sitzschulungselementen kombiniert. Genau diese besondere Entwicklung und ihre Möglichkeiten werden in diesem Buch vorgestellt.

◎ **P** steht für **pferdegerechten Umgang.**
Das Wohlbefinden des Fluchttieres Pferd steht immer an erster Stelle. Ein respektvoller, achtsamer Umgang – sowohl am Boden als auch im Sattel – ist die Basis einer harmonischen, nachhaltigen Partnerschaft zwischen Mensch und Tier. Die enthaltenen Sitzschulungselemente fördern ein pferdegerechtes Reiten, wie es unter anderem in der akademisch-barocken Reitweise, im Reiten aus der Körpermitte nach Sally Swift, oder in den Ansätzen des Feldenkrais, Yoga und der Arbeit mit Franklin Bällen zu finden ist. In der Sitzschulung kommt man natürlich nicht an Eckart Meyners vorbei, und auch inspirierende Reitmeister wie Manolo Mendez, die Hofreitschule Bückeburg, Anja Beran, Pedro Torres oder Annika Keller prägen meine Arbeit. Ihre Ansätze zeigen eindrucksvoll, was balanciertes und pferdegerechtes Reiten bedeutet.

◎ **C** steht für **systemisches Coaching.**
Der lösungs- und ressourcenorientierte Ansatz des systematischen Coachings bietet wertvolle Werkzeuge und Entwicklungsimpulse für persönliches Wachstum, indem es neue Perspektiven eröffnet und so manche Blockaden löst. Besonders die hypnotherapeutischen Elemente sind eine große Bereicherung für den Reitunterricht und die Körperarbeit rund ums Reiten. Auch diese Methoden wirst du in diesem Buch finden – und zwar so aufbereitet, dass auch Reitlehrer ihren Unterricht bereichern und ihre Reiter gezielt ins Fühlen bringen können, ganz ohne den Einsatz einer Klangschale.

MEINE ERFAHRUNG:
EINE PIONIERIN IM SYSTEMISCHEN
COACHING MIT PFERDEN

Die Verbindung von Pferden und systemischen Coaching ist für mich kein neuer Trend – sondern eine Leidenschaft, die mich seit Jahrzehnten begleitet. Bereits 2003 veröffentlichte ich das Buch „von Pferden lernen", in dem ich als eine der ersten Autorinnen die Idee präsentierte, Pferde gezielt für die Persönlichkeitsentwicklung und Führungskräfte-Trainings einzusetzen.

Lange bevor pferdegestütztes Coaching in Unternehmen bekannter wurde, erkannte ich die besondere Fähigkeit von Pferden, uns Menschen als Spiegelung und Entwicklungsbegleiter zu dienen. Meine Arbeit als systemische Coachin und Klangmassage-Praktikerin verbindet diese Erkenntnisse mit jahrzehntelanger Erfahrung – nicht nur in der Pferdearbeit, sondern auch im Bereich der Körper- und Bewusstseinsarbeit.

Ich bin keine Reitlehrerin im klassischen Sinne und besitze keine FN Trainerlizenz. Vielmehr betrachte ich mich als begeisterte Freizeitreiterin mit einem tiefen Interesse an Bewusstsein, feiner Kommunikation und pferdegerechtem Reiten. Gleichzeitig arbeite ich eng mit erfahrenen Reitlehrern und Trainern zusammen, die in diesem Buch wertvolle Praxisbeiträge teilen. Ihre Perspektiven ergänzen die Klangmassage und Sitzschulung um interessante Einblicke in die praktische Reitlehre zu bekommen – so dass du als Leser von einem ganzheitlichen Ansatz profitierst.

Der KPC®-Ansatz vereint diese Erfahrungen und bringt Klang, Körperbewusstsein und systematische Blickwinkel und Herangehensweisen in eine ganzheitlichen Methode, die sich in zwei große Felder gliedert:
1. die KPC® Klangmassage für Pferde und
2. die KPC® Reiterklangmassage auf RISING STAR.

WAS BEDEUTET RISING STAR

Der Name RISING STAR ist bewusst gewählt:

RI   steht für **Ri**ding (Reiten)
SE   für **S**ensing (Fühlen)
RISING symbolisiert Wachstum und Aufstieg.

Diese Begriffe stehen sinnbildlich für die KPC® Reiter-Klangmassage, die eine Verbindung zwischen Reiten, Körperbewusstsein und persönlicher Weiterentwicklung schafft.

Freizeitreiterin aus Leidenschaft –
Meine Reise mit Pferden ist eine Kombination aus
Achtsamkeit, Freude und tiefer Verbindung

WORUM GEHT ES IN DIESEM BUCH?

Dieses Buch vereint fachliches Know-how aus jahrzehntelanger Erfahrung in den Bereichen Klangmassage, pferdegerechtes Reiten und systemisches Coaching. Es kombiniert wissenschaftlich fundierte Techniken mit bewährten Praxisansätzen, pferdegerechter Ethik und einer tiefen Achtsamkeit gegenüber Mensch und Tier.

Es lädt dich ein, Theorie und Praxis der Reiterklangmassage kennenzulernen – und damit eine Sitzschulung einer ganz neuen Dimension zu entdecken.

Du erfährst, wie du mit vertikaler Klangmassage und gezielten Sitzschulungselementen dein Reiten auf ein neues Level bringst, die Beziehung zu deinem Pferd vertiefst und dich dabei auch selbst neu erfährst.

Ob du Reitlehrer, Therapeut oder begeisterter Pferdemensch bist – du wirst von der kinästhetischen Differenzierungsfähigkeit, die du durch die KPC® Reiterklangmassage entwickelst, enorm profitieren. Denn je besser du dich selbst und die Bewegungen des Pferdes wahrnehmen kannst, desto klarer, bewusster und gezielter wirst du deine Bewegungen einsetzen – und desto feiner wird die Kommunikation mit deinem Pferd.

DAS ZIEL?

Eines Tages so zu reiten, dass von außen keine Bewegung sichtbar ist. Nicht, weil du „ruhig" sitzt, sondern weil die Bewegung des Pferdes durch deinen Körper hindurchfließen können – ohne Blockaden, ohne Widerstände, ohne Störungen durch menschliche Dysbalancen.

Die KPC® Reiterklangmassage bietet dir einen neuen und sehr effektiven Weg dorthin. Sie ermöglicht dir ein völlig neues Körpergefühl, löst Blockaden von innen heraus sanft, nachhaltig und schafft eine vertrauensvolle Harmonie zwischen Reiter und Pferd.

WAS ERWARTET DICH IN DIESEM BUCH?

Lass dich in diesem Buch inspirieren und entdecke die Kraft der Klangmassage, die obertonreichen Klängen, die Tiefe der Verbindung – ergänzt durch ganzheitliche systemische Coaching-Elemente. Dieses Buch ist eine Einladung, geschmeidig zu werden:

◎ um dich selbst und dein Pferd noch besser wahrzunehmen,
◎ um eure Verbindung zu vertiefen,
◎ um gemeinsam zu wachsen und in Einklang zu kommen.

ZUSÄTZLICHE INHALTE ÜBER QR CODES

Um dich noch intensiver in die Welt der Klangmassage, Sitzschulung und pferdegerechten Reitweise mitzunehmen, findest du in diesem Buch mehrere QR Codes. Diese ermöglichen dir den direkten Zugang zu:

◎ Hörbeispielen, die die Wirkung von Klangschalen erfahrbar machen,
◎ zusätzlichem Material und weiterführenden Impulsen,
◎ Information zu Kursen, falls du die Methoden selbst vertiefen oder erlernen möchtest.

Nutze diese digitalen Ergänzungen, um dein lern- und Körpergefühl zu bereichern und die Inhalte dieses Buches noch praktischer erfahrbar zu machen.

FAZIT

Dieses Buch ist weit mehr als eine Sammlung von Techniken – es ist eine Einladung, Reiten neu zu erleben. Es wird dir neue Perspektiven eröffnen, dein Körpergefühl schulen und die Kommunikation mit deinem Pferd verfeinern. Ich wünsche dir viele inspirierende, klangvolle und durchlässige Erfahrungen! ■

1. KLANGMASSAGE UND IHRE WIRKUNG

Vorbehalte und Vorurteile zu Klangschalen – ein paar Worte vorweg

Auch wenn Klangmassagen zur Entspannung und Steigerung des Wohlbefindens zunehmend an Akzeptanz gewinnen, gibt es nach wie vor Vorurteile. Häufig werden sie vorschnell als „esoterisch" abgetan, ohne dass die Methode, ihre dahinter liegenden Prinzipien und physikalischen Grundlagen wirklich verstanden werden.

Daher ist es mir wichtig, gleich zu Beginn einige zentrale Punkte zu klären und gängige Missverständnisse auszuräumen.

1. KLANGMASSAGE – EIN PHYSIKALISCHER EFFEKT

Bei einer Klangmassage werden speziell entwickelte, hochwertige Therapie-Klangschalen auf den bekleideten Körper des Menschen gelegt und in einer bestimmten Methodik sanft angespielt. Dadurch geraten sie in Schwingung, und die sanften, lang anhaltenden Vibrationen und Schallwellen breiten sich im Körper aus.

Diese Schwingungen haben nachweislich eine positive Wirkung. Sie lockern die Muskulatur, verbessern die Durchblutung, unterstützen den Stress-Abbau und fördern die Gesundheit. Dabei handelt es sich nicht um einen mystischen oder esoterischen Prozess, sondern um eine physikalisch messbare Reaktion des Körpers auf Klang und Vibration.

2. WISSENSCHAFTLICHE BASIS

Die wissenschaftliche Forschung zu Klangtherapien und ihre Wirkung auf Menschen und Tiere steckt noch in den Anfängen.

Einige Studien zeigen, dass Klangmassagen, insbesondere zur Förderung von Entspannung beitragen können. Für den Einsatz bei Tieren – einschließlich Pferden – gibt es bisher kaum belastbare Untersuchungen. Im Jahr 2018 führten wir eine tierärztlich begleitete Voruntersuchung mit zehn Pferden durch, um die Auswirkung der Klangmassage auf PAT Werte (Puls, Atmung, Temperatur), sowie auf ethologische Entspannungszeichen systematisch zu erfassen. Trotz sorgfältiger Durchführung stellte sich heraus, dass die Reproduzierbarkeit der Daten durch die Vielzahl individueller Einflussfaktoren – wie Tagesform, Umgebungseinflüsse oder bereits bestehende Entspannungsmuster der Pferde – erschwert wurde. Dadurch konnten keine statistisch belastbaren und zuverlässig reproduzierbaren Messergebnisse erzielt werden.

Dennoch gaben die Beobachtungen wertvolle Hinweise darauf, dass die Klangmassage bei Pferden entspannende Effekte hervorrufen kann, die in weiteren Untersuchungen unter optimierten Rahmenbedingungen vertieft werden sollten.

Im Humanbereich existieren hingegen bereits einige wissenschaftliche Studien, die die positiven Effekte von Klangmassagen auf Stressabbau, Muskelentspannung und Körperwahrnehmung bestätigen. Diese Forschungsergebnisse sind eine wertvolle Grundlage für die weitere Entwicklung der Methode.

3. KLANGMASSAGEN SIND KEINE KLANGTHERAPIE IM ESOTERISCHEN SINN

Klangmassagen werden oft mit esoterischen Konzepten wie Chakrenarbeit, „Energiefeldern" oder gar spirituellen Heilversprechen in Verbindung gebracht. Solche Konzepte verschieben die Methode in einen Kontext, von dem wir uns ausdrücklich distanzieren. Unsere Arbeit basiert auf einer fundierten, professionellen Ausbildung nach den Standards des Peter Hess Instituts (PHI). Als international anerkannte Pioniere haben Peter Hess und sein Team eine strukturierte, wissenschaftlich fundierte Klangmassage-Methode entwickelt, die heute weltweit angewandt wird.

Die KPC® Klangmassage (Klangpferdecoaching) lehnt jegliche esoterischen Heilversprechen, oder energetischen Konzepte ab. Stattdessen setzen wir Klangmassagen ganz pragmatisch zur Stressreduktion, Entspannung, Körperwahrnehmung und Vertrauensaufbau bei Mensch und Pferd ein. Zudem nutzen wir sie gezielt in der Sitzschulung, um Reitern ein besseres Körpergefühl und den „Wow" Effekt beim Reiten zu ermöglichen.

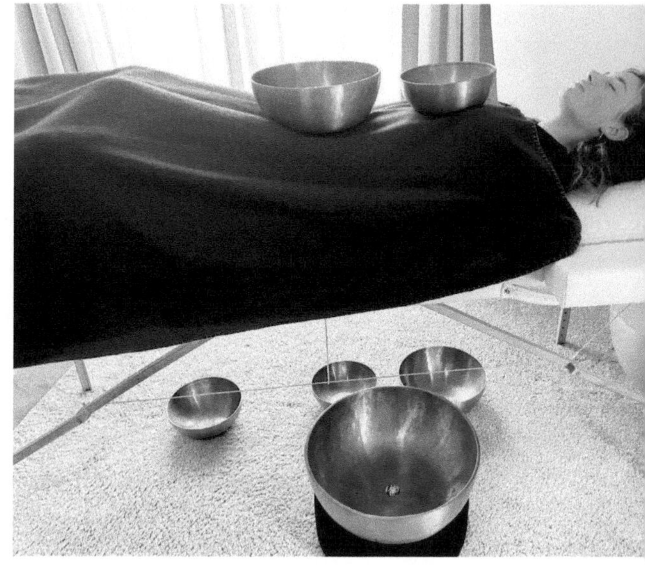

Zur KPC® Klangmassage

Die KPC® Klangmassage basiert auf den Prinzipien und Qualitäts-Standards der Peter-Hess®-Klangmassage, die in den 1980er-Jahren von Peter Hess, einem deutschen Physikingenieur und Klangtherapeuten, entwickelt wurde. Inspiriert durch traditionelle Klangmethoden in Nepal, Indien und Tibet, wo Klänge seit Jahrhunderten in der Heilkunst und Meditation eingesetzt werden, überführte Hess diese Ansätze in ein westliches Therapiekonzept mit wissenschaftlicher Struktur und Reproduzierbarkeit.

Ausgebildet als PHI® Klangmassage-Praktikerin habe ich die Methode kontinuierlich weiter entwickelt und speziell auf die Bedürfnisse von Pferden und Reitern übertragen. Im folgenden Kapitel werde ich zunächst auf die Klangmassage bei Menschen eingehen, dann auf ihre Anwendung bei Pferden, bevor wir uns schließlich der Reiterklangmassage widmen – dem Herzstück dieses Buches. ■

Wirkung von Klangmassagen bei Menschen

Viele Menschen, die bereits eine Klangmassage erlebt haben, berichten von positiven und oftmals tiefgreifenden Erfahrungen. Diese Rückmeldungen sind naturgemäß subjektiv, da sie von der individuellen Wahrnehmung, den persönlichen Erwartungen, sowie dem körperlichen und emotionalen Zustand vor der Sitzung beeinflusst werden. Dennoch lassen sich aus diesen Erfahrungsberichten wertvolle Einblicke in die Wirkung der Klangmassage gewinnen.

Um sich die mögliche Wirkung besser vorstellen zu können, möchte ich einige typische Rückmeldungen meiner Kundinnen und Kunden nach einer klassischen Klangmassage teilen:

1. KÖRPERLICHE ENTSPANNUNG

„Ich fühle mich viel leichter und entspannter.“
Viele Menschen spüren nach einer Klangmassage eine deutliche körperliche Entspannung, insbesondere in den Muskeln. Verspannungen oder ein Gefühl von Schwere löst sich oft auf.
„Die Schwingungen waren wie eine innere Massage.“
Die tief eindringenden Vibrationen der Klangschalen werden häufig als angenehm und wohltuend für den Körper empfunden, ein „inneres Körpergefühl" entsteht.

2. GEISTIGE RUHE

„Mein Kopf ist endlich frei von Gedanken.“
Viele berichten, dass sie durch die Klangmassage einen Zustand geistiger Ruhe und Klarheit erreichen konnten, insbesondere wenn sie zuvor von Stress oder Grübeleien belastet waren.
„Ich habe mich selten so tief entspannt gefühlt.“
Die Schwingungen helfen, das Gedankenkarussell zu stoppen, was vielen schwerfällt, besonders in stressigen Lebensphasen.

3. EMOTIONALE AUSGEGLICHENHEIT

„Ich fühle mich innerlich ausgeglichen.“
Klangmassagen helfen oft, emotionale Blockaden zu lösen und ein Gefühl von innerem Frieden herzustellen.
„Ich hatte das Gefühl, loslassen zu können.“
Manche berichten, dass sie während der Sitzung alte Spannungen oder Sorgen loslassen konnten, was eine große emotionale Erleichterung mit sich brachte.

4. VERBESSERUNG DER KÖRPERWAHRNEHMUNG

„Ich habe meinen Körper ganz anders wahrgenommen.“
Die Vibrationen fördern die Achtsamkeit gegenüber dem eigenen Körper. Menschen fühlen sich oft bewusster mit sich selbst verbunden.
„Ich hatte das Gefühl, dass jede Zelle meines Körpers angesprochen wurde.“
Die Schwingungen wirken auf tiefer Ebene und verstärken die Wahrnehmung von Lebendigkeit im Körper.

5. REDUKTION VON STRESS

„Der Stress ist wie weggeblasen.“
Ein häufiges Feedback ist, dass sich Menschen nach einer Klangmassage deutlich weniger gestresst fühlen und sich mit neuer Energie aufgeladen fühlen.
„Ich habe mich wie in einer anderen Welt gefühlt.“
Die Klänge erzeugen eine meditative Atmosphäre, die es ermöglicht, den Alltag vollständig hinter sich zu lassen.

6. VERBESSERTER SCHLAF

„Ich habe danach so gut geschlafen wie schon lange nicht mehr.“
Viele Menschen bemerken, dass sie nach einer Klangmassage tiefer und ruhiger schlafen können.
„Die Klangmassage hat mich in einen Zustand versetzt, der fast wie Schlaf war.“
Die Sitzung selbst wird oft als ähnlich entspannend, wie eine Schlafphase empfunden.

7. EIN GEFÜHL DER GEBORGENHEIT

„Ich habe mich sicher und geborgen gefühlt.“
Die sanften Klänge und Schwingungen vermitteln oft ein Gefühl des Umsorgtseins und der Geborgenheit.
„Es war, als ob mich die Klänge umarmt hätten.“
Die Kombination aus Klang und Vibration schafft eine Atmosphäre, in der Menschen sich fallen lassen können.

8. ÜBERRASCHUNG ÜBER DIE WIRKUNG

„Ich hätte nicht gedacht, dass Klänge so tief wirken können.“
Besonders Erstklienten sind oft erstaunt, wie intensiv die Wirkung einer Klangmassage sein kann.
„Ich war skeptisch, aber es war eine tolle Erfahrung.“
Auch Menschen, die der Methode zunächst kritisch gegenüberstanden, äußern sich häufig positiv überrascht.

9. EMOTIONALE REAKTIONEN

„Ich musste plötzlich weinen, aber es tat gut.“
Bei einigen Menschen lösen die Klangschalen tiefliegende Emotionen aus, die sie als befreiend empfinden.
„Es war, als ob ich alte Lasten loslassen konnte.“
Die Klangmassage wirkt oft tief auf die emotionale Ebene und hilft, unverarbeitete Gefühle zu lösen.

10. INDIVIDUELLE WAHRNEHMUNGEN

*„Die Klänge haben mich auf eine innere Reise mit-
genommen. "*
Manche Menschen erleben während der Klangmassage innere Bilder, Farben oder Erinnerungen, die sie als
bereichernd empfinden.
*„Ich habe die Vibrationen bis in die tiefsten
Stellen meines Körpers gespürt. "*
Die Resonanz der Schalen wird oft als einzigartig und
ganzheitlich empfunden.

Das Feedback nach einer Klangmassage fällt also in
der Regel ausgesprochen positiv aus. Immer wieder
berichten Kundinnen und Kunden von tiefer Entspannung, innere Ruhe, einer verbesserten Körperwahrnehmung und emotionaler Ausgeglichenheit.
Selbst Menschen, die der Methode anfangs skeptisch
gegenüber standen, zeigen sich häufig überrascht
von der Intensität der Erfahrung und der spürbaren
Wirkung.

WIRKUNG DER LIEGENDEN KLANGMASSAGE

1. TIEFER ENTSPANNUNGSZUSTAND

In der liegenden Position kann sich der Körper
vollständig entspannen, da keine muskuläre
Aktivität erforderlich ist, um das Gleichgewicht
zu halten. Die Klangwellen wirken gleichmäßig
und tief auf den gesamten Körper, insbesondere
auf große Muskelgruppen und das Nervensystem.

2. STRESSABBAU UND LOSLASSEN

Liegen fördert einen meditativen Zustand,
wodurch Spannungen sowohl körperlich als auch
mental leichter gelöst werden können. Ideal für
die Regeneration nach dem Reiten oder intensiven
körperlichen Aktivitäten.

3. FOKUS AUF INNERE WAHRNEHMUNG

Da in der liegenden Position keine Balance oder
Haltung aktiv gehalten werden muss, kann sich
der gesamte Fokus auf die Wahrnehmung der
Klangwellen und deren Wirkung auf den eigenen
Körper richten. Dies ermöglicht eine besonders
tiefe Erfahrung der Schwingungen. ■

Woher kommt die wohltuende und intensive Wirkung von Klangmassagen?

Die tiefgreifende und wohltuende Wirkung von Klangmassagen entsteht durch die einzigartige Kombination von obertonreichen Klängen und vibro-taktilen Effekten. Diese beiden Elemente sprechen sowohl den Körper als auch den Geist an und schaffen ein ganzheitliches Erlebnis.

1. OBERTONREICHE KLÄNGE

Obertöne sind die subtilen, höheren Frequenzen, die über dem Grundton eines Klangs mitschwingen. Sie verleihen dem Klang seine reichhaltige, schwebende und harmonische Qualität und haben eine beruhigende Wirkung auf das Nervensystem.

In der Natur sind obertonreiche Klänge allgegenwärtig. Ob Meeresrauschen, das Plätschern eines Bachs oder das Rascheln von Blättern. Sie wirken intuitiv vertraut und entspannend. Genau diese natürliche Klangwelt wird durch die Schwingungen von Klangschalen erzeugt. Die Musik-Therapie nutzt bewusst Naturton-Instrumente, wie Gongs, Zimbeln oder Obertonharfen, da sie durch ihre ständig wechselnden Obertonfrequenzen das Gehirn in einen Zustand der Ruhe versetzen können.

Ein besonders Merkmal der Arbeit mit Obertönen ist ihr fließende und organische Struktur. Sie entstehen spontan und entfalten sich frei, sie entfalten sich harmonisch im Raum – und sie verklingen sanft in die Stille hinein. Diese natürliche, sich selbst organisierende Klangdynamik führt zu einem Gefühl von Harmonie und Vollständigkeit.

2. KULTUR-TÖNE VERSUS NATUR-TÖNE

Im Gegensatz zu den obertonreichen Naturtönen stehen die sogenannten Kultur-Töne, die sich im Laufe der Musik-Geschichte in der westlichen Welt entwickelt haben.

Die abendländische Musiktradition ist stark von klaren, strukturierten Tonabfolgen geprägt. Diese sogenannte Funktionsharmonik mit ihrer rational ausgerichteten Herangehensweise an Musik reflektiert ein mechanistisches Weltbild. Darin ist es der Mensch, der ganz bewusst Musik komponiert, analysiert und interpretiert. Musik wird so zum bewussten Produkt menschlichen Schaffens, das intellektuell erfasst und interpretiert werden kann.

Die Klänge von Klangschalen hingegen basieren auf Naturtönen und deren Grundfrequenzen.
Sie erzeugen keine vorhersehbaren Melodien, sondern frei fließende Klangräume. Ihre Schwingungen räsonieren direkt mit dem Körper und seinen natürlichen Frequenzen. Anstatt den analytischen Verstand anzusprechen, wirken sie direkt auf das Unterbewusstsein und auf die Körperwahrnehmung. Diese tiefergehende Wirkung wird besonders in der Klangmassage spürbar. Sowohl beim Menschen, als auch bei Tieren.

DIE TYPISCHEN FREQUENZEN DER THERAPIE- KLANGSCHALEN FÜR KLANGMASSAGEN

GROSSE KLANGSCHALEN (ca. 30 cm ø)
Beckenschale: Frequenzbereich 100-1.000 Hz
tiefe, erdende Frequenzen, ideal für den Bauch- und Beckenbereich

MITTLERE KLANGSCHALEN (ca. 20 cm ø)
Universalschale: Frequenzbereich 900–2.800 Hz
breiter Frequenzbereich, ideal für alle Körperbereiche. Diese Universalschalen verwenden wir überwiegend in der Klangmassage für Pferde und Reiter. Sie ist auch Teil der Schaki, bei der wir eine runde Resonanzscheibe befestigt haben.

Herzschale: Frequenzbereich 200-1.200 Hz
etwas stärkere Wand Anwendung v.a. im Oberkörper-Herzbereich

Die Obertöne der Klangschalen reichen teilweise bis zu 4000 Hz und mehr.
Diese hohen Frequenzen erzeugen die charakteristischen, fast mystischen Schwebungen, die oft eine tiefe emotionale Wirkung entfalten.

DIE FREQUENZEN DES MENSCHEN

Auch der menschliche Körper schwingt ebenfalls auf verschiedenen Frequenzen:

1. Hirnwellen-Frequenzen (wichtig für Entspannung)

Delta-Wellen (0,5–4 Hz):
Tiefer Schlaf und Regeneration.
Theta-Wellen (4–8 Hz):
Tiefe Entspannung, Meditation, Trance.
Alpha-Wellen (8–14 Hz):
Leichte Entspannung, Fokus, innerer Frieden.
Beta-Wellen (14–30 Hz):
Wachzustand, Denken, Aktivität.

2. Resonanzfrequenz des Körpers
Der menschliche Körper schwingt in einem Bereich von **5 – 10 Hz** abhängig von der individuellen Faktoren, wie Körperstruktur und Muskelspannung.

DIE WIRKUNG VON KLANGMASSAGEN AUF DEN MENSCHEN

Studien zeigen, dass Klangschalen die Gehirnaktivität messbar beeinflussen. Während im Alltags-Stress, und bei stärkerer kognitiver Aktivität oft schnelle Beta Wellen aktiv sind, führt uns eine Klangmassage in ruhigere Sequenzen.

◎ **Die Delta-Wellen können sich leicht verstärken**
(bei Tiefenentspannung)

◎ **Die Alpha- und Theta-Wellen nehmen zu**
(verstärkte Entspannungszustände und meditative Zustände)

◎ **Die Beta Wellen nehmen ab**
(Reduktion von Stress und kognitiver Aktivität)

◎ Gleichzeitig synchronisiert die Klangmassage beide Gehirnhälften, was den Zustand innerer Harmonie fördert.

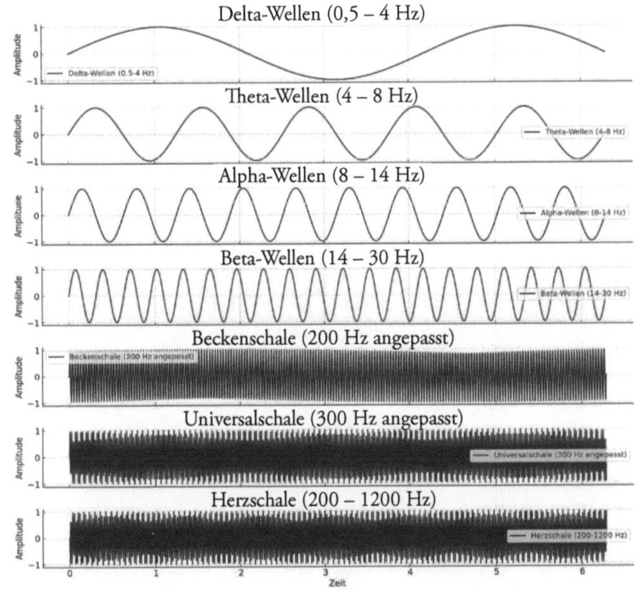

Obertonreiche Klänge fördern also den Wechsel zu Alpha- und Theta-Wellen, die mit Entspannung und Regeneration verbunden sind. Man kann sagen: Die Schwingungen der Klangschalen sind nicht nur subjektiv angenehm, sie haben auch nachweislich einen belegbaren Effekt.

3. VIBROTAKTILE EFFEKTE – DIE PHYSISCHE WIRKUNG DER KLANGSCHALEN

Wenn eine Klangschale mit einem Filzschlägel angespielt wird, entstehen Vibrationen, die als sanfte Schwingungen durch den Körper spürbar sind. Diese Schwingungen haben mehrere physische Effekte:

Sie dringen bis in das Gewebe und die Muskeln ein, breiten sich im Körper über die Körperflüssigkeiten aus – und wirken dabei wie eine Art Tiefenmassage von innen.

Besonders faszinierend ist die Interaktion mit Wasser im Körper. Da der Mensch zu etwa 70% aus Wasser bzw. Flüssigkeit besteht, können sich Schallwellen im Körper ideal ausbreiten. Dadurch entsteht ein Resonanz-Effekt, der tief in das Gewebe vordringt. Während der Klangmassage können sich die Gehirnwellen mit der Atemfrequenz und dem Herzschlag synchronisieren. Dadurch entsteht ein Zustand tiefer Ruhe und Synchronisation von Atmung und Herzschlag.

Zusätzlich lösen die wellenförmig wirkenden Vibrationen verspannte Strukturen in den Faszien und im myofaszialen Gewebe, was zu einer intensiveren Wahrnehmung des eigenen Körpers führt. Die Durchblutung wird gefördert und der Stoffwechsel angeregt. All diese Prozesse fördern die Ausschüttung von Endorphinen, den sogenannten „Glückshormonen".

Das Zusammenspiel steigert nicht nur unser Wohlbefinden, sondern auch unser Körper-bewusstsein auf ganz natürliche Weise. ■

Eigene Experimente mit Klangschalen

Klangschalen sind nicht nur faszinierend, sondern auch ideal, um selbst mit Frequenzen zu experimentieren. Hier sind zwei Experimente, die du ausprobieren kannst, um die Schwingungen und Frequenzen besser zu verstehen und zu erleben:

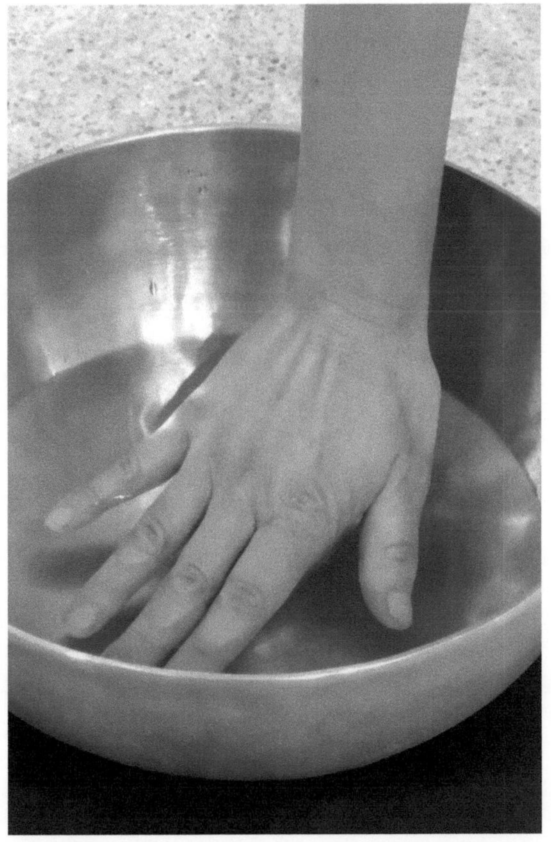

1. WASSER-EXPERIMENT: SICHTBARE SCHWINGUNGEN ERLEBEN

Was du brauchst
◎ Eine größere Klangschale
◎ Etwas Wasser

Durchführung
Gib eine kleine Menge Wasser in die Klangschale, sodass der Boden gerade bedeckt ist. Spiele die Klangschale sanft an und beobachte die Wellenmuster auf der Wasseroberfläche.

Experimentiere mit der Schlagstärke: Ein stärkerer Schlag erzeugt kräftigere Wellen, ein sanfterer Schlag subtilere. Lege eine Hand ins Wasser, ohne die Finger die Schale berühren zu lassen – und fühle die intensiven Schwingungen durch die Haut.

Was passiert
Die Schwingungen der Klangschale erzeugen stehende Wellen im Wasser, die die Frequenzen sichtbar – und spürbar machen. Eine perfekte Demonstration, wie Vibrationen auf Materie wirken!

2. SAND-EXPERIMENT:
KLANG IN NEUE FORMEN BRINGEN

Was du brauchst

◎ Eine mittlere Klangschale
◎ Ein dickes Papier oder Pappe
◎ Sand oder feines Salz

Durchführung

Lege das Papier locker über die Klangschale. Befestige es nicht, damit es sich bewegen kann. Streue eine kleine Menge Sand oder Salz darauf. Schlägel die Klangschale an, während du das Papier mit der anderen Hand so in Position hältst, dass es nicht verrutscht. Beobachte, wie die Partikel beginnen, sich zu bewegen und aneinander zu fallen, um neue Formationen bilden.

Was passiert

Die Vibrationen erzeugen neue Muster – ein sichtbarer Beweis, wie die Frequenzen und Vibrationen der Klangschale Materie „formen" (ähnlich in der Kymatik, einer Wissenschaft, die sich mit der Sichtbarmachung von Schwingungen beschäftigt. Der Begriff wurde vom Schweizer Naturforscher Hans Jenny geprägt, der Mitte des 20. Jahrhunderts mit Klang und Substanzen wie Sand, Flüssigkeiten und Pulver experimentierte.) ∎

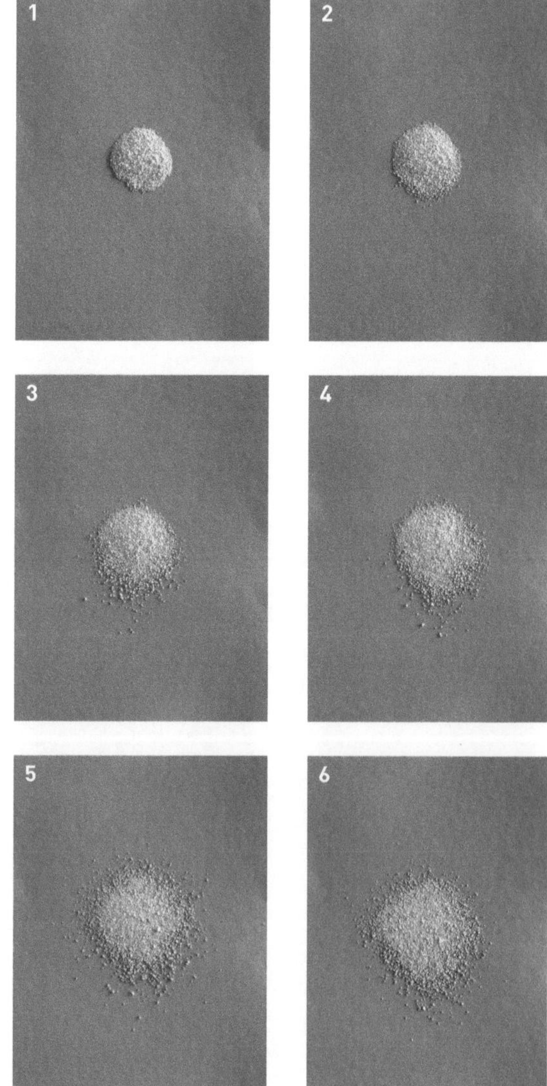

Die Übertragung der Klangmassage vom Liegen ins Vertikale

Die klassische Klangmassage wird grundsätzlich in der liegenden Position durchgeführt. Hier kann der Körper vollständig entspannen, die Schwingungen breiten sich gleichmäßig aus, und die obertonreichen Frequenzen wirken beruhigend auf das gesamte System.

Als wir begannen, die Klangmassage in die Pferdewelt zu bringen, standen wir vor einer Herausforderung: In vielen Reitställen gab es keine geeigneten Plätze, um eine Massage-Liege aufzustellen. Also entwickelten wir pragmatisch eine Lösung – die Klangmassage im Stehen.
Direkt in der Halle, auf der Stallgasse oder neben dem Reitplatz. So konnten wir Reitern schon vor dem Aufsitzen helfen, Stress und Anspannung loszulassen – für einen entspannten Start in den Sattel.

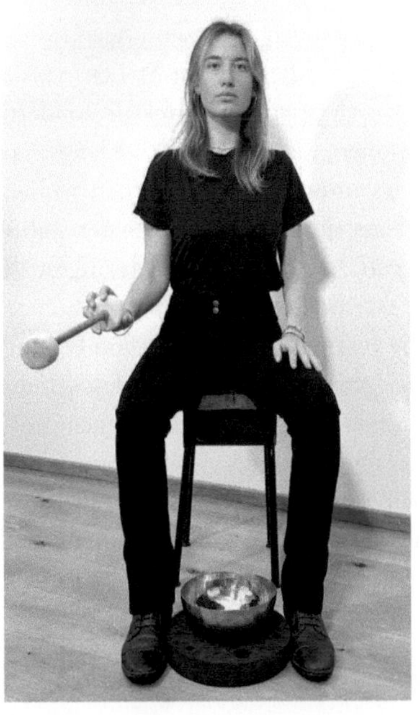

Dazu gaben wir eine „bahnende" Klangmassage. Dabei wird eine schwingende Schale in etwas Abstand zum Körper den gesamten Körper entlang gestrichen. Neben den typischen Entspannungseffekten, die teilweise überraschend schnell auch im Stehen einsetzten, fanden wir zusätzliche Effekte sehr interessant, die das Bahnen für die Reiter hatte: Sobald sich der Körper in eine aufrechte Haltung begibt, verändert sich die Wirkung der Schwingungen.

STÄRKERE KÖRPERWAHRNEHMUNG VON BALANCE UND ERDUNG

In Liegen ist der Körper völlig entlastet. Alle Muskeln dürfen loslassen, die Klangwellen verteilen sich gleichmässig, und der Fokus liegt auf Entspannung. In der aufrechten Position hingegen beginnt der Körper aktiv mit den Schwingungen zu arbeiten. Reiter, die diese Erfahrung zum ersten Mal machten, waren erstaunt, wie stark sie ihren Körper neu spürten. Sie beschrieben es als ein Gefühl, sich neu kennen zu lernen. So, als könnten sie erspüren, wo sie „anfangen" und wo sie „aufhören" – und dabei erleben, wie sich ihr Körper im Raum neu ordnet. Kleine, unwillkürliche Bewegungen entstanden, Verspannungen lösten sich, und eine natürliche Balance im Stehen wurde gefunden – nicht durch bewusste Korrektur, sondern durch die Vibrationen der bahnenden Klangschale, die über den gesamten Körper gestrichen wurde. Reiter berichten, dass sie ihre Füße bewusster wahrnehmen. Selbst wenn die Schale am Boden aufgestellt wurde, ließen die Schwingungen noch die Fußsohlen kribbeln! Diese bewusste Wahrnehmung von Erdung und Standfestigkeit verbessert nicht nur das Gefühl für den eigenen Körper, sondern wirkt sich auch positiv auf die Balance im Sattel aus. Die Klangmassage fördert somit eine verbesserte Verbindung von Körper und Boden – eine Basis, die sich später wunderbar auf das Reiten übertragen lässt.

PRÄSENTE AUFMERKSAMKEIT STATT PASSIVER ENTSPANNUNG

Während die Klangmassage im Liegen vor allem tiefe Ruhe erzeugt, sorgt sie in der vertikalen Position für eine feine, fast spielerische Dynamik. Der Reiter muss „wach" und präsent bleiben, um nicht umzufallen. Dabei richtet er seine Aufmerksamkeit auf die Reaktionen seines Körpers. Die Vibrationen regen dabei den Körper dazu an, sich sanft aufzurichten, nicht durch Anstrengung oder Muskelanspannung oder willentlich, sondern durch eine Art innere Organisation. Die Wirbelsäule fühlt sich länger an, die Schultern entspannen sich, das Becken findet seine natürliche Position. Der Kopf hebt sich. Erdung, Standfestigkeit und ein besseres Gefühl für den eigenen Körper: Dies sind ja alles auch Elemente für einen losgelassenen und ausbalancierten Sitz im Sattel!

Die Klangmassage fördert somit ein verbessertes Gespür für den eigenen Körper und die Verbindung von Körper und Boden – eine Basis, die sich später wunderbar auf das Reiten übertragen lässt. Die ersten Versuche mit der Klangmassage im Stehen führten also, neben dem Effekt der schnellen Entspannung, vor allem auch zu einer Verbesserung von Balance, Erdung, Körpergefühl und Körperausrichtung!

EFFEKTE DER VERTIKALEN KLANGMASSAGE AUF DIE HALTUNG UND BALANCE

Die Schwingungen unterstützen eine sanfte, natürliche Aufrichtung der Wirbelsäule

Die Vibrationen aktivieren die Tiefenmuskulatur, was nicht nur kurzfristig entspannt, sondern auch langfristig Haltung und Balance verbessert.

Besonders im Sitzen – etwa auf dem RISING STAR Klangholzpferd oder auch nur auf einem Holzhocker, kann die Haltung, die später im Sattel gebraucht wird, quasi „im Labor" vorweggenommen und trainiert werden.

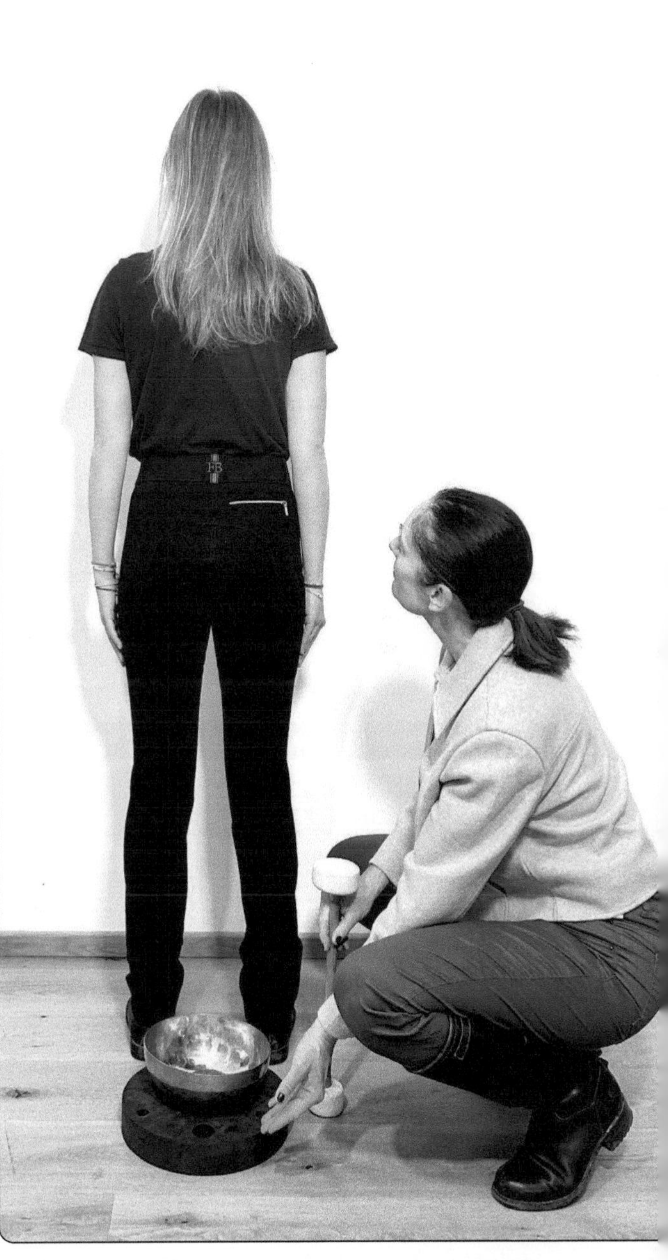

Die Übertragung der Klangmassage vom Liegen ins Vertikale eröffnet faszinierende neue Möglichkeiten, insbesondere für den Reiter. Durch die Kombination von intensiverer Wahrnehmung, natürlicher Balance und gezielter Haltungsschulung können diese Effekte nicht nur Stress reduzieren, sondern auch die Reitpraxis nachhaltig verbessern. Darauf werden wir in Kapitel 3, der Reiterklangmassage, spezifisch noch näher eingehen.

Hier noch einmal im Überblick: Der Unterschied zwischen vertikaler und liegender Klangmassage

Wirkung der vertikalen Klangmassage	Wirkung der liegenden Klangmassage
Fokus auf Haltung, Balance und Durchlässigkeit	Fokus auf Entspannung und Loslassen
Aktiv, wach, Augen auch offen	Passiv ausruhend, Augen oft geschlossen
Co-creativ – Dienstleistung	Empfangender Klient
Fördert Aufrichtung und Stabilität	Fördert Tiefenentspannung und Regeneration
Körperwahrnehmung	Wahrnehmung der inneren Prozesse
Lösung aller Muskelgruppen	Entspannung aller Muskelgruppen
Neues Körpergefühl. Aufrecht, losgelassen, geschmeidig, stabil, natürlich	Förderung von Gesundheit und Wohlbefinden
Aufrechte Haltung und Balance trainierend	–
Dynamisches Erkennen von Fehlbelastung, von Muskel-Verspannungen und Haltungs-Schwächen	–
Mit Mentaltraining Auflösung von Ängsten, körperliche Verankerung von Visualisierungen positiver Zielvorstellungen	–
Mit Sitzschulung Verbesserung des Reitersitzes, Trainieren von Hilfen, Verbesserung der Beziehung zum Pferd	–

Die klassische Klangmassage im Liegen
Perfekt für Regeneration und Stressabbau nach dem Reiten oder zur Vorbereitung, um in einen entspannten Zustand zu gelangen.

Die vertikale Klangmassage im Stehen oder Sitzen
Besonders geeignet, um Haltung, Balance und die Wahrnehmung der aufrechten Körperposition zu fördern. Ideal als Ergänzung zur Sitzschulung oder vor einer Reiteinheit.

Beide Methoden können sich gut ergänzen: Eine liegende Klangmassage zur Tiefenentspannung und eine vertikale Klangmassage, um die Balance und Zentrierung für das Reiten zu verbessern. ■

2. KLANGMASSAGE FÜR PFERDE

Klangmassage für Pferde – erste Erfahrungen und Erkenntnisse

Als wir 2017 begannen, die Klangmassage zunächst an unseren eigenen Pferden und später an zahlreichen weiteren Pferden zu erproben, waren wir positiv überrascht: Die Wirkung war erstaunlich ähnlich wie beim Menschen!

Pferde sind äußerst feinfühlige Tiere, die sensibel auf Berührung und Druck reagieren. Dadurch können die Vibrationen der Klangschalen eine sanfte, aber auch tiefgreifende Wirkung entfalten. Ähnlich wie beim Menschen sprechen die Schwingungen die Tiefenmuskulatur an, fördern die Durchblutung und wirken beruhigend auf das autonome Nervensystem. Pferde zeigen oft sofortige Entspannungssignale, sie kauen, schnauben oder senken den Kopf.

Da Pferde ihre Umgebung meist noch feiner wahrnehmen, als Menschen, scheinen die Klänge nicht nur entspannend, sondern auch Vertrauen fördernd zu wirken. Besonders ängstliche oder gestresste Tiere profitieren von den harmonischen Frequenzen, die ihnen ein Gefühl von Sicherheit und Urvertrauen vermitteln.

Im Folgenden, einige typische Rückmeldungen von Pferdebesitzern und Reitern über die positiven Veränderungen im Verhalten, im körperlichen Wohlbefinden und in der emotionalen Verfassung ihrer Tiere. Ganz zu schweigen von der sich intensivierenden Beziehung zwischen Mensch und Pferd!

1. TIEFGREIFENDE ENTSPANNUNG

„Mein Pferd hat sich deutlich entspannt.“
Besitzer berichten, dass die Pferde während oder nach
der Klangmassage sichtbar entspannen, z. B. durch
Absenken des Kopfes, Kauen, Lecken oder Gähnen.

**„Es war, als ob mein Pferd völlig loslassen und sich
hinein geben konnte.“**
Die Klangmassage ermöglicht Pferden oft eine Art
"Loslassen", das sie in anderen Kontexten selten so
intensiv vor den Menschen zeigen.

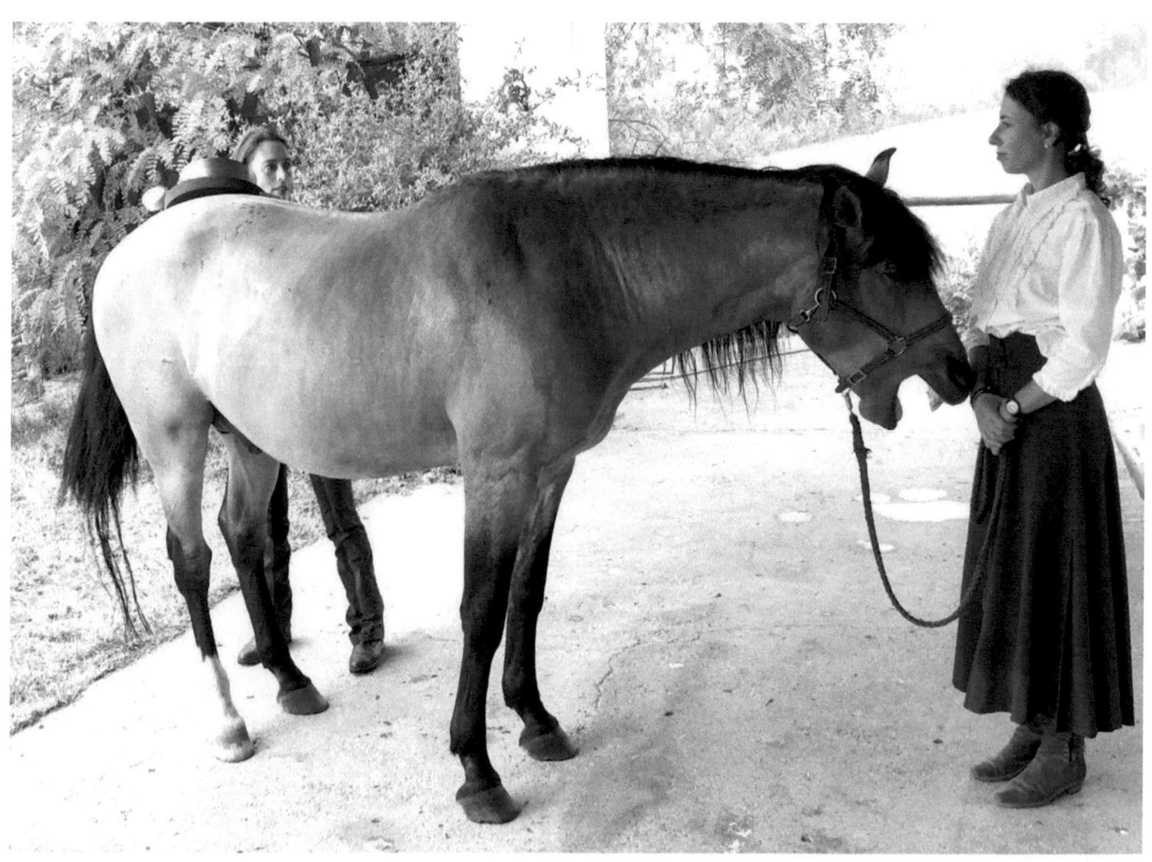

2. ABBAU VON STRESS UND NERVOSITÄT

*„Mein nervöses Pferd war plötzlich viel ruhiger –
so habe ich es noch nie erlebt.“*
Besonders bei nervösen oder ängstlichen Pferden helfen die Schwingungen, und den KPC Klangmassage-Formaten und Prinzipien, Stress abzubauen und das Nervensystem zu beruhigen.

*„Nach der Klangmassage-Einheit in
der „Spuk-Ecke“ lief mein Pferd deutlich
gelassener, auch Wochen danach –
als hätten wir ihm die Spuk-Ecke aufgelöst“*
Besitzer stellen oft fest, dass die Wirkung von Klangschalen zur Angst-Auflösung bei Pferden noch lange nach der Anwendung anhält.

3. FÖRDERUNG DER REGENERATION

„Mein Pferd hat sich nach einer Verletzung schneller erholt."
Klangmassagen unterstützen die Selbstheilungskräfte, indem sie die Durchblutung und den Lymphfluss anregen. Das fördert die Regeneration nach körperlicher Anstrengung oder Verletzungen.

„Die Klangmassage hat uns bei der Lösung von Verspannungen geholfen."
Besitzer berichten, dass körperliche Blockaden oder Spannungen durch die Schwingungen gelöst werden konnten.

4. BESSERES VERTRAUENSVERHÄLTNIS

„Mein Pferd kommt jetzt offen und freiwillig zu mir. Es vertraut mir – und ich umgekehrt auch ihm im Gelände mehr."
Klangmassagen fördern oft eine positive Bindung zwischen Mensch und Tier, da Pferde durch das tiefe Entspannen im Schutz ihres Menschen Vertrauen aufbauen und sich sicher fühlen. Diese Sicherheit stärkt sich wechselseitig zwischen Mensch und Pferd.

„Die Massage hat uns beiden gutgetan und unsere Verbindung gestärkt."
Viele Besitzer erleben die Anwendung als eine gemeinsame und Vertrauen stärkende Erfahrung.

5. VERHALTENSÄNDERUNGEN

„Mein Pferd ist weniger schreckhaft.“
Pferde, die zuvor stark auf äußere Reize reagierten, zeigen nach Klangmassagen häufig eine ruhigere und gelassenere Grundhaltung und Zuwendung zum Menschen.

„Mein Pferd kommuniziert klarer und eindeutiger mit mir und wirkt neugieriger und bei neuen Situationen selbstbewusster.“
Viele Pferde zeigen nach Klangmassage Einheiten von sich aus neue kommunikative Verhaltensweisen. Sie werden in den Einheiten mit ihren Bedürfnissen wahrgenommen. Daher erlauben sich auch gerade ängstliche Tiere häufig, mehr auszuprobieren.

6. UNTERSTÜTZUNG BEI ÄLTEREN ODER KRANKEN PFERDEN

„Mein Senior-Pferd wirkt wieder lebendiger.“
Klangmassagen helfen älteren Pferden, sich wohler zu fühlen, und umsorgt zu werden, während dabei sanft die Mobilität gefördert – und Schmerzen durch Verspannungen gelindert werden.

„Die Klangmassage war eine wunderbare Ergänzung zur Behandlung meiner Stute.“
Besonders bei chronischen Beschwerden, wie Arthrose oder muskulären Problemen, wird die Klangmassage oft als wertvolle Ergänzung wahrgenommen.

7. BERUHIGUNG VOR STRESSIGEN SITUATIONEN

„Die Klangmassage hat meinem Pferd vor dem Transport geholfen."
Pferdebesitzer setzen Klangmassagen oft gezielt vor potenziell stressigen Ereignissen wie Transporten, Tierarztbesuchen oder Turnieren ein, um sich mit den Tieren zusammen vorzubereiten und einzustimmen.

„Mein Pferd war im Turnier entspannter und aufmerksamer zugleich. Wir waren ein richtiges Team zusammen!"
Viele berichten, dass die Klangmassage auch die Zusammenarbeit beim Training oder als Vorbereitung auf dem Turnier positiv beeinflusst.

8. KÖRPERLICHE REAKTIONEN WÄHREND DER ANWENDUNG

„Mein Pferd hat gegähnt und gekaut – das zeigt, wie gut es ihm tat."
Typische Zeichen von Entspannung wie Gähnen, Kauen, Lecken oder das Senken des Kopfes werden eigentlich fast in jeder KPC Session beobachtet.

„Man konnte richtig sehen, an welchen Körperstellen es die Massage am meisten gebraucht hat.
Besitzer berichten, dass sie beeindruckt davon sind, wie klar die Pferde in ihrer Körpersprache zeigen, wo genau sie die Massage brauchen und sich exakt so positionieren, wie es ihnen am angenehmsten ist.

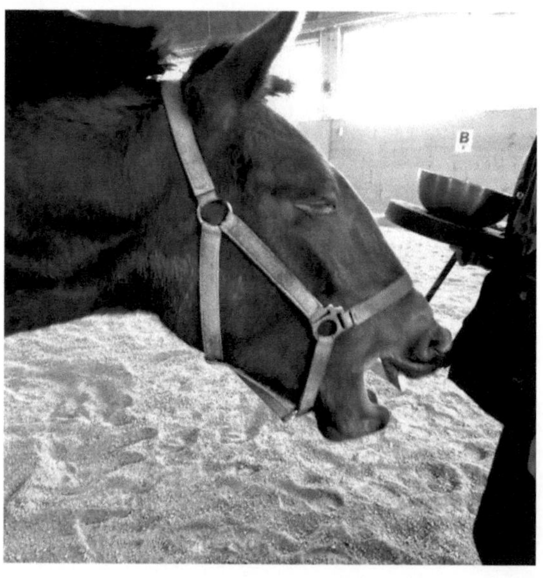

9. VERBESSERTE BEWEGLICHKEIT

„Durch der Klangmassage wurden die Bewegungen meines Pferd viel freier und raumgreifender."
Die Schwingungen können muskuläre Verspannungen lösen und die Beweglichkeit fördern, was sich besonders beim Reiten bemerkbar macht.

„Die Klangmassage hat meinem Pferd geholfen, lockerer und geschmeidiger zu gehen."
Besitzer von Sportpferden schätzen die Klangmassage als Regenerationsmaßnahme.

10. ÜBERRASCHUNG ÜBER DIE WIRKUNG

„Ich hätte nie gedacht, dass mein Pferd so ruhig bei uns bleibt und unsere Nähe aktiv sucht"
Viele Besitzer sind erstaunt, wie schnell und tief die Pferde auf die Klangmassage reagieren, selbst Tiere, die sonst eher unruhig oder skeptisch sind.

„Ich war skeptisch, aber mein Pferd hat die Massage sichtbar genossen."
Auch skeptische Pferdebesitzer sind oft positiv überrascht von der Wirkung.

Die Klangmassagen werden besonders geschätzt, weil sie sanft, nicht invasiv und individuell anpassbar ist. Jedes Pferd reagiert anders auf die Schwingungen und auch auf die unterschiedlichen Schalen. Genau das macht diese Methode so wertvoll, weil wir sie flexibel auf die Bedürfnisse jedes einzelnen Tieres abstimmen können. ■

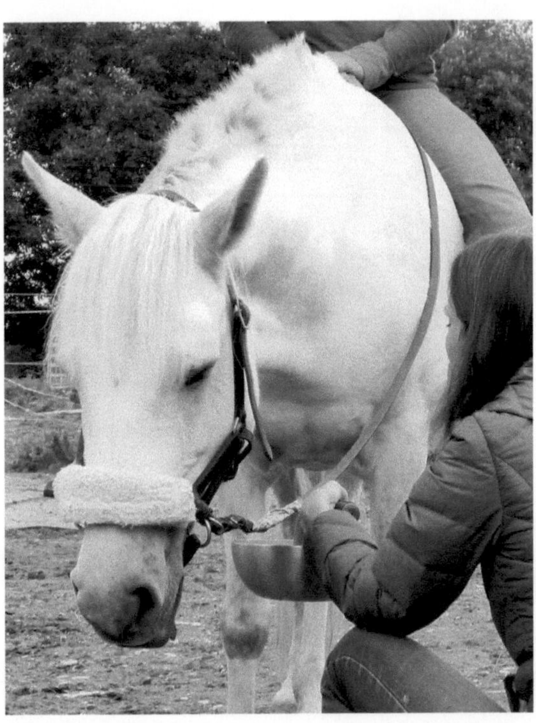

Verhaltensreaktionen von Pferden auf Klangmassagen

Pferde reagieren auf Klangmassagen oft erstaunlich sensibel, da sie Schwingungen mit großer Feinheit wahrnehmen. Ihre Reaktionen hängen von ihrer Persönlichkeit, ihrem körperlichem Zustand, ihrem Alter, ihren Erfahrungen und dem Umfeld ab, in dem die Klangmassage gegeben wird. Doch in den meisten Fällen zeigen Pferde eine spürbare Veränderung. Hier sind typische Reaktionen, die du bei einer Klangmassage beobachten kannst.

1. ZEICHEN VON ENTSPANNUNG

Kauen und Lecken
Pferde beginnen häufig, während oder nach der Klangmassage zu kauen und zu lecken, was ein klares Zeichen von Entspannung und Wohlbefinden ist.

Gähnen
Viele Pferde gähnen mehrmals während der Klangmassage, dass sie loslassen und sich wohlfühlen.

Senken des Kopfes
Ein gesenkter Kopf zeigt, dass das Pferd Vertrauen und Entspannung empfindet.

Schließen und Klappern der Augen
Manche Pferde schließen die Augen oder wirken fast schläfrig, was ein Hinweis auf tiefe Ruhe ist.

Seufzen oder vermehrtes Schnauben
Ein Ausdruck von Erleichterung und Entspannung, das Pferd lässt Stress und Anspannung los.

2. KÖRPERLICHE REAKTIONEN

Muskelzittern oder -zucken

Die Schwingungen der Klangschalen können tief in das Gewebe eindringen und Verspannungen lösen. Dies zeigt sich oft durch ein kurzes Zucken der Muskulatur.

Abfließen von Spannungen

Einige Pferde zeigen nach der Massage deutliche Zeichen, dass sie körperliche oder emotionale Spannungen abgebaut haben, z. B. durch Schütteln oder Strecken.

Verbesserte Atmung

Die Atmung wird oft tiefer und langsamer, was ein Zeichen für die Aktivierung des Parasympathikus ist (der Teil des Nervensystems, der für Ruhe und Regeneration zuständig ist).

3. NEUGIER UND OFFENHEIT

Schnuppern an den Klangschalen

Pferde sind oft neugierig und nähern sich den Klangschalen, um sie zu erkunden. Manche wollen sogar selbst den Schlägel ins Maul nehmen und selbst „klingen". Dies zeigt Interesse und Vertrauen.

Aufmerksamkeitsfokus

Manche Pferde richten ihre Aufmerksamkeit gezielt auf die Stelle, an der eine Klangschale platziert wurde, und behalten ihren Fokus darauf.

4. GELASSENHEIT UND VERTRAUEN

Stillstehen

Selbst unruhige oder nervöse Pferde bleiben oft ruhig stehen und lassen die Klangmassage zu, was auf eine beruhigende Wirkung hinweist.

Freude an der Behandlung

Viele Pferde zeigen durch ihre Körpersprache, dass sie die Klangmassage genießen, z. B. durch entspanntes Schnauben oder Wippen mit dem Schweif.

5. INDIVIDUELLE UNTERSCHIEDE

Sensible Pferde

Besonders sensible Pferde reagieren häufig sehr schnell auf die Schwingungen und zeigen direkt Entspannungszeichen. Einige reagieren anfangs zurückhaltend, lassen sich aber meist rasch darauf ein.

Ungewohnte Geräusche

Manche Pferde sind anfangs vorsichtig oder leicht skeptisch, insbesondere wenn sie noch keine Erfahrung mit Klangschalen haben. Sobald sie merken, dass die Klänge angenehm sind, entspannen sie sich jedoch.

Die Nachwirkung von Pferde-Klangmassagen

TIEFERE ENTSPANNUNG DIREKT NACH DER ANWENDUNG

Unsere Klangmassage ist in zwei Phasen unterteilt: Das eigentliche „Beklingen" und die Nachwirkphase. Nach unserer Erfahrung kann diese Nachwirk-Zeit bis zu drei Mal länger dauern, als die Massage selbst! Das wichtigste Prinzip in unserem Ansatz ist es, in dieser Phase präsent zu bleiben und dem Pferd einen sicheren Raum zu bieten. Als Fluchttiere sind Pferde darauf angewiesen, dass sich ein Herdenmitglied um ihre Sicherheit kümmert. Wenn der Mensch diese Rolle übernimmt – ruhig, achtsam und wachsam – entsteht eine tiefere Vertrauensbasis. Das Pferd kann sich vollkommen fallen lassen, weil es sich sicher und gehalten fühlt.

ERSTREAKTIONEN – MANCHMAL AUCH EINE KURZFRISTIGE ERSTVERSCHLIMMERUNG

Viele Pferde wirken nach der Klangmassage sofort entspannter und ausgeglichener. In manchen Fällen zeigt sich jedoch erst nach ein paar Tagen eine vorübergehende Erstverschlimmerung, während sich Blockaden weiter lösen. Dies ist ein Zeichen dafür, dass der Körper des Pferdes aktiv auf die Klangmassage reagiert und sich neu ausbalanciert. Die Wirkung der Klangmassage kann sich also über mehrere Tage hinweg entfalten.

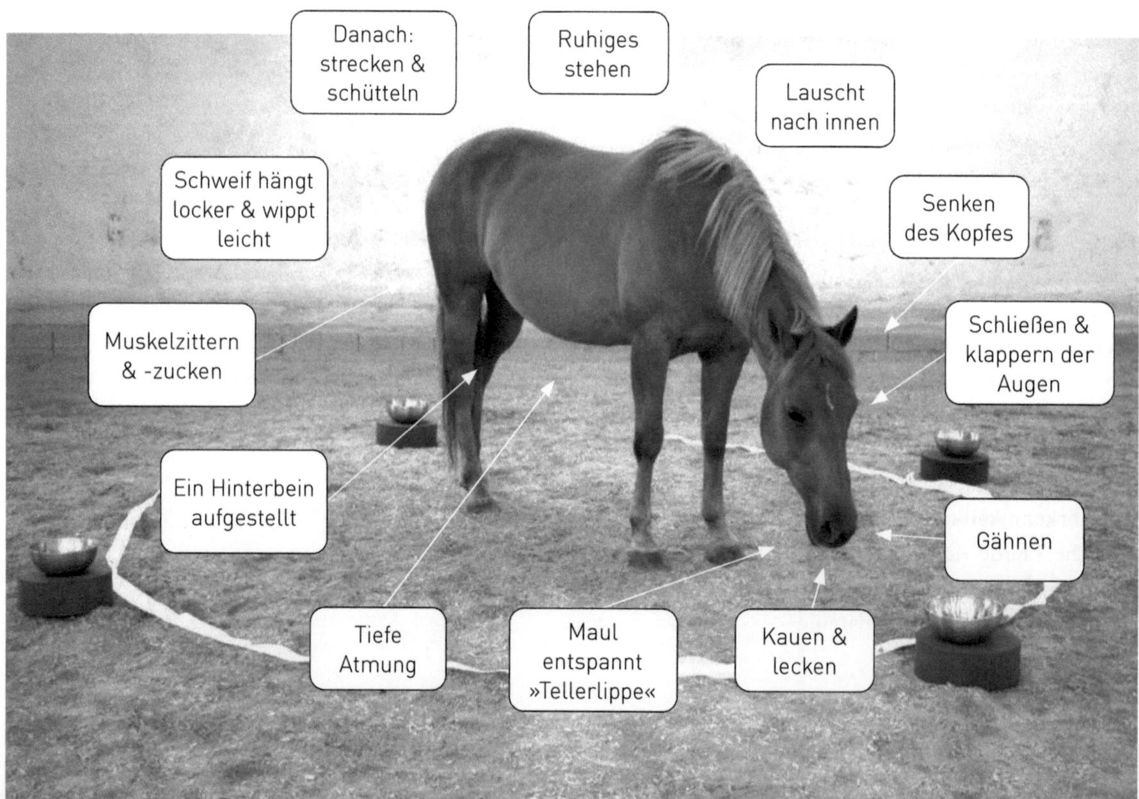

BESSERE BEWEGLICHKEIT

Ein weiterer bemerkenswerter Effekt ist die erhöhte Geschmeidigkeit in den Bewegungen. Nach einer Klangmassage bewegen sich viele Pferde freier, da myofasziale Strukturen geglättet, und muskuläre Spannungen gelöst werden. Dies führt zu einer besseren Koordination und einem harmonischeren Bewegungsablauf.

KLANGMASSAGE – MEHR ALS ENTSPANNUNG FÜR DAS PFERD

Die meisten Pferde reagieren also sehr positiv auf Klangmassagen. Sie zeigen deutliche Zeichen körperlicher und emotionaler Entspannung, bauen Stress ab und verbessern ihre Beweglichkeit. Besonders beeindruckend ist, dass selbst skeptische oder nervöse Tiere nach kurzer Zeit auf die sanften Schwingungen ansprechen und Vertrauen fassen. Doch Klangmassage wirkt nicht nur auf das Pferd beruhigend und harmonisierend, sie kann auch zu einer tief gehenden, oft unerwarteten Vertrauensbildung zwischen Mensch und Pferd führen.

DAS WÄCHTER-PRINZIP – SICHERHEIT ALS SCHLÜSSEL ZU VERTRAUEN

Pferde sind Herdentiere und Fluchttiere zugleich. Ihre Fähigkeit zur tiefen Entspannung hängt maßgeblich davon ab, dass sie sich sicher fühlen. In der Natur übernehmen andere Herdenmitglieder diese Rolle: Während einige Pferde dösen oder sich im Sand wälzen, bleibt immer mindestens eines wachsam und hält Wache. Dieses natürliche „Wächter-Prinzip" ist tief in der Pferdepsychologie verankert. Ein entscheidender Aspekt der KPC© Klangmassage für Pferde ist genau diese Rolle des Menschen als verlässlicher „Wächter". Wenn ein Pferd während einer Klangmassage in eine tiefe Entspannung sinkt, gibt es sich in gewisser Weise schutzlos hin. In diesem Moment übernimmt der Mensch bewusst die Rolle des Herdenmitglieds, das für Sicherheit sorgt und das Pferd gewissermaßen „bewacht". Bleibt der Mensch während der gesamten Nachwirk-Zeit ruhig und präsent – ohne etwas zu fordern, ohne eine Aufgabe zu stellen, und ohne mit den Gedanken abzuschweifen – dann erlebt das Pferd, dass es wirklich loslassen darf. Das ist ein seltenes und zutiefst prägendes Erlebnis für ein Pferd, da der Mensch in diesem Moment nicht „etwas von ihm will", sondern einfach da ist und aufpasst.

VERTRAUEN, DAS BLEIBT, WENN EIN PFERD SICH FALLEN LASSEN DARF

Das wahre „Wunder" geschieht, wenn das Pferd aus seiner tiefen Trance erwacht und bemerkt, dass der Mensch immer noch da ist. Diese Erfahrung reicht meist weit über die Klangmassage hinaus: Sie erschafft eine Ebene von Vertrauen, die im normalen Trainingsalltag kaum erreicht wird. Denn Pferde sind es gewohnt, dass der Mensch aktiv etwas von ihnen fordert, sei es im Training, bei der Bodenarbeit oder im Sattel. In der Klangmassage erleben sie eine völlig andere Qualität von Beziehung: Einen Menschen der in der Pferdelogik Verantwortung übernimmt, ohne Kontrolle auszuüben.

Erlebt ein Pferd diese Art von sicherer, gemeinsamer Stille wiederholt, entsteht eine tiefe Bindung, die nicht erzwungen oder „trainiert" werden kann. Sie basiert nicht auf Konditionierung oder Hilfen, sondern auf einem Gefühl tiefster Sicherheit. Pferde, die dies öfter erleben, beginnen, sich auf eine ganz neue Art auf ihren Menschen einzulassen. Sie vertrauen nicht nur, weil sie gelernt haben, bestimmten Signalen zu folgen – sondern weil sie sich wirklich sicher und verstanden fühlen.

EIN VERTRAUENSBAND, DAS ALLES VERÄNDERT

Die Möglichkeiten, die sich aus dieser Art von Bindung ergeben, sind oft atemberaubend. Wenn ein Pferd erfährt, dass es sich vollständig entspannen darf, weil sein Mensch wirklich präsent ist, können ganz neue Ebenen der Zusammenarbeit entstehen. Es ist ein Unterschied, ob ein Pferd „gehorsam" ist, oder aus echter innerer Sicherheit heraus in die Kooperation geht.

Das zeigen die nächsten Bilder: Hier reite ich ein Pferd in den „Klang-Rounder", ohne Sattel nur mit Halsring. Gemeinsam genießen wir die Klangschalen, ich darf mich nach vorne und nach hinten legen. Ohne Druck, ohne Zwang, einfach weil es möglich ist. Ein Moment tiefen Vertrauens, der zeigt: Wahre Verbindung entsteht nicht durch Kontrolle, sondern durch Sicherheit, Präsenz und gegenseitigem Vertrauen.

Genau diese Prinzipien – und vieles mehr – werden in der KPC® Klangmassage für Pferde sorgfältig gelehrt.

Falls du jetzt erst einmal in die Pferdeklangmassage eintauchen möchtest – sei es, um ihre Grundlagen für dich und für dein eigenes Pferd zu lernen – oder um dich dadurch gleichzeitig gezielt auf die Ausbildung zur Reiterklangmassage vorzubereiten – habe ich etwas Besonderes für dich: Über diesen QR-Code kannst du meinen digitalen Kurs zur Pferdeklangmassage direkt buchen.

In diesem Kurs lernst du nicht nur die wichtigsten 6 Basis – Formate der Klangmassage für Pferde, das Wächter-Prinzip und weitere Techniken und die Wirkmechanismen der Klangmassage für Pferde, sondern erhältst auch eine speziell entwickelte Schaki-Klangschale mit Schlägel dazu. Sie ist das zentrale Instrument, das du sowohl für die Pferde-Klangmassage, als auch später für die Reiterklangmassage verwenden kannst.

Dies hier ist die perfekte Gelegenheit, deine Reise in die Welt der Klangmassage ganzheitlich zu beginnen – für dein Pferd, für dich und für eine tiefere Verbindung zwischen Euch beiden.

Nachdem wir nun gesehen haben, wie tiefgreifend Klangmassage auf Pferde wirkt, stellt sich die Frage: Wie können wir diese Methode auch für uns Reiter nutzen? Schließlich ist unser körperliches und emotionales Gleichgewicht, unsere Balance und Durchlässigkeit entscheidend für unsere Verbindung mit dem Pferd im Sattel. Und auf das Zusammenspiel beim Reiten!

Genau hier setzt die KPC® Reiterklangmassage an – eine Methode, die nicht nur Verspannungen löst, sondern auch unsere Selbstwahrnehmung und Aufrichtung verbessert.

Lass uns deshalb in Kapitel 3 entdecken, was die Klangmassage für dich bereithält! ■

In diesem Kurs lernst du nicht nur die wichtigsten 6 Basis – Formate der Klangmassage für Pferde, das Wächter-Prinzip und weitere Techniken und die Wirkmechanismen der Klangmassage für Pferde, sondern erhältst auch eine speziell entwickelte Schaki-Klangschale mit Schlägel dazu. Sie ist das zentrale Instrument, das du sowohl für die Pferde-Klangmassage, als auch später auch für die Reiterklangmassage verwenden kannst.

Dies hier ist die perfekte Gelegenheit, deine Reise in die Welt der Klangmassage ganzheitlich zu beginnen – für dein Pferd, für dich und für eine tiefere Verbindung zwischen Euch beiden.

3. KLANGMASSAGE FÜR REITER

Die Entwicklungsgeschichte von RISING STAR – ein Weg voller Entdeckungen

Es gibt Momente, in denen eine Idee eine Eigendynamik entwickelt – sie beginnt zu wachsen, sich weiter zu entwickeln und führt schließlich zu einer Innovation, die weit über das Ursprüngliche hinaus geht. Genau so war es mit RISING STAR.

Was als einfache Übertragung der Klangmassage auf Reiter begann, wurde zu einem faszinierenden Weg voller Neugier, Experimentierfreude und bahnbrechenden Entdeckungen. Es war die Vision, Mensch, Pferd, Klangmassage und Coaching miteinander zu verbinden, die uns antrieb. Schritt für Schritt führte uns diese Vision zu einer völlig neuen Methode der Körperwahrnehmung und Balance für Reiter.

DIE ERSTEN SCHRITTE – KLANGMASSAGE FÜR REITER

Alles begann mit einer Frage: Kann Klangmassage nicht nur Pferden, sondern auch Reitern zugute kommen? Zunächst nutzten wir sie vor dem Reiten. Einfach im Stehen, zur Zentrierung und Entspannung. Doch dabei fiel uns auf, dass sich die Wirkung in der aufrechten Position anders entfaltete, als im Liegen.

Um diesen Effekt zu verstärken, entwickelten wir gezielte bahnende Techniken, die es ermöglichten, den Stress des Menschen wie unter einer Dusche „abzuwaschen". Dabei streicht man mit der schwingenden Schaki – einer speziellen Klangschale – sanft von oben nach unten über den gesamten Körper.

Diese ersten Experimente legten den Grundstein für ein völlig neues Konzept:

DIE ZENTAURUS-MASSAGE

Dabei werden Reiter und Pferd durch rhythmische, schwingende Bewegungen in Einklang gebracht.

Eine Erfahrung, die das Gefühl vermittelt, nicht mehr nur auf dem Pferd zu sitzen, sondern mit ihm zu verschmelzen. Diese tiefe Harmonie zwischen Mensch und Tier war für uns eine der schönsten und eindrücklichsten Entdeckungen.

DIE ENTDECKUNG DER KLANGWIRKUNG AUF HOLZ

Unsere Forschungen führten uns weiter – diesmal zu einem völlig neuen Material: Holz.
Wir experimentierten mit einem Therapie-Klangmassage-Hocker, in dem eine Klangschale auf der Unter-seite befestigt war. Das Ergebnis war verblüffend: Die Schwingungen wurden kraftvoll und intensiv durch das Holz in den Körper übertragen und eröffneten ganz neue Möglichkeiten für uns Reiter! Wir experimentierten mit inneren Bildern (aus dem Ansatz Reiten aus der Körpermitte von Sally Swift) und gaben die Klang-Vibrationen hinzu. Dies führte dazu, dass die Bilder körperlich wie von innen wahrnehmbar wurden!
Es war, als würde die Klangmassage die Vorstellungskraft mit der Körperwahrnehmung synchronisieren.

Warum gerade Fichtenholz für RISING STAR ideal ist, und wie auch ohne unser System einfache Klangmassagen im Sitzen auf einem Holzhocker durchgeführt werden können, erklären wir ausführlich in unserem digitalen Einsteigerkurs „KPC® Reiterklangmassage basic".

DIE GEBURTSSTUNDE VON RISING STAR

Doch damit war unser Weg noch nicht zu Ende. Gemeinsam mit Reitinstruktoren, die nach Sally Swift und ihrem Ansatz des Reitens aus der Körpermitte arbeiten und die Franklin-Bällen für eine bessere Körperwahrnehmung nutzten, machten wir eine überraschende weitere Entdeckung:

Innere Bilder, ein zentrales Element unserer Reit-Methodik mit RISING STAR, wurden durch die Vibrationen unter dem Sitz viel intensiver und körperlich spürbar!

Dieses Phänomen entfachte meinen Erfindergeist. Ich wollte eine Möglichkeit schaffen, diese Erfahrungen gezielt für as Reit-Training nutzbar zu machen. So entstand die Idee für das erste Prototyp Holzpferd.

Die Resonanz war überwältigend – es war eine bahnbrechende Innovation, die sogar für den Wellness Award 2019 nominiert wurde. Leider wurden wir kein Sieger, vor uns waren zwei digital unterstützte Entspannungs-Geräte, in denen die Menschen passiv mit Musik und Bildern „bespielt" wurden. Unser Ansatz geht jedoch einen anderen Weg: Den in die radikale Präsenz, in das „Anschalten" der Sinne, in einen Zustand, des Mich-Hier-Jetzt-So-Wahrnehmens, statt ins „Abschalten/Ablenken" durch Ohrenstöpsel, oder das Betreten von digitalen Welten.

Unser KPC®Klangholzpferd bedeutet: radikales echtes Fühlen – und mit dem Holz und der Klangschale in seinem puristischem Ansatz war unser Holzpferd damals auch zu unaufgeregt für den Wellness-Markt.

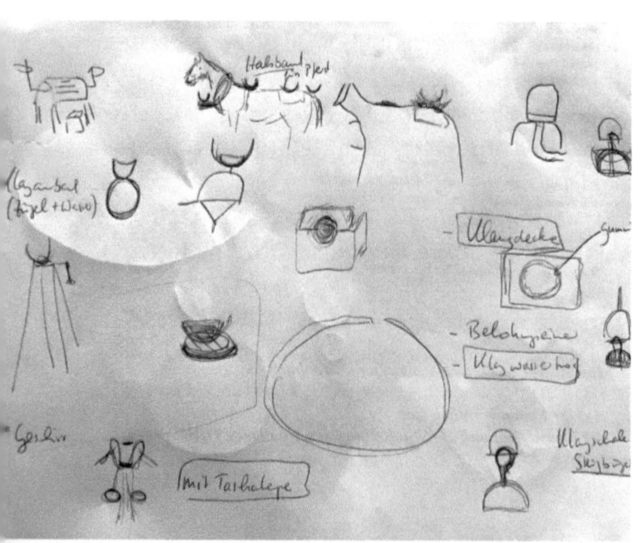

DIE ZUSAMMENARBEIT MIT PFERD&REITER REISEN INTERNATIONAL

Eine besonders schöne Zeit in der Entwicklung des RISING STAR war die Zusammenarbeit mit dem Reise-Anbieter **PFERD&REITER Reisen international**. Gemeinsam mit Anbietern in Portugal, der Dominikanischen Republik, Dänemark und Deutschland entstanden einzigartige Urlaubsprogramme, die Reitern die Möglichkeit boten, Klangmassage, Reiterklangmassage und die Zentaurusmassage in ganz neuen Kontexten zu erleben. Ob als wohltuende Entspannung nach einem langen Wanderritt oder als tiefe Verbindungsmomente zwischen Reiter und Pferd – diese Reisen machten Klangmassage zu einem genussvollen, sinnlichen Erlebnis.

Mit großer Begeisterung präsentierten wir diese Programme auf Messen, sprachen mit Reitern aus aller Welt und teilten die Vision, Klang und Pferd noch enger zusammenzuführen. Es war eine Zeit voller Begegnungen, Inspiration und gemeinsamer Projekte – bis Corona uns eine unerwartete Pause brachte. Doch die Erfahrungen, die wir in dieser Phase gesammelt haben, sind wertvoll geblieben und haben die Entwicklung des RISING STAR nachhaltig geprägt.

Die Entwicklung für das patentierte KPC®Klangholz-
pferd waren damit aber noch nicht abgeschlossen. Es
folgte der zweite Prototyp: Leichter, handlicher und
so konstruiert, dass er leicht von einer Person in wenigen Minuten auf- und abgebaut werden konnte.

Die Klangschale wurde noch besser integriert, jegli-
ches Metall wurde entfernt, damit sich die Schwingungen optimal auf den gesamten Holzkorpus über-
trugen.

Dieses patentierte Design bildet heute das Fundament
von RISING STAR und eröffnet zusammen mit der
Schaki völlig neue Möglichkeiten, die wir in diesem
Buch nun detailliert vorstellen werden.

HEUTE: AUSBILDUNG, INNOVATION UND EINE NEUE DIMENSION VON REITER-SCHULUNG

Heute ist RISING STAR weit mehr als ein innovatives Trainingsgerät – es ist ein ganzheitliches System, das Reitern eine völlig neue Körperwahrnehmung ermöglicht.

◎ wir bilden auf RISING STAR Fachleute aus,
◎ wir verkaufen unsere RISING STAR Holzpferde gemeinsam mit unseren Kursen
◎ und wir bieten die KPC®Reiterklangmassage an. Eine Methode, die den Körper von innen her erfühlen lässt, wie sich Balance, Durchlässigkeit, Beweglichkeit und Aufrichtung verbessert. Damit wird die Verbindung zwischen Mensch und Pferd auf ein neues Level gehoben.

RISING STAR ist der Beweis dafür, dass eine Idee, die aus Neugier und Leidenschaft entsteht, oft viel größer wird, als man es sich am Anfang je hätte vorstellen können. ■

Das sind RISING STAR und RISING STAR solution

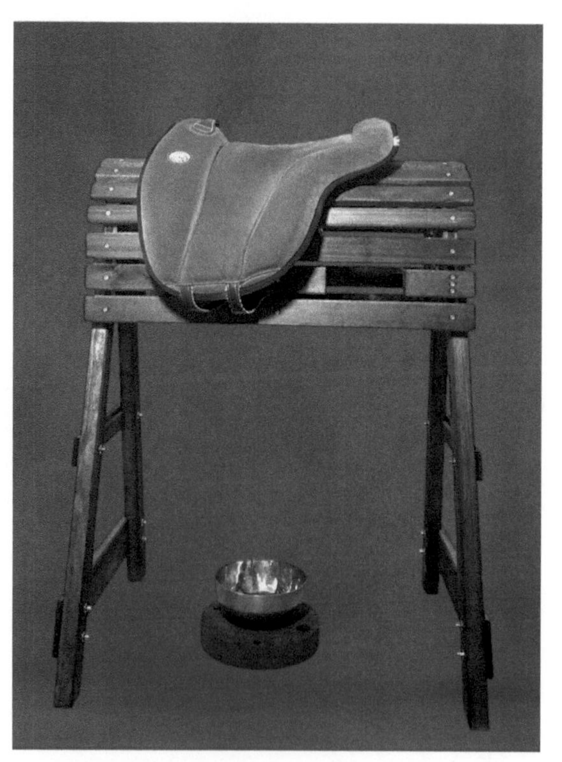

RISING STAR solution

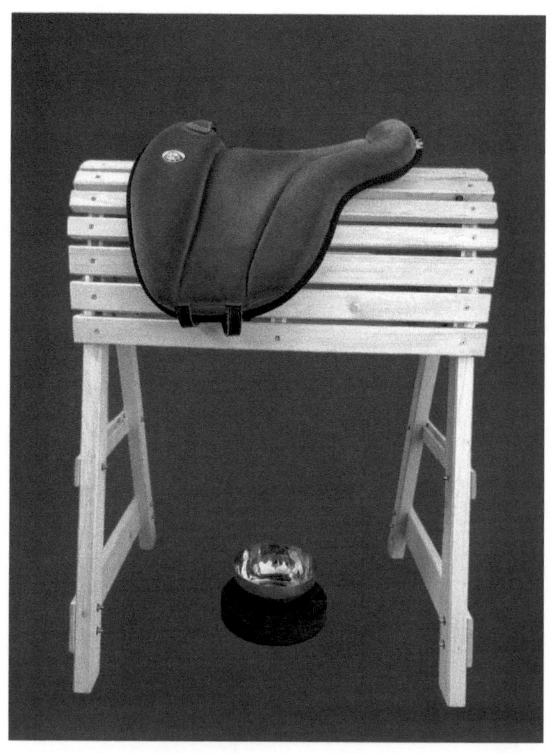

RISING STAR

Auf den ersten Blick wirken diese beiden reduzierten Holzpferde unscheinbar – doch vor allem RISING STAR solution hat es im wahrsten Sinne des Wortes „in sich": Im Inneren dieses Modells ist eine Klangschale montiert. Sobald sie – durch die zwei Öffnungen hindurch – mit einem Schlägel angeschlagen wird, übertragen sich die feinen Vibrationen über den gesamten Holzkorpus direkt auf den Reiter – selbst durch eine Decke, ein Sattelpad oder einen Sattel hindurch. Eigens zur Verbesserung der Schwingungsqualität eingebaute Löcher erzeugen eine maximale Wirkung.

Das zweite Modell, RISING STAR, hat die gleiche Form, jedoch keine eingebaute Klangschale und keine Öffnungen. Hier erfolgt die Klangmassage fast ausschließlich mit der Schaki – einer speziellen Klangschale mit integriertem Schalenkissen (s. S. 50) Die Schaki wird gezielt am Körper eingesetzt, oder unter dem Pferd auf den Boden gestellt, um die wohltuenden Schwingungen auch ohne eine fest installierte Klangschale spürbar zu machen.

Beide Modelle sind stabil gebaut, leicht auf- und wieder abzubauen, sowie einfach zu transportieren, so dass sie flexibel und mobil einsetzbar sind – egal ob zu Hause, in der Reithalle oder unterwegs. ■

Die KPC© Schaki

Nach zahlreichen Tests mit unterschiedlichen Materialien (Stoff, Filz, Holz) und verschiedenen Klangschalen (Universal-, Herz-, und Beckenschalen) fand ich die perfekte Lösung: Ich entwarf ein leichtes, handliches Schaumstoffkissen mit Resonanzeigenschaften, das die Klangvibrationen verstärkt und gleichzeitig die Schale sicher fixiert.

Wir probierten es in verschiedenen Größen aus:

◎ S (20 cm Durchmesser)
◎ M (30 cm Durchmesser)
◎ L (40 cm im Durchmesser)

Mir einer Höhe von 10 cm konnten Klangschalen unterschiedlicher Größe problemlos darauf platziert werden. Wenn sie auf den Resonanzscheiben stehend angeschlagen werden, leiten sie Schall und Vibration optimal weiter – sie lassen den Klang tiefer und länger nachhallen.

Gerade für Klang-Konzerte und Klangbäder ist dies ideal!

Die KPC® Schaki ist ebenfalls eine echte Innovation – insbesondere für die Klangmassage bei Pferden, aber auch für die Reiterklangmassage bietet sie zahlreiche Vorteile.

Jeder, der mit Klangschalen arbeitet, kennt die Herausforderungen: Sie klimpern laut, wenn sie herunterfallen, werden im Sommer glühend heiß, im Winter eiskalt und sind oft schwer auf dem Pferd zu balancieren. Genau diese Probleme führten zur Erfindung der **KPC© Schaki** – einem speziell entwickelten Schalenkissen, das die Klangarbeit revolutioniert.

FREIE WAHL DER PFERDE – EIN BEEINDRUCKENDES ERGEBNIS

Ein essenzieller Bestandteil unserer Arbeit ist es, den Pferden die Wahl zu lassen. Wenn genügend Schalen vorhanden sind, ermöglichen wir es ihnen gerne, selbstständig die für sie angenehmste Schale auszuwählen. Denn jede Schale hat ihre eigene Klangfarbe und Frequenz.

In unseren Tests präsentierten wir den Pferden verschiedene Kombinationen aus Schalen und Kissenvarianten und beobachteten ihre Reaktion. Das Ergebnis war eindeutig: Jedes einzelne Pferd – ohne Ausnahme – entschied sich für die Resonanzscheibe M mit der Universalschale.

Diese eindeutige Präferenz zeigt, wie fein Pferde Schwingungen wahrnehmen und welche spezifische Frequenz sie als wohltuend empfinden.

HEUTE: DIE SCHAKI ERLEICHTERT DIE KLANGARBEIT WELTWEIT

Ob für Therapeuten oder Pferdebesitzer – die Schaki hat die Arbeit mit Klangschalen revolutioniert und macht Klangmassagen einfacher, sicherer und effektiver. ∎

Neugierig geworden?
Scanne den QR Code und entdecke, wie die KPC© Schaki auch dein Klangmassage-Erlebnis verbessern kann

Von der Forschung zur Praxis – die Klangmassage für Reiter

Bisher haben wir gesehen, wie tiefgreifend die Klangmassage auf den menschlichen Körper wirkt und wie beeindruckend Pferde auf die Schwingungen und Klangresonanzen reagieren. Wir haben den Übergang von der liegenden zur vertikalen Klangmassage erforscht, die Entwicklung von RISING STAR als einzigartiges Trainingsinstrument begleitet und die Schaki als bahnbrechendes Klang-Tool kennen gelernt.

All diese Entdeckungen führten letztendlich zu der zentralen Frage des Buches:

Wie kann Klangmassage Reitern helfen, ihren Sitz, ihre Balance und ihre Verbindung zum Pferd zu verbessern?

Jetzt geht es darum, dieses Wissen in die Praxis zu bringen – mit der KPC®Klangmassage für Reiter

KLANGMASSAGE FÜR REITER – DER UNTERSCHÄTZTE SCHLÜSSEL ZU EINEM AUSBALANCIERTEN SITZ

Fast jeder Reiter wärmt sein Pferd vor der Reitstunde auf. Doch wie viele nehmen sich die gleiche Zeit für ihren eigenen Körper? Die Realität sieht oft anders aus. Die meisten steigen so, wie sie sind – mit ihren Verspannungen, einem vollen Kopf und steifen Gelenken – direkt aufs Pferd.
Der Alltag mit all seinen Gedanken, Sorgen und körperlichen Blockaden sitzt mit im Sattel.

Das Problem: Verspannte Muskeln und eingeschränkte Beweglichkeit erschweren nicht nur das eigene Reiten, sondern beeinflussen auch das Pferd. Es muss die Schiefe, Steifheit und Anspannung seines Reiters mit ausgleichen – und verspannt sich dabei oft an genau den gleichen Stellen.

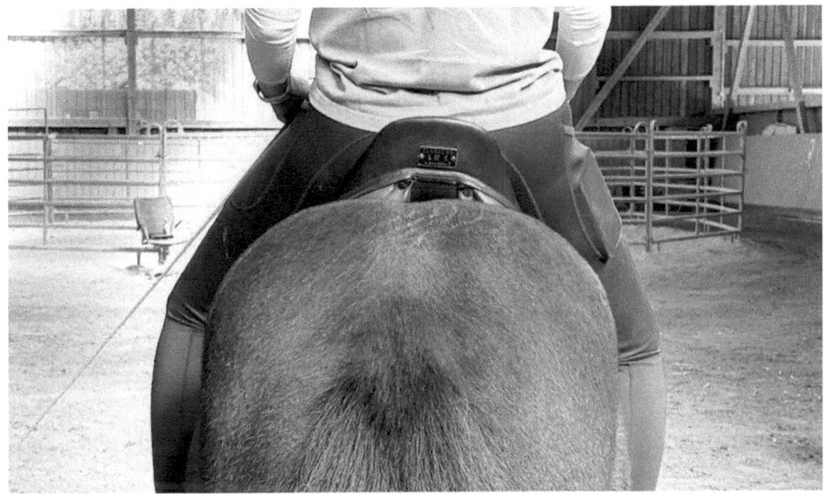

NATÜRLICHE SCHIEFE – EIN UNTERSCHÄTZTER FAKTOR

Sowohl Pferde, als auch Menschen haben eine natürliche Schiefe – eine leichte Asymmetrie im Körperbau und in der Bewegungsdynamik. Beim Pferd zeigt sich diese Schiefe häufig darin, dass es eine bevorzugte Seite hat, auf der es sich leichter biegt, während die andere steifer ist.
Beim Reiter äußert sie sich häufig als dominante Körperseite, eine stärkere Schulter, Hüfte oder eine ungleichmäßige Gewichtsverteilung im Sattel.

Viele Reiter sind sich ihrer eigenen Schiefe gar nicht bewusst – ebenso wenig wie der des Pferdes. Doch oft zeigen sich diese Dysbalancen genau dort, wo auch das Pferd seine Schwäche hat. Unbewusst verstärken sich Reiter und Pferd gegenseitig in ihren Asymmetrien oder sie kompensieren sie für den anderen.

WENN REITER UND PFERD SICH GEGENSEITIG „ZURECHT BIEGEN"

Besonders bei Reiter-Pferde-Paaren, die schon lange zusammen sind, beobachten wir ein interessantes Phänomen: Sie sind wie ein altes Ehepaar, aufeinander eingespielt, in ihrer Bewegung und Schiefe aneinander angepasst. Schwachstellen werden unbewusst vom jeweils anderen ausgeglichen, ohne dass es dem Reiter bewusst ist. Der Körper „gewöhnt" sich an die Haltung und empfindet sie als normal – auch wenn sie eigentlich eine „Fehlhaltung" ist.

Das bedeutet:
Wenn wir auf ein Pferd steigen, bringen wir nicht nur unsere eigene Schiefe mit – sonder auch die, die wir mit unserem Pferd über die Jahre hinweg entwickelt haben. Deshalb kann es so schwierig sein, sich aus eingefahrenen Mustern zu lösen. Und genau hier setzt die Klangmassage für Reiter an.

RISING STAR –
SITZSCHULUNG OHNE PFERD,
ABER MIT MAXIMALER WIRKUNG

Das Besondere an RISING STAR ist die Möglichkeit, sich völlig entspannt und losgelöst von äußeren Einflüssen mit seinem Sitz auseinander zu setzen. Ohne dass das Pferd die eigenen Fehlhaltungen kompensieren muss.

◎ **Sitzen auf dem Holzkorpus als Klang-Instrument**
Während die Füße locker nach unten hängen, können die Vibrationen der Klangschale ungehindert durch den gesamten Körper fließen.

◎ **Klangschale unter den Füssen**
Platziert man die Schale direkt unter den Fußsohlen, werden zusätzlich die Fußreflexzonen stimuliert – eine besonders intensive Erfahrung, die die Bodenverbindung und Körperbalance stärkt.

◎ **Tiefgehende Sitzschulung**
Mit gezielten Sitzschulungsübungen und systemischen Coaching-Elementen wird nicht nur die Sitzhaltung verbessert, sondern auch die innere Haltung und feine Einwirkung geschult.

◎ **Blockaden lösen sich wie von selbst**
Die Klangschwingungen helfen dabei, den Körper geschmeidig und locker werden zu lassen, während sich Blockaden fast „von alleine" auflösen. Es ist ein faszinierendes Gefühl, wenn der Körper in die richtige Haltung hinein schmilzt, anstatt mühsam daran zu arbeiten.

VERTIKALE KLANGMASSAGE –
NACHHALTIGE WIRKUNG FÜR KÖRPER
UND REITERSITZ

Das Besondere an der vertikalen Reiterklangmassage ist ihre langfristige Wirkung. Denn anders als herkömmliche Sitzkorrekturen, die oft Disziplin oder ständige Wiederholung erfordern, speichert der Körper durch die Schwingungen erlebte harmonische Haltung intuitiv ab. Viele Reiter berichten, dass sie sich noch Tage später wie von selbst in eine gesunde und förderliche Sitzhaltung begeben – ohne bewusste Anstrengung.

So hilft die Klangmassage nicht nur dabei, den Körper langfristig gesund zu halten, sondern unterstützt auch eine natürliche, intuitive Haltung im Sattel, die die Einheit mit dem Pferd erleichtert. Denn letztlich ist genau das unser Ziel: Nicht nur auf dem Pferd zu sitzen – sondern mit ihm in Einklang kommen, zusammen zu einer Einheit zu werden.

Hier siehst du einen kleinen vorher-nachher-Vergleich. Auch wenn es nicht exakt die gleiche Übung am selben Tag ist, wird der Unterschied im Sitz deutlich.

Auf dem linken Bild erkennt man ein leichtes Hohlkreuz, während der Rücken auf dem rechten Bild gerade ist und das Becken leicht abgekippt wurde.

Das untere Bild, in dem beide Momente übereinander gelegt sind, veranschaulicht eindrucksvoll, wie sich ein tiefer, ausbalancierter Sitz auf dem RISING STAR ganz natürlich entwickelt hat. ■

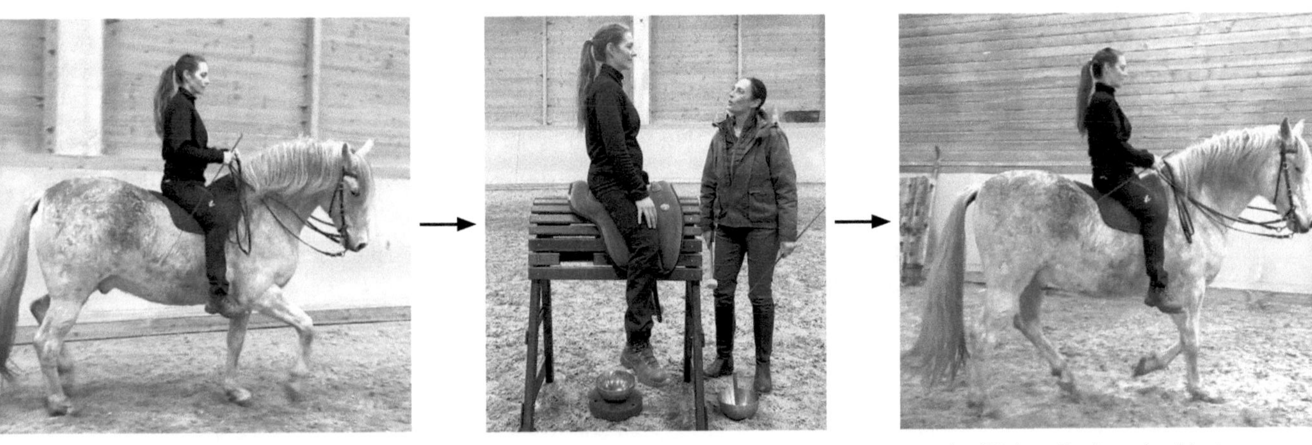

Leichtes Hohlkreuz

gerader Rücken, Becken abgekippt

Wie funktioniert eine Klangmassage auf RISING STAR

Die KPC® RISING STAR Reiterklangmassage basiert auf der Wirkung der vertikalen Klangwellentherapie – einem innovativen Ansatz, der weit über die klassische Sitzschulung hinaus geht. Diese Methode ermöglicht es zum ersten mal, Übungen nicht nur durch Anweisungen von außen durchzuführen, sondern den eigenen Körper von innen heraus völlig neu zu erspüren.

Sie wirkt wie eine innere Zellmassage, richtet den Körper auf, löst Blockaden und erzeugt gleichzeitig ein tiefes Wohlgefühl. Viele Reiter berichten, dass sie sich zum ersten Mal wirklich in ihrem Körper „zu Hause" fühlen.

RISING STAR VS.. RISING STAR SOLUTION – DIE BEIDEN KLANGHOLZPFERDE IM ÜBERBLICK

RISING STAR
◎ ohne eingebaute Klangschale,
◎ funktioniert als Resonanzkörper mit einer darunter stehenden Klangschale,
◎ ideal für gezielte Klangmassagen mit Schaki und Faszienklangmassagen.

RISING STAR solution
◎ mit fest integrierter Klangschale,
◎ überträgt die Schwingungen direkt auf den gesamten Körper,
◎ ermöglicht eine besonders intensive und durchgehende Klangmassage.

Beide Modelle bestehen aus schwingungsfreundlichem Fichtenholz, sind handgefertigt und verteilen die Vibrationen gleichmässig über die Sitzfläche und Oberschenkel.

Durch die spezifische Wirkung der vertikalen Klangwellentherapie kann dieser Ansatz nicht nur in der Reiterausbildung, sondern auch im Einzelcoaching und in der körperzentrierten Therapie genutzt werden. Die Kombination aus Vibration, Klang und gezielter Aufmerksamkeits-fokussierung aktiviert tief liegende Regenerationsmechanismen des Körpers. Dies regt eine natürliche Selbstkorrektur an, die Verspannungen löst und gleichzeitig neue Bewegungsmuster nachhaltig verankert. Im folgenden möchte ich auf die verschiedenen Elemente, Dimensionen und Wirkungsweisen eingehen, die die Grundlage der vertikalen Klangwellentherapie und damit auch der KPC® Reiterklangmassage RISING STAR bilden.

DIE KLANGMASSAGE ALS
DIAGNOSE-TOOL FÜR SITZSCHULUNG

Ein zentraler Effekt der vertikalen Klangmassage ist die Fähigkeit, Fehlhaltungen und Blockaden sofort spürbar zu machen.

Dort, wo das Gewebe fest oder ein Gelenk blockiert ist, „kommen die Schwingungen nicht durch" – der Reiter spürt in diesen Bereichen einfach nichts. Auch akustisch wird dies hörbar: die Klangschale klingt an diesen Stellen dumpfer und verklingt schneller. Im Hinhören verfeinern Reiter, wie Klangmassage-Geber ihre Wahrnehmung und Sensibilität.

Im Gegensatz dazu, fließen die Schwingungen mühelos durch durchlässige Körperbereiche. Dies wird oft als eine angenehme Wellenbewegung im Körper beschrieben.

Das bedeutet: diese Form der Klangmassage ist ein Millimeter genaues Diagnose-Instrument für die Sitzschulung. Durch gezielte Wahrnehmung auf die verschiedenen Körperbereiche wird der Reiter dazu angeregt, die Blockaden bewusst zu fühlen. Um dann die Körperverspannungen mit den Schwingungen Schicht um Schicht sanft lockern und auflösen zu lassen. Die Betonung liegt hier im „lassen": Denn der Reiter muss dazu nichts tun, es geschieht wie von selbst, angenehm und befreiend. Es ist die Selbstregulation des Körpers, die geschieht. Zudem wird die Durchblutung gefördert, und der Stoffwechsel angeregt. Hände und Füße werden wieder warm. Verspannungen schmelzen dahin wie Eis in der Sonne.

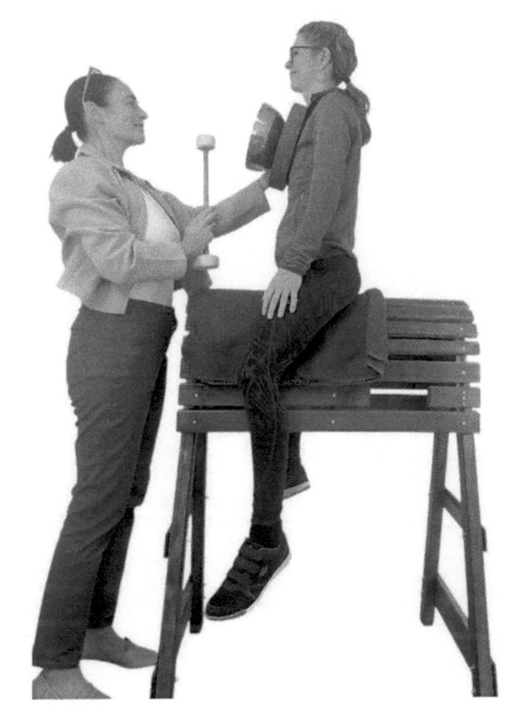

◎ Der Reiter kann innerlich „scannen", wo der Körper frei ist, und wo nicht

◎ Durch gezielte Wahrnehmung wird es möglich, Blockaden aktiv zu lösen

◎ Die Durchblutung wird angeregt, der Stoffwechsel aktiviert

◎ Hände und Füße werden wieder warm

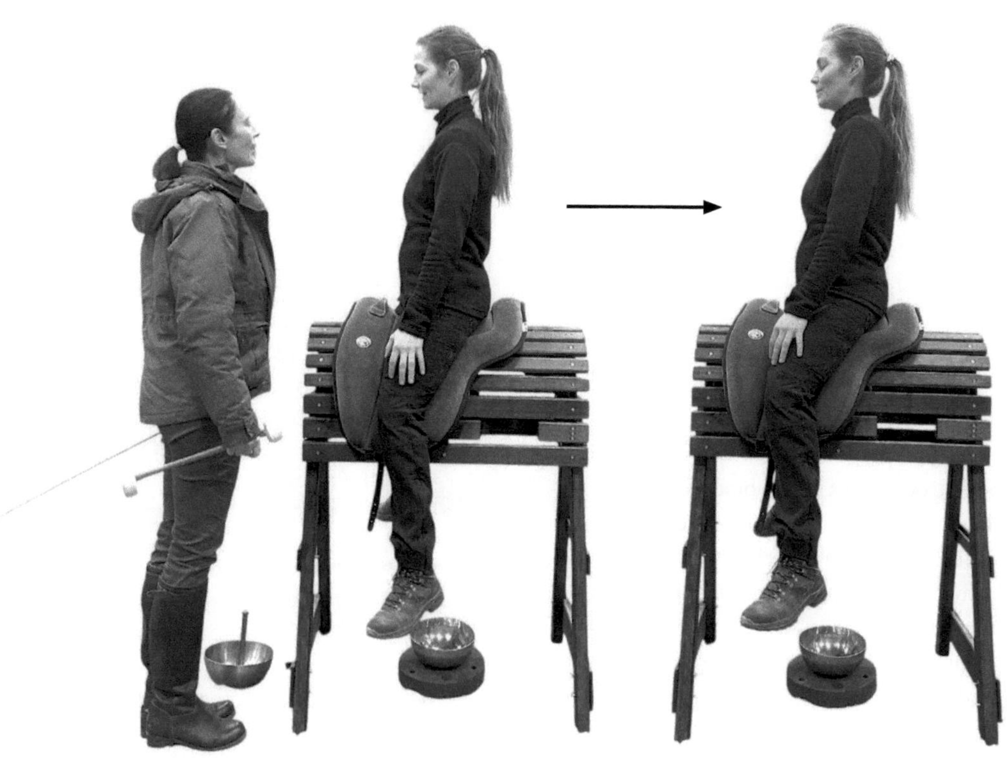

Der Körper richtet sich dabei ganz von selbst auf, ohne bewusste Anstrengung, einzig unterstützt durch innere Bilder und gezielte Aufmerksamkeitsfokussierung. Dies passiert unwillkürlich, Millimeter um Millimeter. Dieser Prozess, wenn der Körper sich seine aufrechte, gerade und natürlich „richtige" Haltung wie von selbst sucht, und man sich tiefer in den Sattel nieder lässt, das eigene Gewicht abgibt um gleichzeitig nach oben zu wachsen… Das ist immer sehr faszinierend, zu beobachten! Doch Klangmassage ist mehr als nur Vibration – er bringt uns in eine besondere Form der Wahrnehmung.

EMBODIMENT – DIE TIEFE VERBINDUNG ZWISCHEN KÖRPER UND BEWUSSTSEIN

Embodiment, das ist eigentlich ein uraltes Prinzip, das erst in den letzten Jahrzehnten systematisch erforscht und in den Wissenschaften anerkannt wurde. Lange Zeit betrachtete der westliche Ansatz Körper und Geist als getrennte Einheiten. Der Körper war eine Art mechanischer Apparat, den man trainieren musste. In den 1980er-2000er Jahren begannen sowohl Neurowissenschaften, Psychologie und Körpertherapien, den Zusammenhang zwischen Denken, Fühlen und Körperwahrnehmung näher zu untersuchen. Die moderne Forschung zeigt immer deutlicher, dass unsere Gedanken, Emotionen und unser körperliches Erleben untrennbar miteinander verbunden sind.

Der Begriff „Embodiment" stammt aus dem Englischen („to embody" = verkörpern) und beschreibt die Erkenntnis, dass unser Körper nicht nur eine Hülle für den Geist ist, sondern eine zentrale Rolle in unserer Wahrnehmung, unserem Denken und Fühlen spielt. Unser Körper ist unser Erleben, nicht nur sein Träger! Das bedeutet, unsere Haltung, Bewegungsmuster und Körperspannung beeinflussen unser Denken und unsere Emotionen. Umgekehrt formen auch unsere Gedanken, Erinnerungen und Emotionen unsere Körperhaltung, Atmung und Muskelspannung. Die Klangmassage hilft uns dabei, den eigenen Körper nicht nur als „Objekt" zu sehen, das funktionieren muss, sondern uns als einen fühlenden, lebendigen Leib zu erleben, der uns mit der Welt verbindet.

Auch in der Philosophie beschäftigt man sich mit diesem Thema. Maurice Merleau-Ponty und Edmund Husserl unterscheiden zum Beispiel zwischen:

◎ **Dem Körper, den ich habe**
   Ein Objekt, das untersucht, gemessen und manipuliert werden kann.
   In dieser Sichtweise ist der Körper wie eine Maschine, die funktionieren soll.

◎ **Dem Leib, der ich bin**
   Unser lebendiges Selbst, durch das wir die Welt erfahren.
   Hier wird der Körper nicht als getrenntes Objekt betrachtet, sondern als unmittelbarer Zugang zur Welt.

Durch die Klangmassage können wir diesen Perspektivwechsel live erleben!
Sehr oft sitzen die Menschen dann mit leuchtende Augen und einem Strahlen im Gesicht auf dem Holzpferd. Ihre Haltung ändert sich, sie wirken „offen" und „erhaben", die Schultern sinken dabei nach hinten-unten, die Brust öffnet sich, das Kiefer entspannt, innere Blockaden lösen sich. Hier beginnt der Körper – oder besser gesagt der Leib – wieder zu strahlen.

So wird die vertikale Klangmassage zu einem wahrhaftigen Embodiment Erlebnis. Sie bringt Menschen von unbewussten automatisierten Körpermustern, hin zu einem bewussten und lebendigen Leib-Sein. Oft ist das ein Moment, in dem Stille einkehrt, die Gesichtszüge weich werden, der Atem tief fließt und ein sanftes, echtes Lächeln auftaucht. Es ist, als würde der Leib selbst den Menschen daran erinnern: „Ich war die ganze Zeit hier. Willkommen zurück". Diese Stille ist mehr als nur das Fehlen von Geräuschen. Sie ist eine tiefe innere Ruhe, die oft das erste Mal seit langer Zeit spürbar wird.

LAUSCHEN, WAHRNEHMEN & FÜHLEN – EINE NEUE DIMENSION IN DER SITZSCHULUNG

Sich selbst zu erspüren, bewusst zu lauschen und wahrzunehmen, was gerade in einem passiert, ist ein Prozess des Selbst-gewahr-werdens. Die Klänge und Vibrationen unterstützen diesen Prozess, denn sie holen unsere Aufmerksamkeit unmittelbar ins Hier und Jetzt.

Ein zentrales Element auf RISING STAR ist daher die Arbeit mit inneren Bildern, Metaphern und Aufmerksamkeitsfokussierung. Diese können zusammen mit den vibrotaktilen Impulsen der Klangmassage ganz neu erfühlt und erlebt werden. Beispielsweise:
◎ Die Vorstellung einer warmen Dusche, die Anspannung von den Schultern abfließen lässt
◎ Eine sanfte Welle im Rücken, die Stabilität und Flexibilität zugleich gibt und einen trägt
◎ Der Wind von vorne, der den Oberkörper aufrichtet, die Schultern nach hinten-unten sinken lässt, und einen tief atmen lässt.

Diese Art des Lernens kommt aus der Tradition des Reitens aus der Körpermitte. Sally Swift, eine Pionierin der Sitzschulung, hat die Arbeit mit inneren Bildern geprägt und gezeigt, wie hilfreich und kraftvoll sie sein kann. Durch die Schwingungen und die begleitenden inneren Bilder werden diese Impulse nicht nur mental verstanden – sie „massieren" sich regelrecht in den Körper hinein. So entsteht eine völlig neue Dimension der „FÜHL-Schulung": Der Körper begreift das Bild auf eine Weise, die über die Sprache weit hinaus geht.

Dabei schult die RISING STAR Klangmassage gezielt drei Ebenen der Selbstbeobachtung:

1. Selbstbewusstsein
Das reflektierte Wissen über sich selbst.
„Ich weiß, dass ich gestresst bin."

2. Selbstwahrnehmung
Die Fähigkeit, den aktuellen Zustand im Moment zu beobachten.
„Ich spüre, dass mein Atem flach ist und mein Kiefer angespannt."

3. Selbstgewahrsein
Ein achtsames, nicht wertendes Erleben des Hier und Jetzt.
„Ich nehme meine Verspannungen und deren Trigger gerade hier im Raum wahr, ohne sie zu bewerten. Ja, der große, heran donnernde Traktor stresst mich, und mein Pferd unter mir spannt sich an. So ist es. Gleichzeitig kann ich meine Atmung spüren."

Dieses Training der Körper- und Situationswahrnehmung ist entscheidend, um neue Bewegungs- und Denkmuster langfristig zu verankern.

URVERTRAUEN UND DIE TIEFE WIRKUNG VON KLANG

Die harmonischen, obertonreichen Naturtöne der Klangschalen erzeugen dabei nicht nur ein Gefühl von Leichtigkeit und Freude, sondern auch eine tiefe, instinktive Entspannung – bis hin zu Urvertrauen. Man geht davon aus, dass Obertöne und Vibrationen uns Menschen und auch anderen Säugetieren – an den Zustand im Mutterleib erinnern. Diese als „Womb sounds" bezeichneten Frequenzen rufen ein Gefühl von Geborgenheit und Sicherheit hervor.

Deshalb lassen sich viele Pferde – und auch Reiter – so leicht und gerne auf diese Erfahrung ein:
◎ Die Schwingungen sind vertraut, tief im Nervensystem verankert.
◎ Sie vermitteln ein Gefühl von Angenommenen und Bejahung.
◎ Dadurch lösen sich Anspannungen fast von selbst – ohne bewusste Kontrolle, sondern weil sich der Körper einfach wohl fühlt.

Diese Kombination aus Vibration, inneren Bildern und urtiefem Wohlgefühl macht die vertikale Klangwellentherapie so einzigartig.

PIONIER-ERLEBNISSE – DIE ERSTE BEGEGNUNG MIT EINER VÖLLIG NEUEN KÖRPERERFAHRUNG

Es gibt Momente, die etwas in uns verändern – Erfahrungen, die so tiefgreifend sind, dass unser Körper sie wie eine neue Sprache speichert. In der Neurowissenschaft nennt man sie Pionier-Erfahrungen: Erlebnisse, in denen unser Gehirn völlig neue neuronale Verschaltungen bildet.

Das können ganz unterschiedliche Momente sein: Der allererste Kuss, an den man sich sein Leben lang erinnert, das erste Mal eine Mango zu probieren – eine völlig neue Geschmacksexplosion, oder ein bestimmtes Musikstück, das in einem besonderen Moment unser Innerstes berührt…

Solche Erfahrungen werden körperlich gespeichert. Sie sind nicht nur eine Erinnerung, sondern eine neue Verknüpfung im Gehirn, die als Ressource immer wieder abgerufen werden kann.

Genau so funktioniert die Reiterklangmassage mit RISING STAR. Viele Menschen berichten nach ihrer ersten Sitzung auf dem Klangholzpferd:

◎ *„So etwas habe ich noch nie gespürt."*
◎ *„Es ist, als würde sich mein Körper wie von selbst ausrichten."*
◎ *„Ich merke plötzlich, wo ich verspannt bin – aber ohne dass mir das jemand sagt!"*
◎ *„Vorher gingen die Vibrationen nur durch mein rechtes Bein – mein linkes spürte ich dagegen kaum – jetzt gehen sie gleichmässig durch beide Beine bis zu den Fußsohlen."*

Die Kombination aus Klang, Vibration und Körperbewusstsein führt dazu, dass der Körper eine völlig neue, gesunde Haltung einprägt – nicht durch bewusste Kontrolle, sondern durch tiefes instinktives Erleben. Noch faszinierender ist:

Unser Gehirn unterscheidet nicht zwischen real Erlebtem und Imaginiertem. Das bedeutet: Wenn du einmal auf RISING STAR die Erfahrung einer durchlässigen ausbalancierten Haltung gemacht hast, kannst du sie im echten Sattel einfach abrufen. Eine kurze Erinnerung an das Gefühl reicht oft aus, um Körper, Atmung und Emotionen sofort in den gewünschten Zustand zu versetzen.
Deshalb geht die Klangmassage weit über die klassische Sitzschulung hinaus.
◎ Sie verankert neue Körpermuster im Nervensystem.
◎ Sie macht Veränderungen gleich und natürlich möglich, ohne bewusste Korrektur.
◎ Sie schafft eine Brücke zwischen Körper und Geist, die jederzeit abrufbar ist.

Diese tief gespeicherten Pionier-Erfahrungen sind nicht nur wertvoll für das eigene Reiten – sie lassen sich auch mit mentalen Reitbildern und Coaching-Methoden kombinieren, um nachhaltige Veränderung und persönliche Entwicklung zu ermöglichen.

SOMATISCHES BIOFEEDBACK AUF RISING STAR

Was ist Biofeedback im Allgemeinen? Biofeedback bedeutet, dass der Körper Informationen über sich selbst erhält, die normalerweise unbewusst ablaufen. Ein klassisches Beispiel sind medizinische Biofeedback-Geräte, die Muskelspannung, Herzschlag oder Atmung messen und diese Daten auf einem Bildschirm sichtbar machen. Sobald wir diese Rückmeldungen bewusst wahrnehmen, können wir beginnen, sie gezielt zu beeinflussen.

Ein Beispiel: Jemand leidet unter chronischer Verspannung im Nacken, merkt es aber nicht bewusst. Ein Biofeedback-Gerät zeigt die Muskelverspannung an. Sobald die Person sieht, wie stark die Muskeln angespannt sind, kann sie beginnen, sie gezielt zu entspannen.

Was ist dagegen somatisches Biofeedback? Der entscheidende Unterschied: Beim somatischen Biofeedback gibt es keine technischen Geräte. Das Feedback kommt direkt aus dem Körper durch fühlbare Wahrnehmung. Auch hier wieder ein Beispiel: Stell dir vor, du stehst auf einem Bein. Wenn du beginnst, zu wackeln, spürst du automatisch, dass du dein Gewicht verlagern musst, um das Gleichgewicht zu halten. Du musst nicht darüber nachdenken. Dein Körper spürt es und passt sich selbst an. Das ist somatisches Biofeedback in Aktion.

Dein Körper reagiert auf die kleinsten Veränderungen über Sensoren in Muskeln, Gelenken und Faszien. Diese Informationen werden ans Nervensystem weiter geleitet. Dein Körper reagiert automatisch, indem er sich selbst ausbalanciert – ohne dass du es bewusst steuern musst.

Mit anderen Worten: Der Körper organisiert sich selbst – er „lernt", indem er spürt, nicht, indem er nachdenkt.

RISING STAR verstärkt nun diesen Effekt, indem es eine intensive sensorische Rückmeldung über die Vibration gibt. Stell dir das so vor: Du sitzt auf dem schwingenden Holzkörper, der durch die Klangschale feine Vibrationen und Obertöne in deinen Körper leitet. Diese Vibration und der Klang ist wie eine Art „Echolot" für dein Nervensystem – es gibt dir eine sofortige fühlbare Rückmeldung über deine Haltung.

Wenn dein Körper sich in eine ausgewogene mittige und ausbalancierte Haltung begibt, verändert das das Schwingungsmuster. Du nimmst die Schwingungen gleichmäßig im Körper wahr. Dein Atem verändert sich unwillkürlich, Deine Schultern senken sich.

Dein Nervensystem nimmt diese Veränderungen wahr und registriert: „So fühlt es sich leichter und natürlicher an." Ohne bewusste Kontrolle richtet sich dein Körper intuitiv aus, um diese Balance zu halten.

Das Entscheidende: Die Korrektur passiert nicht durch einen bewussten Befehl „Setz dich gerade!" – sondern durch ein unmittelbares und spürbares Feedback. Der Körper erkennt selbst, was sich stimmig anfühlt – und speichert es vor allem langfristig als inneres Körperempfinden ab.

Der Körper „merkt" sich also das neue Bewegungs- oder Haltungsmuster, weil er es nicht nur kognitiv versteht, sondern vor allem körperlich erlebt.

Weshalb ist das so wirkungsvoll?

1. VERÄNDERUNGEN PASSIEREN NICHT VON AUSSEN INDUZIERT, SONDERN VON INNEN HERAUS.

Im klassischen Reittraining hört man oft Anweisungen wie „Setz dich gerade hin" „Locker lassen" etc. Doch das Problem: Auch wenn du es hörst, und kognitiv verstehst und sogar damit einverstanden bist, kann dein Gehirn das nicht direkt in Bewegung umsetzen! Es versucht, den Körper „von außen" zu korrigieren – oft mit wenig Erfolg.

Mit RISING STAR fühlt dein Körper selbst, wann er in der optimalen Position ist – und das ist der große Unterschied!

2. PROPRIOZEPTION UND SELBSTORGANISATION

Ein noch viel wichtigerer Punkt: Die Vibrationen aktivieren die Propriozeption – auch als Tiefensensibilität bekannt, ist die Fähigkeit des Körpers, seine eigene Position und Bewegung im Raum wahrzunehmen – ohne visuelle Kontrolle. Dadurch spürt der Körper automatisch, wo er Verspannungen hat – und wo er sich besser ausrichten kann. Bei chronischen Fehlhaltungen „gewöhnt" sich das Nervensystem an eine ungünstige Muskelspannung – sie wird zur neuen Normalität. Überlastete oder verspannte Muskeln senden zwar Signale ans Gehirn, doch diese werden mit der Zeit ignoriert oder unterdrückt. Die Person hält vielleicht unbewusst die Schultern hochgezogen oder den Nacken angespannt – doch sie fühlt es nicht mehr bewusst. Erst wenn sich die Haltung verändert – oder die Verspannung gelöst wird, entsteht ein „Aha-Moment" „Oh! Ich wusste gar nicht, wie fest ich hier war!"

RISING Star arbeitet genau mit dieser unbewussten Wahrnehmung: Die Vibrationen stimulieren die Mechanorezeptoren in Haut, Faszien, Gelenken und Muskeln. Dadurch erhält das Nervensystem präzisere Rückmeldungen über die eigene Haltung, Position und Druckverteilung. Der Körper sucht immer nach Balance, so dass er mit automatischen Micro-Anpassungen reagiert. Diese oft Millimeter feinen Justierungen geschehen unwillkürlich. Sie sind keine bewusste Korrektur, fühlen sich aber „richtig" an. Durch die feinen Schwingungen werden Spannungen, aber auch Haltungsveränderungen spürbar, der „tote Winkel" der Körperwahrnehmung wird dadurch quasi wieder aktiviert. Dadurch kommt das propriozeptive System wieder in seine Tiefensensibilisierung zurück. Und der Körper bekommt eine unmittelbare Rückmeldung darüber, wie es sich anfühlt, sich wieder leichter und freier zu bewegen.

Menschen, die ihre Verspannungen nicht mehr bewusst spüren, können durch die Resonanz der Schwingungen wieder ein tieferes Körpergefühl entwickeln. Das Nervensystem beginnt, diese Bereiche neu wahrzunehmen – und so manche Spannungen lösen sich dabei ganz von alleine.

FAZIT

REITEN MIT KÖRPERINTELLIGENZ, PRÄSENZ UND VERBUNDENHEIT – STATT KONTROLLE

In der vertikalen KPC® Reiterklangmassage können wir also grundsätzlich von einer starken Body-Mind-Verschaltung sprechen. Durch die tiefe körperliche Entspannung – und gleichzeitig die benötigte wache Aufmerksamkeit, um nicht vom Holz-Pferd zu fallen, wird ein besonderer ‚State-of-mind' aktiviert, den wir ja gerade beim Reiten brauchen. Gelassen, losgelassen, im Kontakt mit sich selbst und dem Pferd – und gleichzeitig wahrnehmend und erfühlen können was ist. In mir, mit mir, mit dem Pferd und mit der Situation um mich herum: die volle Präsenz, die 5 Sinne hellwach. Gleichzeitig tief in mir ruhend und gelassen im Rhythmus, Takt, und Balance des Pferdes mit feinsten Hilfen einwirken können. Das ist die Voraussetzung für die tiefe innere Verbundenheit mit unserem Pferd beim Reiten. Die vertikale Klangmassage mit RISING STAR bringt Reiter in einen Zustand, den wir im Sattel brauchen.

◎ Gelassen und losgelassen – aber voll präsent,
◎ im Kontakt mit sich selbst, dem Pferd und der Umwelt,
◎ fähig, locker und ausbalanciert feine Hilfen wahrzunehmen und zu geben.

Das führt nicht nur zu einem besseren Sitz, sondern zu einer tiefen inneren Verbindung mit dem Pferd, dem höchsten Ziel der Reitkunst.

Genau darum wird es in den nächsten Kapiteln gehen:
- Wie wir mit gezielten inneren Bildern unseren Körper lockern, und unseren Sitz verbessern können.
- Wie Affirmationen und mentale Verknüpfungen helfen, Blockaden aufzulösen.
- Wie wir diese Erkenntnisse mit Coaching Techniken verknüpfen, um Ängste oder Unsicherheiten im Sattel zu transformieren. ■

Merkmale der KPC© Klangmassage für Reiter und Pferde

1. GEZIELTE ANWENDUNG

Die KPC®Methode im Einsatz von Klangmassage für Pferde und Reiter basiert auf klaren Anwendungsprinzipien. Bestimmte Klangschalen werden dabei gezielt

◎ auf &und um das Pferd (und den Reiter), oder
◎ am und im Holzpferd

positioniert und angeschlägelt, um wohltuende Schwingungen zu erzeugen.

2. GANZHEITLICHER ANSATZ

Die Reiterklangmassage zielt darauf ab, den Reiter in seiner Balance, Körperbewusstsein und Durchlässigkeit zu fördern, um ausbalanciert aus seiner Körpermitte zu reiten, Verspannungen zu lösen und seine Hilfen zu verfeinern.

3. QUALITÄTSSTANDARDS

Die KPC®Ausbildung erfolgt in zwei Ausbildungsgängen am KPC®Institut. Dadurch wird gewährleistet, dass die Methode professionell und ethisch korrekt angewendet wird.
Zudem wird mit speziell entwickelten Therapie-Klangschalen und KPC®-Hilfsmitteln gearbeitet, die auf die Arbeit mit Pferden und Reitern abgestimmt sind.

KPC ZEICHNET SICH AUS DURCH

Fachkenntnis
KPC® steht für Fachkenntnisse auf hohem Niveau. Sowohl in Klangmassage, in Pferde-Knowhow wie im systematischen Coaching. Unseriöse Anbieter verwenden oft willkürlich Schalen ohne fundiertes Wissen über die Wirkung von Klängen auf den Körper. Dies kann unangenehme oder gar schädliche Effekte haben.

Wissenschaftliche Basis und langjährige Erfahrung
Die KPC®Klangmassage stützt sich auf Forschungsergebnisse und Erfahrungsberichte ohne esoterischen Behauptungen oder nicht überprüfbare Grundlagen.

Qualität in der Ausbildung
Ein entscheidender Unterschied liegt in der Qualifikation. Seriöse KPC® Klangmassage Practitioner durchlaufen eine strukturierte fundierte Ausbildung.

Qualität der Klangschalen
Wir verwenden hochwertige Klangschalen, die für therapeutische Zwecke geeignet sind. Dies gewährleistet den positiven Effekt der Klangmassage.

KPC®Klangmassage für Pferde und Reiter zeichnet sich durch fundierte, strukturierte und qualitativ hochwertige Anwendung und Ausbildung aus. Um sicherzustellen, dass die Klangmassage wirkungsvoll und professionell ist, sollten nur Anbieter gewählt werden, die eine fundierte Ausbildung und Zertifizierung vorweisen können. ■

4. SITZSCHULUNG AUF RISING STAR

Spüren mit allen Sinnen – oder: Sich gut fühlen und dabei gut fühlen

In Kapitel 3 haben wir die RISING STAR Reiterklangmassage als Pioniererfahrung kennen gelernt, die weit über reine Entspannung hinaus geht. Wir haben gesehen, wie Embodiment, somatisches Biofeedback und Selbstgewahrsein eine Schlüsselrolle dabei spielen, den Körper von innen heraus wahrzunehmen und neu zu organisieren. Die Klangvibrationen wirken dabei als eine Art sensorisches Echo, das unbewusste Spannungen aufzeigt, propriozeptive Feinsignale verstärkt und dem Körper hilft, sich selbst ins Gleichgewicht zu bringen.

Mit dieser Grundlage gehen wir nun einen Schritt weiter und nutzen RISING STAR als Diagnosetool für die Sitzschulung. Sitzprobleme sind oft keine isolierten Fehlhaltungen, die sich durch einfache Korrekturanweisungen lösen lassen, sondern Ausdruck von tiefer liegenden muskulären, faszialen oder propriozeptiven Mustern. Genau hier setzt RISING STAR an – als einzigartiges Biofeedback-System für die Körperintelligenz, das den Reiter befähigt, Ungleichgewichte selbst zu erspüren und nachhaltig zu verändern. Wie wir ihn für die Sitzschulung nutzen – und welche Elemente noch in unserem ganzheitlichen Ansatz dazu gehören, erfährst du in diesem Kapitel.

Neue Wege für ein neues Bewegungsgefühl

Die feinen und tiefen Vibrationen der Klangmassage machen es möglich, Bewegungseinschränkungen und Fehlhaltungen präzise von innen heraus zu spüren. Statt auf äußere Korrekturen angewiesen zu sein, bekommt der Körper eine sensomotorische Rückmeldung durch die Schwingungen – eine Art inneres Feedbacksystem – das hilft, Bewegungsmuster bewusst wahrzunehmen und nachhaltig zu verändern.

◎ Gelenke werden sanft mobilisiert, ohne dass sie durch gezielte Kraft oder Anspannung bewegt werden müssen.

◎ Die Haltung wird fein justiert, nicht durch äußeren Zwang, sondern durch inneres Gleichgewicht.

◎ Die Beweglichkeit einzelner Körperbereiche wird geschult, so dass der Reiter lernt, sie bewusst und unabhängiger voneinander einzusetzen.

Gepaart mit inneren Bildern – inspiriert von Sally Swifts Ansatz des „Reiten aus der Körpermitte" und hypnosystemischen Anleitungen aus dem systemischen Coaching, entsteht eine Sitzschulung, die den Reiter auf allen Ebenen in die Balance bringt:

◎ **Physisch** – durch mehr Flexibilität, Feinheit und Stabilität

◎ **Mental** – durch gesteigerte Wahrnehmung, Achtsamkeit (Selbstgewahrsein) und Klarheit

◎ **Emotional** – durch eine tiefere Verbindung mit sich selbst und dem Pferd

VON DER KLASSISCHEN SITZSCHULUNG ZU EINER NEUEN KÖRPERERFAHRUNG

Moderne Bewegungslehre zeigt immer wieder, dass ein ausbalancierter Sitz nicht durch äußere Korrekturen erzwungen werden kann, sondern durch gezielte Bewegungserfahrungen entwickelt wird. Dr. Eckart Meyners hat mit seinen bahnbrechenden Erkenntnissen über Körperwahrnehmung, Mobilisation und neurophysiologische Zusammenhänge, einen wichtigen Beitrag zur Reitausbildung geleistet. Seine Arbeit macht deutlich: Ein guter Sitz ist keine statische Position, sondern ein dynamischer Zustand, der durch fein abgestimmte Bewegungsmuster entsteht.

RISING STAR knüpft genau hier an – geht aber noch einen Schritt weiter:
Während klassische Sitzschulung oft von aktiven Korrekturanweisungen geprägt ist („Schultern zurück", „Fersen tief" „aufrechter sitzen" etc.), ermöglicht RISING STAR eine körpergeleitete Selbstorganisation.

Die Schwingungen wirken von innen heraus, und helfen Blockaden sanft zu lösen, ohne dass sie aktiv „wegtrainiert" werden müssen.

Der Körper findet seine Balance zwischen Spannung und Entspannung, ohne dass er von außen in eine bestimmte Haltung „gesetzt" wird.

Das Bewegungsgefühl entwickelt sich organisch – statt angestrengt daran zu arbeiten, „richtig zu sitzen", wird die gute Haltung zur ganz natürlichen Gewohnheit.

Der Reiter wird unabhängig von externem Feedback – er muss nicht mehr darauf angewiesen sein, dass jemand ihm sagt „so sitzt du richtig". Statt dessen bekommt er ein inneres Biofeedback: Die Schwingungen zeigen ihm unmittelbar, wo der Körper in Balance und durchlässig ist. Wenn die Vibrationen frei durch den Körper hindurch fließen, ist außen automatisch ein korrekter Sitz sichtbar. Wenn innere Blockaden bestehen, unterbrechen oder dämpfen sie die Schwingungen, was sich im äußeren Sitz als Schiefhaltung, Verspannung oder Verkrampfung zeigt.

Durch diese neue Herangehensweise wird Sitzschulung zu mehr als einer Korrektur von Haltung und Position. Sie wird zu einer tiefer gehenden Erfahrung von Bewegungsfreiheit, Balance und Körperbewusstsein – und genau das macht RISING STAR zu einer so wertvollen Ergänzung für den Reitunterricht.

Denn gute Haltung ist dann kein Zufall mehr – sie wird ganz natürlich zur Gewohnheit. Egal ob Schritt, Trab oder Galopp, ob Platz, Halle oder Gelände: Du sitzt sicher, geschmeidig und durchlässig. ■

Vorurteile und Missverständnisse zur Sitzschulung allgemein

Bevor wir nun gleich tiefer in diese neue Form der Sitzschulung einsteigen, möchten wir – ähnlich wie bei der Klangmassage – zunächst mit einigen häufigen Vorurteilen und Missverständnissen aufräumen.

Viele Reiter stehen dem Thema Sitzschulung grundsätzlich etwas skeptisch gegenüber, entweder aus falschen Annahmen, schlechten Erfahrungen oder Unsicherheiten darüber, was genau Sitzschulung wirklich bedeutet. Dabei zeigt die Realität: Selbst hochklassige Reiter arbeiten kontinuierlich an ihrem Sitz, denn kleinste Veränderungen können große Unterschiede bewirken – für die eigene Balance, die feine Hilfengebung und das Wohlbefinden des Pferdes.

Mit RISING STAR lösen wir diese Vorurteile auf eine neue Art auf – nicht durch Anstrengung oder mechanische Korrekturen, sondern durch Spüren, Wahrnehmen und Loslassen. Hier sind einige der häufigsten Vorurteile – und wie RISING STAR sie entkräftet.

1. „Sitzschulung ist nur für Anfänger."
Viele glauben, dass Sitzschulung nur für Einsteiger notwendig ist und fortgeschrittene Reiter sich darauf nicht mehr konzentrieren müssen.

▶ Selbst Profireiter arbeiten regelmäßig an ihrem Sitz, denn Verspannungen können sich auch bei erfahrenen Reitern einschleichen – unabhängig vom Leistungsniveau.

2. „Es ist langweilig und bringt nichts."
Sitzschulung wird als eintönig und mühsam empfunden, besonders bei längeren Einheiten an der Longe ohne Zügel oder Steigbügel.

▶ Sitzschulung auf RISING STAR ist entspannend und lösend, und zugleich hochwirksam. Die Klangschwingungen setzen Verspannungen frei, verbessern die Balance – und die Wirkung ist sofort spürbar. Vorher-nachher-Vergleiche zeigen eindrucksvoll, wie sich Sitz, Einwirkung und Harmonie mit dem Pferd verändern.

3. „Sitzschulung ist übertrieben penibel."

Manche Reiter empfinden Sitzkorrekturen als kleinlich und unnötig – Hauptsache, man bleibt oben.

▶ Ein guter Sitz ist keine Nebensache, sondern die Basis für feine Hilfengebung, Balance, und eine stabile, flexible Haltung – für Reiter und Pferd. Wer einfach nur „drauf bleiben" möchte, ist auf RISING STAR möglicherweise nicht richtig. Wer jedoch seine eigene Körperwahrnehmung verfeinern möchte, um sein Reiten auf ein neues Level zu heben, wird viel Gewinn daraus ziehen.

4. „Ich habe schon einen guten Sitz."

Viele Reiter sind der Meinung, dass sie ausreichend gut sitzen. Sie sehen keinen Bedarf, daran weiter zu arbeiten.

▶ Jeder Reiter kann seinen Sitz verbessern. Wir sind immer wieder erstaunt, wie kleinste Optimierungen enorme Auswirkungen auf die Geschmeidigkeit der Bewegungen und das Zusammenspiel zwischen Pferd und Reiter haben.

5. „Es ist unangenehm und peinlich."

Ohne Zügel und Steigbügel zu reiten oder korrigiert zu werden, kann Reitern unangenehm sein, insbesondere in Gruppen.

▶ Sitzschulung auf RISING STAR kann diskret und im geschützten Raum statt finden – im Reiterstüberl, aber auch zu Hause im Wohnzimmer oder im Einzelcoaching. Ja, es erfordert etwas Mut zur Selbstreflexion – aber wer sich darauf einlässt, wird schnelle und nachhaltige Fortschritte machen. Da wir Ressourcen-orientiert arbeiten, geht es einem hinterher immer besser als vorher. Und es tut einfach gut.

6. „Sitzschulung schränkt die Individualität ein."

Manche glauben, dass Sitzschulung einen „Einheitssitz" verlangt, der nicht auf die individuellen körperlichen Voraussetzungen eingeht.

▶ Sitzschulung auf RISING Star arbeitet mit der Individualität jedes Reiters. Neben Anatomie und Beweglichkeit werden auch die Themen mit dem Pferd, sowie innere Blockaden, und mentale Muster in die Sitzschulung mit einbezogen, um bestmögliche Lösungsräume, persönliche Balance und Ausrichtung zu finden.

7. „Es ist nur etwas für Dressurreiter."
Sitzschulung wird oft mit der FN Dressur in Verbindung gebracht und von Reitern anderer Disziplinen wie Springen, Vielseitigkeit, Western- oder Wanderreiten als unnötig angesehen.

▶ Ein ausbalancierter und unabhängiger Sitz ist in jeder Reitdisziplin essenziell, sei es in der Dressur, im Springen, in der Vielseitigkeit, Westernreiten, Wanderreiten, vor allem natürlich in der akademischen Reitkunst und Working Equitation.

8. „Der Sitz ist nicht so wichtig wie die Hilfengebung."
Einige Reiter meinen, dass andere Aspekte wie Zügel- oder Schenkelhilfen wichtiger sind als der Sitz.

▶ Der Sitz ist die Basis aller Hilfengebung. Ohne einen stabilen, ausbalancierten und durchlässigen Sitz können Zügel- und Schenkelhilfen nicht präzise und effektiv eingesetzt werden. Auf RISING STAR arbeiten wir daran, diese Elemente miteinander zu verbinden, anstatt sie getrennt voneinander zu betrachten.

9. „Ich verliere dabei die Kontrolle über das Pferd."
Reiter befürchten, dass sie ohne Zügel oder Steigbügel nicht sicher sind und die Kontrolle verlieren.

▶ Auf RISING STAR gibt es keine Unsicherheitsfaktoren. Das Holzpferd läuft nicht weg, es buckelt nicht, steigt nicht, erschrickt nicht. Es ermöglicht volle Konzentration auf den eigenen Körper, ohne äußere Ablenkungen.

10. „Sitzschulung ist nur etwas für Problemreiter."
Sitzschulung wird oft nur als Maßnahme für Reiter mit offensichtlichen Problemen angesehen.

▶ Sitzschulung ist für jeden Reiter sinnvoll, unabhängig vom Leistungsstand. Sie hilft, Sitzfehler zu vermeiden, die Einwirkung zu verfeinern und die Harmonie mit dem Pferd zu optimieren.

Die Sitzschulung auf RISING STAR ist viel mehr als „bloßes Sitzen", sie ist eine ganzheitliche Methode, die Körperbewusstsein, Beweglichkeit und mentale Klarheit miteinander verbindet.

DIE ÜBUNGSBEREICHE DER KPC® RISING STAR SITZSCHULUNG FÜR REITER

1. Balanceübungen
Bewusstes Ausbalancieren auf den Sitzknochen, Finden der natürlichen Mitte.

2. Mobilisierungsübungen
Kreisen und Bewegen von Hüfte, Becken, Schultern, Kopf, Arme, Hände und Füße. Sanfte Dehn- und Lockerungsübungen.

3. Wahrnehmungsübungen
Atemschulung, Körpergewahrsein mit geschlossenen und offenen Augen, Vorher-Nachher-Spüren – Unterschiede bewusst wahrnehmen, Gleichgewichtsübungen.

4. Der unabhängige Sitz
Schulung der Sitzstabilität ohne äußere Hilfen, Balance Übungen im „Trockenen".

5. Koordinationsübungen
Drehbewegungen im Oberkörper, bewusstes Setzen von Gewichtshilfen.

6. Bewegungs-Übertragungsübungen
Mitschwingen und Mikro- Bewegungen auf RISING STAR, Minimale Korrekturen mit maximaler Wirkung.

7. Mentale und emotionale Arbeit mit inneren Bildern
Nutzung innerer Bilder zur Optimierung von Sitz, Atmung, Körperbewegungen und Balance. Integration der Affirmationen, Achtsamkeitsübungen und mentalem Training.

Fazit

Die Sitzschulung ist kein Zwang, sondern eine Einladung, sich selbst neu zu entdecken und sich neue Bewegungsmöglichkeiten und -räume zu erobern. Die Übungen helfen, die Balance, Beweglichkeit und das Einfühlungsvermögen zu verbessern – auf eine Weise, die sich sanft, intuitiv und nachhaltig anfühlt, und auch noch Freude macht. Mit dem Ziel, dich ebenso durchlässig zu machen, wie du dein Pferd. Damit der Schwung durch Euch beide leicht hindurch kommt – und ihr so im Einklang miteinander zu einer Einheit verschmelzen könnt. ■

Die sieben Ziele der
RISING STAR SITZSCHULUNG

Um mit seinem Pferd zu einer echten Einheit zu verschmelzen, braucht es mehr als Technik: Übung, Talent, Körpergefühl und eine tiefe Verbindung zum Pferd sind die Grundlagen.

Eine sorgsame Ausbildung vermittelt daher nicht nur Reit-Techniken, sondern auch die Kompetenz, den eigenen Körper und den des Pferdes feinfühlig zu erspüren.

Je besser dieses Gespür entwickelt ist, desto mehr wird Reiten zu einem Dialog, einem Tanz zwischen Pferd und Reiter – voller Leichtigkeit, Vertrauen und Harmonie. Um diesen Tanz zu meistern, verfolgen wir in der KPC®RISING STAR Sitzschulung sieben zentrale Ziele. Sie bilden das Fundament für einen Sitz, der stabil, flexibel, feinfühlig und pferdegerecht ist.

1. EIN AUSBALANCIERTER SYMMETRISCHER SITZ

Der Reiter, der in der Mitte des Pferdes sitzt, kann sein Gleichgewicht auf dem sich bewegenden Pferd bewahren, ohne dessen Bewegungsfreiheit einzuschränken.

◎ **Balance**
Ein zentrierter Sitz erlaubt dem Pferd, sich frei und entspannt zu bewegen.

◎ **Symmetrie**
Ein symmetrischer Sitz verhindert einseitige Belastungen, die sich sonst negativ auf die Gesundheit und Schiefe des Pferdes auswirken.

◎ **Beweglichkeit**
Besonders in Disziplinen wie Working Equitation ist ein zentraler Sitz über dem Schwerpunkt des Pferdes entscheidend für schnelle Wendungen, Übergänge und Galoppwechsel.

2. EINE ELASTISCHE VERBINDUNG ZUM PFERD

Der Sitz ist die primäre Kommunikationshilfe – noch bevor Zügel oder Schenkel ins Spiel kommen.

◎ **Dynamik**
Der Reiter muss seinen Sitz flexibel an die Bewegungen anpassen können.

◎ **Feinfühligkeit**
Eine elastische Verbindung ermöglicht es, kleinste Veränderungen im Pferd wahrzunehmen und feinste Gewichtshilfen zu geben.

◎ **Präzision**
Besonders bei Trailhindernissen oder in der Rinderarbeit sind schnelle, präzise Reaktionen gefragt, die ein dynamischer Sitz unterstützt.

3. PFERDEGERECHTES MITSCHWINGEN

Ein pferdefreundlicher Sitz bedeutet, die Bewegungen des Pferdes elastisch mitzugehen, um den Rücken zu entlasten.

◎ **Elastizität**
Der Sitz darf weder zu starr, noch zu weich sein. Er wirkt wie ein federndes Element, das die Bewegungen aufnimmt und weitergibt.

◎ **Harmonie**
Dieses Mitschwingen eröffnet eine tiefere Verbindung zwischen Reiter und Pferd, die über mechanisches Reiten weit hinaus geht.

◎ **Gesundheit**
Ein solcher Sitz fördert die Leistungsfähigkeit und das Wohlbefinden des Pferdes, dessen Gänge dadurch losgelassen und durchlässig werden.

4. UNABHÄNGIGKEIT UND FEINABSTIMMUNG DER HILFEN

Für feine, präzise Hilfengebung müssen Sitz, Beine, Oberkörper, Arme, Hände und Kopf unabhängig voneinander agieren können.

◎ **Klarheit**
Kleine Gewichtsverlagerungen und minimale Muskelanspannungen werden für das Pferd zu klaren Signalen.

◎ **Balance**
Diese ist generell und ganz besonders im Working Equitation wichtig, z.B. beim Öffnen eines Tore mit nur einer Hand oder bei der präzisen Arbeit mit den Rindern.

◎ **Stabilität**
Unabhängige Hilfen verhindern ungewollte Signale, die das Pferd verwirren und zu ungewollten Bewegungen animieren könnten.

5. BEWEGUNGSGEFÜHL MIT FLEXIBILITÄT UND ANPASSUNGSFÄHIGKEIT

Ein Reiter braucht ein feines Gespür für den Rhythmus und die Dynamik des Pferdes, um Bewegungen nicht nur passiv zu begleiten, sondern auch gezielt zu beeinflussen.

◎ **Einflussnahme**
Ein geschulter Sitz kann die Bewegungen des Pferdes aktiv steuern, ohne sichtbar einzugreifen.

◎ **Reaktionsfähigkeit**
Ein Reiter sollte in der Lage sein, sich sowohl Anforderungen wie Tempowechseln, Wendungen und Biegungen, als auch unerwarteten Reaktionen des Pferdes geschmeidig mitzugehen.

◎ **Flexibilität**
Ob Dressur, Gelände, Working Equitation oder akademisch: ein Reiter muss fähig sein, seinen Sitz dynamisch an unterschiedliche Anforderungen anzupassen.

6. KÖRPERSPANNUNG UND KÖRPERBEWUSSTSEIN

Stabilität ohne Verkrampfung: das ist unser Ziel. Eine gute Körperspannung ermöglicht feinfühlige Hilfen, während ein ausgeprägtes Körperbewusstsein hilft, selbst kleinste Veränderungen gezielt einzusetzen. Es geht um die Verbindung von lockeren Gelenken und entspanntem Mitschwingen bei gleichzeitig gut aufgebauter Spannkraft in der Core-Muskulatur.

◎ **Stabilität**
Der Körper ist fest genug, um das Gleichgewicht zu halten, und gleichzeitig flexibel genug, um dynamisch zu reagieren.

◎ **Selbstwahrnehmung**
Durch die Klangmassage auf RISING STAR lernt der Reiter seine eigene Haltung besser zu spüren, Spannung und Entspannung gezielt einzusetzen und intuitiv zu korrigieren.

◎ **Effizienz**
Ein bewusster Umgang mit Körperspannung spart Energie und erhöht die Reitqualität.

7. EIN TIEFER UND GLEICHZEITIG FEINER SITZ

Ein tiefer Sitz gibt Sicherheit und Stabilität. Nur wenn er gleichzeitig fein ist, kann er die Grundlage für sensible Hilfengebung bilden.

◎ **Sicherheit**
Ein tiefer Sitz vermittelt dem Reiter und dem Pferd Ruhe und Gelassenheit, auch in stressigen Situationen.

◎ **Feinheit**
Die Beine bleiben stabil und ruhig, sie können das Pferd umrahmen ohne es einzuengen.

◎ **Intuitive Balance**
Innere Bilder und mentales Training helfen, diese Balance nicht durch falsche Anspannung sondern durch intuitive Selbstregulation zu finden.

Diese Ziele sind einerseits Reitweisen-übergreifend, finden sich vor allem aber in der akademisch-barocken Reitkunst, dem Working Equitation, dem Dressur-, Spring- und Vielseitigkeitsreiten, dem Reiten aus der Körpermitte, dem anspruchsvollen Freizeitreiten und überall dort, wo Reiter Harmonie und ein pferdegerechtes Miteinander im Sattel wollen.

Mit der KPC®RISING STAR Sitzschulung wollen wir nicht den „perfekten" Sitz erzwingen. Es geht vielmehr darum, dem Körper zu ermöglichen, seine eigene natürliche Balance zu finden – durch Spüren, Wahrnehmen, Erleben und Verstehen. Denn nur wenn der Reiter mit sich selbst im Gleichgewicht ist und weiß, was er tut, kann er mit seinem Pferd eine echte Einheit bilden. ■

Jenseits des Ernstes –
in die Losgelassenheit und Freude

Nachdem wir jetzt die sieben Zielsetzungen der KPC® RISING STAR Reiterklangmassage aufgezählt haben, kommen wir zu einem zentralen Element unseres Ansatzes: Wir arbeiten uns "jenseits des Ernstes – in die Lebensfreude hinein": In der Praxis hat sich dieser Weg als sehr wichtige Grundlage für eine gelungene Sitzschulung mit RISING STAR heraus gestellt:

Reiten wird oft von der Suche nach Perfektion oder „dem richtigen" (Sitz, Reitweise, Einwirkung, Pferdefutter, Sattel, Stall, etc.) begleitet. „Der richtige Sitz", die „korrekte Hilfengebung", der „ideale Moment". Doch jenseits von „richtig und falsch" liegt eine Dimension, die im Reiten oft in den Hintergrund rückt oder übersehen wird: Die der Lebendigkeit und Freude. Nicht die oberflächliche Freude über eine gelungene Lektion, sondern die tiefe lebendige Freude, die aus dem puren Erleben des Moments entspringt.

Erinnerst du dich an diese Freude eines Kindes, das zum ersten Mal barfuß über die Wiese rennt? Da gibt es kein Ziel, außer dem Gefühl selbst. Kein „Muss", kein „Soll", nur das pure Erleben. Diese kindliche Freude ist kein naives Vergnügen, sie ist ein natürlicher Zustand von Präsenz und Lebendigkeit. Auf dem RISING STAR laden wir genau diese Qualitäten wieder ein. Nicht kindisch, sondern kindlich: verspielt, offen, neugierig.

Auf RISING STAR geben wir dieser Dimension Raum.

Jeder von uns trägt durch unsere Lebensgeschichte, unsere Erziehung und Lebenserfahrung bestimmte Glaubenssätze oder Muster mit sich herum, die geprägt sind von „müssen", von „richtig" und „falsch", von ständiger Bewertung, Abwertung und Vergleich. Viele von uns haben innerlich Selbstzweifel, vergleichen sich ständig mit anderen, wollen es anderen recht oder alles richtig machen. Diese inneren Programme sitzen uns oft tief in den Knochen – und flüstern uns ein, dass es nicht genügt, einfach nur zu sein – wir wollen und sollten besser sein, mehr leisten, richtig sitzen. Durch diese Gedanken geraten wir in eine Grund-Anspannung, ohne es zu merken. Diese verkörpern wir dann und werden fest, verbissen oder hart. Dazu kommt: In diesem ständigen Vergleich mit unserem Idealbild oder anderen verpassen wir noch etwas: Den jetzigen Moment. Das lebendige Jetzt, in dem Freude nicht verdient werden muss, sondern einfach da ist.

WARUM IST UNS DIESE LEBENDIGE LEBENS-FREUDE SO WICHTIG?

Wir knüpfen an das an, was der Neurobiologe Gerald Hüther als Grundlage nachhaltigen Lernens beschreibt. Begeisterung und Neugier. Lernen ist kein mechanischer Prozess von „richtig" oder „falsch", sondern ein lebendiger Vorgang, der tief in uns verwurzelt ist – angetrieben durch Neugier und Freude. Hüther betont, dass diese Form der Begeisterung der „Dünger" für das Gehirn ist. Wenn wir begeistert sind und mit Freude etwas tun, werden im Gehirn Botenstoffe wie Dopamin freigesetzt. Dieses „Glückshormon" steigert nicht nur das Wohlbefinden, und fördert die Bildung neuer Synapsen im Gehirn, sondern verbessert auch zugleich die motorische Koordination und Feinabstimmung der Bewegungen.

Wir haben also zwei Vorteile, wenn wir jenseits des Ernstes, uns die Freude wieder einladen:

1. Wir lernen besser, wenn wir mit Freude und innerer Leichtigkeit dabei sind.
2. Wer sich im Sattel lebendig und wohl fühlt, bewegt sich freier, balancierter und geschmeidiger.

In der Schule – und auch im Reitsport und in so manchen Reitställen – geht diese natürliche Begeisterung und Lebensfreude verloren. Wir werden ernst. Wir wollen etwas erreichen, wir sind ehrgeizig, oft diszipliniert, oder auch sind hart zu uns selbst – und oft auch zum Pferd. Wir erleben Leistungsdruck, Benotung, Bewertungen, und Vergleiche. All das verschiebt den Fokus vom freudigen Erleben, hin zum „Erfüllen von Erwartungen".

Genau hier an diesem Punkt machen wir mit der RISING STAR Sitzschulung einen großen Unterschied: Wer auf dem Klangholzpferd Platz nimmt, setzt sich an einen Ort, an dem man nicht „besser werden" muss. Hier lassen wir all den Druck, den Vergleich, die Bewertungen hinter uns und betreten einen bewertungsfreien Raum. Einen Wohlfühl-Raum. Nicht, um „besser" zu werden, sondern weil wir uns erlauben, einfach uns selbst und unseren Körper voll und ganz zu fühlen.

◉ **Unsicherheiten** verschwinden nicht durch Kontrolle, sondern durch **Vertrauen**

◉ **Blockaden** lösen sich nicht, wenn wir sie bekämpfen, sondern wenn wir ihnen **Raum geben**

◉ **Verspannungen** werden nicht durch mehr Anspannung gelöst, sondern durch **Entspannung**

Wir sitzen hier also nicht auf einem Trainingsgerät, sondern auf einem Resonanzkörper.
Das macht einen großen Unterschied, wir unterwerfen uns hier nicht dem Diktat der Selbstoptimierung sondern können der Wahrnehmung und Beweglichkeit unseres Körpers Raum geben. Wir werden dabei staunend Zeuge, wie sich Körperbereiche und Gelenke ganz ohne unser Zutun, alleine durch Aufmerksamkeit und Vibration, manchmal schneller, manchmal langsamer, aber immer leicht und mühelos lockern. Nicht dadurch, indem wir viel tun und

leisten, sondern in dem wir uns spüren, Druck und Anspannung los lassen können – und Zeuge werden, wie die Wellen der Klangschale sanft durch unseren Körper schwingen.

Der Körper „erlaubt" sich, loszulassen – und genau dann passiert das, wonach viele suchen. Entlastung, Befreiung, Leichtigkeit, und Freude tauchen in unserem Inneren auf. Der Körper drückt Freude aus, der Sitz verbessert sich unmittelbar!

Freude ist für uns also kein bloßes Nebenprodukt der Sitzschulung, sondern ein zentraler Schlüssel für einen besseren Sitz.: Ein Reiter, der sich im Sattel lebendig und wohl fühlt, bewegt sich freier, ausbalancierter und geschmeidiger.

Leichtigkeit ist für uns nicht das Ergebnis harter Arbeit – sie ist der Zustand der entsteht, wenn wir den Druck los lassen. Doch, wie lässt sich dieses Gefühl kultivieren und auf das Reiten übertragen?

In einer Instagram-Welt, die von Selbstoptimierung, Manifestations-Praktiken und „How to be happy!" Anleitungen nur so überflutet wird, scheint das Streben nach Glück und Freude wie ein weiteres zu erreichendes Ziel, das erreicht werden muss, und das möglichst schnell und ohne Umwege!

Viele glauben, Freude sei das Ergebnis des richtigen Denkens, nach dem Motto: „Denke positiv, dann wirst du glücklich. Manifestiere Freude, also muss sie kommen." Diese Ansätze sind gut gemeint, und für manche Bereiche durchaus hilfreich, sie basieren in letzter Konsequenz jedoch auf der Idee von Kontrolle. Sie versuchen das, was wir wollen, zu fokussieren und zu manifestieren, dabei sparen sie jedoch das Unangenehme, von dem wir weg wollen, einfach aus: Wir drängen es weg, um Platz für das Gute zu schaffen. Das Problem: Verdrängte Gefühle verschwinden nicht. Niemals, indem wir einfach weg schauen. Sie stauen sich im Körper an, im myofaszialen Gewebe, im Nervensystem.

Hier liegt meiner Einschätzung nach oft ein großes Missverständnis: Echte Freude lässt sich nämlich nicht kontrollieren, affirmieren oder herbei manifestieren. Sie ist kein mentaler Zustand, den wir erzwingen können, sondern ein natürlicher Ausdruck von Lebendigkeit, der entsteht, sobald wir aufhören gegen das anzukämpfen, was in uns (oder unter uns) ist, wenn wir reiten.

Freude ist meiner Erfahrung nach daher weniger ein Ziel, sondern eher ein Nebeneffekt des Zulassens. In der Arbeit mit RISING Star entsteht Freude im Sattel, weil wir sie nicht forcieren. Sie taucht auf, wenn wir aufhören, sie zu blockieren! Also Nicht durch „mehr tun", sondern durch lösen. Uns sein lassen, wie wir gerade sind.

Hier kommt die Praxis der Achtsamkeit ins Spiel, die wir mit der Reiterklangmassage auf RISING Star verbinden. Achtsamkeit ist das Gewahrsein, von dem wir schon sprachen. Mit einer Haltung, die alles was da ist, erst einmal willkommen heißt. Nichts muss verändert werden. Nichts muss festgehalten oder bewertet werden. Welche Wohltat. Mal nichts anderes sein müssen, und auch nicht anders sein müssen, als der oder die man eben jetzt gerade einfach ist – und was man fühlt.

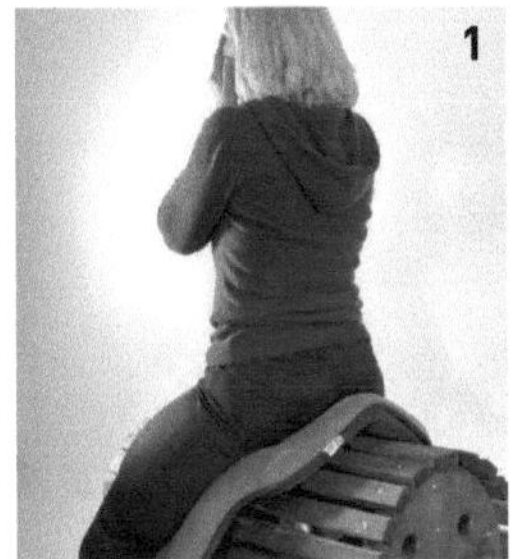
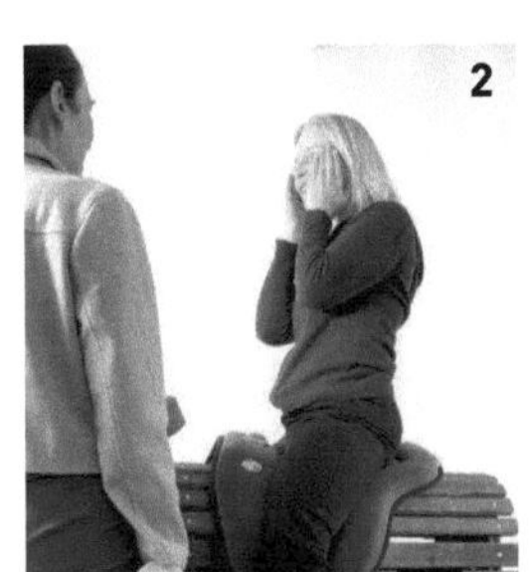

Also: Du sitzt. Du spürst. Du atmest. Du lässt Anspannung los – und gibst dem Raum, was gerade da ist. Und lässt es zu. Während du gleichzeitig deinen Atem kommen und gehen lässt und die Vibrationen an deinen Sitzhöckern spürst.

Hintergrund: Der Körper speichert alles, was wir nicht fühlen wollen oder durften. Unterdrückte Wut wird zur Anspannung. Nicht gelebte Trauer wird zu innerer Schwere. Verdränge Angst wird zu ständiger Unruhe. Viele versuchen diese Gefühle zu „überschreiben", mit positiven Affirmationen und Mentaltraining mit „happy mindset". Oder vor ihnen wegzulaufen, sei es durch Arbeit, übertriebenen Sport oder andere Ablenkungen.

Durch die Vibration und Klang beginnt der Körper sich zu entspannen, er bekommt Zeit. Dadurch können sich Spannungen, die bis dato unbemerkt festgehalten worden sind, hoch kommen, sich lösen und

entladen. Wenn dies geschieht, ist das Erleben auf dem RISING STAR erst einmal nicht immer sofort „schön" oder „freudig". Manchmal taucht – nach einem Moment der Entspannung – auch zuerst das auf, was lange verborgen war. Genau durch dieses hindurch zu tauchen, dieses Gefühl nicht „weg" haben zu wollen, sondern es zu akzeptieren, und sich dem zuwenden, was sich gerade zeigt. Zugleich aber das Gewahrsein im Hier und Jetzt behalten, um sich von den Emotionen nicht davon tragen zu lassen. Sie tauchen auf, sie dürfen sein, sie verebben. Wie der Atem. Dieses Gewahrsein – mit dem Gefühl von Getragen sein und (Ur-)Vertrauen, das weist den Weg zur der natürlichen Freude.

Nicht dadurch, dass wir dieses Gefühl weg haben wollen, sondern indem wir uns – im geschützten Raum, aufrecht sitzend auf dem Resonanzkörper des Klangholzpferdes, das uns sicher trägt dem zuwenden, was sich gerade zeigt.

WAS IST JETZT GERADE DA?

Mit dieser Frage „Was ist jetzt gerade da?"
bringen wir den Reiter aus seinem Gedankenkarussell direkt in den jetzigen Moment und in
die Körperwahrnehmung. Zudem beginnt
die bewusste Wahrnehmung der Innenwelt,
unterstützt durch die vibrotaktilen Schwingungen
der Klangschale.

Wir können auch Fragen stellen, wie:

◎ Wie fühlt sich gerade dein Körper an?
  Wo ist er durchlässig, wo fest, wo spürst
  du die Vibrationen, wo gar nicht?

◎ Was nimmst du jetzt wahr, wenn du einen
  Moment weiter inne hältst?

◎ Wenn du dem was gerade passiert, einfach
  etwas nachspürst, was es mit dir macht:
  Gibt es dazu einen Gedanken, eine Empfindung, ein Gefühl?

Zugleich bleibt der Reiter sicher und geborgen auf den Sitzbeinhöckern sitzen, und erlebt dieses Urvertrauen, das die Klangmassage uns schenken kann. RISING STAR schenkt uns also einen Resonanzraum, einen geschützten Ort, in dem diese „Hinaus-Bewegung", wo das, was im Muskelgewebe sich löst, fließen darf. Wenn Gefühle – ohne ihnen anzuhaften – fließen dürfen, geschieht etwas Wundervolles. Darunter liegt Frieden. Darunter liegt Leichtigkeit. Darunter liegt

Freude. Nicht als erzwungenes Ziel, sondern als natürliche Folge des Loslassens.

Aus neurobiologischer Sicht ist dieses „sich erlauben, das zu fühlen und zu sein was gerade da ist," ein Akt der Selbstregulation. Wenn wir uns selbst etwas verbieten (zu fühlen) und Emotionen (E-motio. lat. „hinaus-Bewegung") unterdrücken, löst das oft unbewusst eine Stressreaktion (Fight, Flight, Freeze) aus. Durch das Erlauben signalisieren wir unserem Nervensystem, dass wir sicher sind. Das parasympathische System (der Vagusnerv) wird aktiviert, was zu Entspannung führt.

ERLAUBEN IST ALSO DIE GEGEN-BEWEGUNG ZUM INNEREN WIDERSTAND

Oft denken wir, wir müssten uns zu etwas „zwingen", um besser zu werden, sei es durch Mut, Disziplin oder Selbstvertrauen. Manchmal ist dies wichtig, uns zu einem neuen Verhalten zu „zwingen", um durch unsere Angst hindurch neue Erfahrungen zu machen! Wenn wir die Angst zulassen und „durch sie hindurch gehen", macht das Gehirn neue Erfahrungen und lernt. Doch das Unterdrücken von Angst oder anderen negativen Gefühlen verstärkt oft einen inneren Widerstand, hält den Organismus im „fight-flight-freeze-Stress-Modus, und lässt neue Erfahrungen nicht zu. Erlauben durchbricht diesen Kreislauf:

◎ Statt *„Ich **muss** mutig sein"*
 ▸ *„Ich **erlaube mir**, Angst zu haben und trotzdem jetzt weiterzugehen."*

◎ Statt *„Ich **muss** perfekt reiten"*
 ▸ *„Ich **erlaube mir**, Fehler zu machen und daraus zu lernen."*

WIRKUNG

Erlauben nimmt den Druck heraus und schafft einen Raum, in dem Entwicklung von innen heraus geschehen kann. Der Widerstand schmilzt, wenn er nicht mehr bekämpft wird.

Selbstverständlich braucht es zur Begleitung solcher Prozesse ein fundiertes Wissen und Kompetenz, um den Erlaubern und den ggf. fließenden E-Motionen einen guten Raum zu bieten, und den Reiter mit seiner Aufmerksamkeit immer wieder auf die Körperregionen die sich lösen, und seine Ressourcen, die ihn stärken, zurück zu leiten. Manche Übungen sollten nur von ausgebildeten Coaches oder Therapeuten durchgeführt werden.

Wie du ausgewählte Elemente davon in der Sitzschulung für Reiter sicher und verantwortungsbewusst anleiten kannst, wo deine Grenzen liegen – und welche Kontraindikationen du beachten musst, wenn du Menschen auf RISING STAR Platz nehmen lässt, das lernst du in der Ausbildung zum KPC® RISING STAR Reiterklangmassage Pracitioner.

Wer auf RISING STAR Platz nimmt, erhält die Einladung, den Ernst hinter sich zu lassen, also in den Bereich „jenseits des Ernstes" zu kommen.

Am Ende geht es nicht darum, den „perfekten Sitz" zu finden. Es geht darum, sich selbst wiederzufinden. Jenseits des Ernstes. Diesseits der Freude. Reiten nicht als Aufgabe, sondern als Tanz zu fühlen. Nicht als Pflicht, sondern als Ausdruck. Der RISING STAR ist deine Einladung, genau das zu erleben. Du brauchst nichts zu „leisten", um dich zu erleben. Du bist richtig – genau so, wie du bist. Erlaube dir einfach, dich zu spüren. Erlaube dir, zu lachen. Denn manchmal ist der schönste Sitz einfach der, bei dem du dir selbst nicht mehr im Weg sitzt.

„ERLAUBER" GEZIELT EINSETZEN

Ein „Erlauber" ist ein innerer Satz, der dir gestattet, loszulassen, du selbst zu sein und ohne Druck zu handeln. Er ersetzt bisher (vielleicht unbewusste) innere Antreiber, die dich antreiben oder stressen, durch eine bewusste Erlaubnis, mit mehr Leichtigkeit und Selbstvertrauen zu agieren.

Sich „Erlauber" zu „gönnen" kann eine sehr befreiende Erfahrung sein! Du musst nicht „besser" werden. Du musst dir nur erlauben zu entdecken, was passiert, während du dir mal etwas „erlaubst". Was ändert sich jetzt dadurch? Genau hier beginnt echte Transformation. Nicht im Müssen, sondern im Erlauben des Seins.

Suche dir einen dieser Sätze aus, oder kreiere einen eigenen Erlauber. Einen Satz, der dir gut tut, während du ihn liest oder laut aussprichst. Nimm dir Zeit zu fühlen, was er mit dir macht, wenn du dir wirklich aus ganzem Herzen das erlaubst, was du gewählt hast. Lass dich überraschen was sich ändert, wenn du zum Beispiel einen ganzen Tag immer mal wieder daran denkst und dich (um-)entscheidest, das zu sein, was du dir selbst erlaubst.

Ich erlaube mir, nicht alles kontrollieren zu müssen.
Ich erlaube mir, diesen Moment zu genießen.
Ich erlaube mir, mich getragen zu fühlen, vom Pferd, vom Leben und von mir selbst.
Ich erlaube mir, Freude zu empfinden, ohne sie rechtfertigen zu müssen.
Ich erlaube mir, jetzt / heute mal nichts tun zu müssen, ich darf Pause machen.
Ich erlaube mir, so zu sein, wie ich bin – genau jetzt.
Ich erlaube mir, nervös zu sein und gleichzeitig, mich getragen und sicher zu fühlen.
Ich erlaube mir, meine Kontrolle ein klein wenig loszulassen und dem Pferd ein bisschen mehr zu vertrauen.
Ich erlaube mir, spielerisch zu lernen, ohne alles sofort können zu müssen.
Ich erlaube mir, den Moment jetzt zu genießen, ohne dabei an die Zukunft zu denken.
Ich erlaube mir.....

Gemeinsam Zeuge sein der transformativen Kraft von inneren Erlauben in der Reiterklangmassage

RISING STAR ALS ERLAUBNISRAUM

Auf dem RISING STAR gibt es kein richtig oder falsch. Er ist ein Raum, in dem Erlauben nicht nur ein Gedanke ist, sondern eine spürbare Erfahrung.

◎ Die Vibrationen „tragen" den Körper.

◎ Der Klang mit seinen Obertönen „erlaubt" dem Geist, ruhig zu werden.

◎ Der Körper „erlaubt sich loszulassen" und genau dann passiert das, wonach viele suchen: Leichtigkeit. Durch die körperliche Verankerung wird es nachhaltig.

◎ Klang und Vibration als Verstärker: Das, was wir uns erlauben, wird durch den Klang im Körper spürbar.

◎ Selbstgespräche werden dann angenommen und mit einer positiven Intention verändert. Nicht ersetzt, aber ergänzt – und mit dem neu auftauchenden Gefühl gekoppelt: „Ich erlaube mir, meine Angst zu spüren und mich gleichzeitig ein wenig mehr für Vertrauen zu öffnen."

Diese kleinen lösenden Schritte wirken kraftvoll, wenn du dabei die Vibration des RISING STAR spürst.

So wird aus einem kleinen Satz ein neues Gefühl. Aus einem Gefühl ein Zustand. Aus einem Zustand ein neues Selbstverständnis, Schritt für Schritt. So schnell oder langsam, wie es dir gerade gut tut, und es sich natürlich, gut und stimmig anfühlt!

Du musst dir nur erlauben zu entdecken, was da ist. Genau hier beginnt echte Transformation. Nicht im Tun, sondern im Erlauben des Seins.

Die Sitzschulung auf RISING STAR verbindet also

◎ die Entspannungswirkung,
◎ die Körperwahrnehmung der Reiterklangmassage
◎ mit Elementen des Coachings
◎ und Balance- und Sitzschulung-Elemente der Reiterklangmassage, um Losgelassenheit und ein besseres Körpergefühl zu entwickeln.

Auch Eckart Meyners, einer der führenden Experten für Bewegungslehre im Reitsport, weist immer wieder darauf hin, dass Losgelassenheit die Grundvoraussetzung für ein besseres Körpergefühl, feine Einwirkung und Balance im Sattel ist. Dabei geht es nicht nur darum, den Körper zu „analysieren", sondern ihn tatsächlich zu er-fühlen. Das Beste: Man fühlt sich dabei nicht nur innerlich – man fühlt sich auch richtig gut.

Die bereits beschriebenen Effekte der Klangmassage entfalten ihre wohltuende Wirkung:

◎ Tiefe Entspannung,
◎ sanfte Lockerung von Verspannungen
◎ ein angenehmes Körpergefühl, das den Reiter von innen heraus trägt,
◎ eine innere Haltung von Leichtigkeit, Bejahung und Lebensfreude.

Auf RISING STAR gelingt es, sich selbst zu spüren und dabei gleichzeitig Wohlbefinden zu erleben. Dieses Wohlgefühl, kombiniert mit einer wachen, bewussten Körperwahrnehmung, macht die Sitzschulung nicht nur effektiv, sondern zu einer Erfahrung die man immer wieder erleben möchte.

Jetzt, mit dem Bewusstsein über die Freude und ihre Wirkung auf den Reiter, können wir uns die sieben wichtigsten Wirkungsbereiche anschauen, die von der RISING STAR Sitzschulung verfolgt wird. ■

Von der Freude zur Balance – das Modell der Körperbalance

DER NÄCHSTE SCHRITT IN DER SITZSCHULUNG

Die Freude am Reiten ist nicht nur ein schönes Gefühl, sie ist ein zentraler Schlüssel für einen losgelassenen durchlässigen Sitz. Wenn wir Freude empfinden, öffnet sich der Körper von innen heraus. Die Atmung wird freier, die Muskulatur entspannter, und wir sind ganz im Moment. Dieses innere Strahlen spiegelt sich in der Körpersprache wider – in einem Sitz, der nicht erzwungen, sondern lebendig und authentisch ist.

Doch hier kommt ein entscheidender Punkt: Freude alleine garantiert noch keine echte Balance.
Denn was wir als „gerade" oder „ausbalanciert" empfinden, ist oft ein Gefühl, das sich an gewohnte Muster anpasst. Unser Körper gewöhnt sich an Schiefen. Das Gehirn „kalibriert" den Zustand, den wir am häufigsten erleben, als „normal". Wir fühlen uns gerade, auch wenn wir es nicht sind. Das bedeutet: Freude ist der Motor, der uns öffnet. Doch um wirklich in Balance zu kommen, müssen wir unserem Körper helfen, sich neu zu spüren – jenseits der gewohnten Muster.

DER TRÜGERISCHE SCHEIN – WAS WIR GLAUBEN VS.. WAS WIRKLICH IST

Auf den ersten Blick scheint alles perfekt:

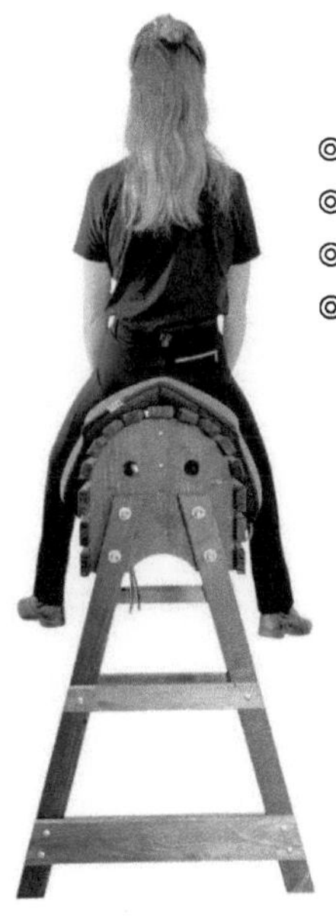

- ◎ Der Oberkörper ist aufrecht
- ◎ Die Schultern sind symmetrisch
- ◎ Der Sitz solide
- ◎ Die Beine lang

Doch dann legen wir Linien und Achsen über das Bild – und plötzlich wird sichtbar:

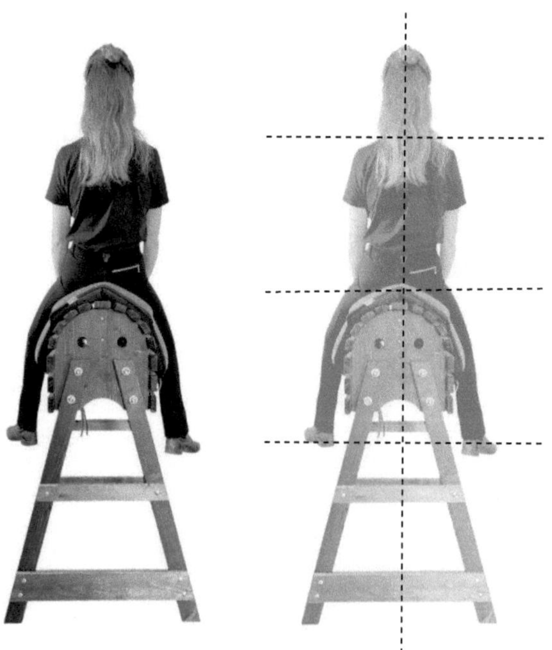

◎ Das linke Bein ist kürzer
◎ Das Becken kippt leicht zur Seite
◎ Die Schultern sind minimal ungleich.

Das Überraschende?
Die Reiterin sagt:
„Ich sitze gerade. Das fühlt sich mittig an."

Genau hier liegt oft das Problem: Unser Körperbewusstsein ist oft getäuscht durch alte Bewegungsmuster. Der Körper fühlt sich gerade an, weil er an diese Schiefe gewöhnt ist. Selbst geübte Augen übersehen manchmal feine Asymmetrien.

DER WENDEPUNKT: WENN DER KÖRPER SICH SELBST KORRIGIERT

Jetzt kommt RISING STAR ins Spiel. Wir führen einige Elemente der Reiterklangmassage durch, die wir im Folgenden etwas näher beschreiben werden.

Was passiert? All dies, was wir im vorherigen Kapitel beschrieben haben:
Die sanften Vibrationen breiten sich im Körper aus, der Mensch beginnt, nach innen zu lauschen, nicht mit den Ohren, sondern mit einem Gewahrsein, das sich nach innen richtet, Blockaden, Verspannungen und unbewusste Schiefen werden spürbar, der Körper reagiert, ohne dass der Verstand eingreift. Er richtet sich von selbst aus, nicht durch Kraft oder Willen, sondern durch unwillkürliches Loslassen von Anspannung. Dann, ca. 15 Minuten später?

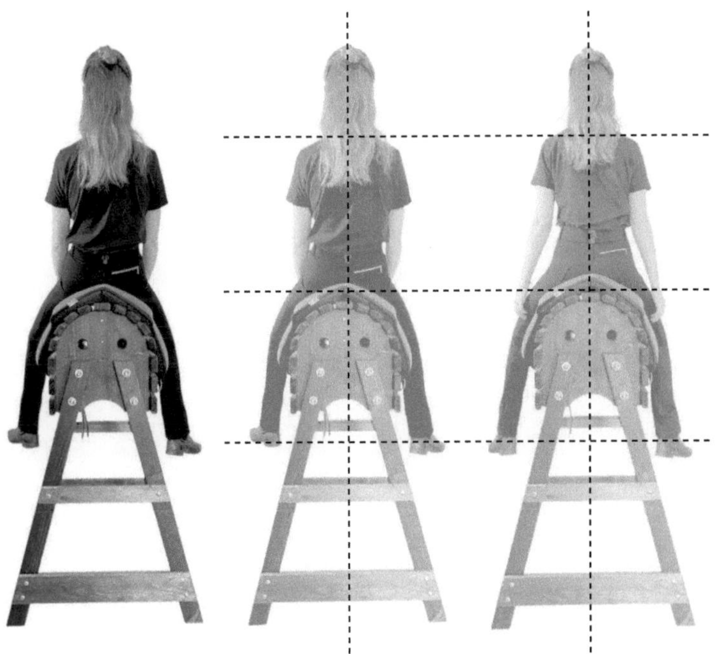

◎ Beide Beine sind (fast) gleich lang und „länger geworden"
◎ Das Becken ist gerad(er)
◎ Der Oberkörper ist „nach oben gewachsen" und hat sich „geöffnet".
◎ Die Schultern sind gleich symmetrisch.
◎ Die Arme sind von sich aus nach unten gefallen.

Ohne bewusste Anstrengung. Ohne korrigierende Ansage. Ohne Muskeltraining.
Der Körper hat sich selbst „in Form gebracht".

Die Reiterin sagt: *„Es fühlt sich nun komplett mittig an. Irgendwie freier und leichter, ich muss nichts mehr halten. Ich bin in meiner Mitte angekommen."*

Sehr oft können wir beobachten, wie diese tiefe natürliche Freude darüber (wie wir sie vorhin geschrieben haben) auftaucht und sich breit macht

DIE WESENTLICHEN MECHANISMEN DER KÖRPER-INTELLIGENZ

Was hier passiert ist, ist kein Zaubertrick, sondern das Ergebnis von Körperintelligenz. Der Körper hat drei wesentliche Mechanismen benutzt:

1. Selbstregulation
Der Körper kennt seine natürliche Balance. Die Vibrationen wirken wie ein innerer Spiegel. Sie zeigen dem Körper: „Hier ist es fest – hier ist es frei". Der Körper korrigiert sich selbst, wenn wir ihn lassen.

2. Neu-Kalibrierung des Körperbewusstseins
Vorher dachte die Reiterin „Ich bin gerade". Nachher spürt sie: „Oh, DAS ist ja GERADE". Der Unterschied? Ihr Gehirn hat das neue Gefühl von Balance als „normal" abgespeichert.

3. Aufrichtung ohne Anstrengung
Die neue Haltung ist kein erzwungenes „Geradeziehen". Es ist, als ob der Körper sagt „endlich kann ich los lassen". Die Aufrichtung entsteht, weil Spannung abfällt, nicht weil neue aufgebaut wird! Weil der Körper in sein Lot gekommen ist. ■

DAS MODELL DER KÖRPERBALANCE

Es setzt sich aus folgenden Elementen zusammen:

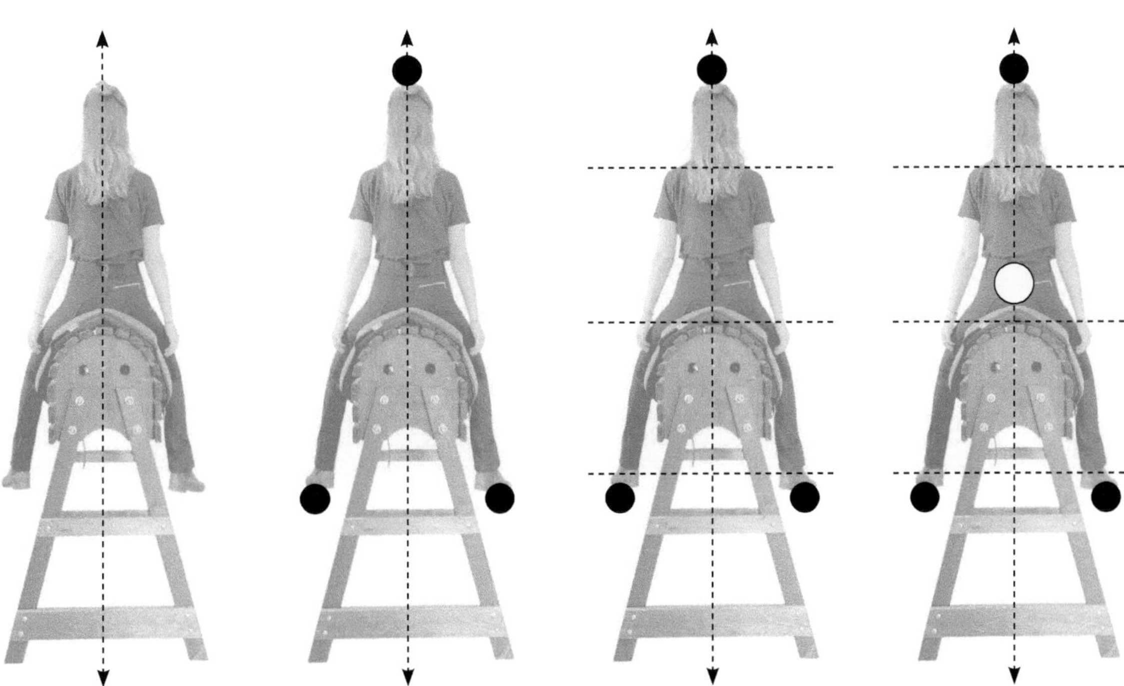

Das Lot
die unsichtbare Achse,
die dich von innen trägt

Die 3 Punkte der Aufrichtung
Scheitel & Füße, die
dich zwischen Himmel
und Erde aufspannen

Die 3 Ebenen der Stabilität
Schultern, Becken, Füße
– die dich ausbalancieren

Die Körpermitte
dein innerer Anker, der
alles zusammen hält.

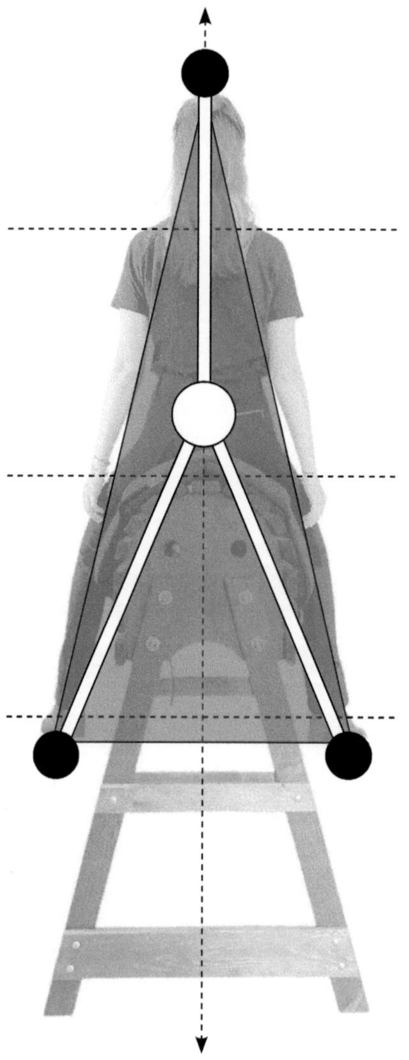

Die 7 wichtigsten Wirkungsbereiche der RISING STAR Sitzschulung

Welche Wirkung haben nun die Mechanismen der Körperintelligenz? Wir können sieben Wirkungsbereiche der RISING STAR Sitzschulung zusammen fassen:

1. SCHMELZENDE BLOCKADEN

Um Spannungen im Becken und im unteren Rücken zu lösen.

Reiterklangmassage löst Blockaden und Verspannungen auf einer Ebene, die klassische Übungen alleine oft nicht erreichen. Denn viele Beweglichkeitsübungen können nicht korrekt ausgeführt werden, weil Blockaden in der tiefen Muskulatur und den Faszien die Beweglichkeit einschränken. Die Vibrationen fördern ein tiefes Spüren des eigenen Körpers, was die Effektivität aller Sitzschulungsübungen – gleich welcher Methode – erhöht und verstärkt.

Die Vibrationen der Klangschale lockern die tieferliegenden Faszien und Muskulaturen im Becken- und Rückenbereich. Blockierte Bewegungsbahnen werden so sanft „freigeschaltet".

Natürliche Selbstkorrektur
Durch die Klangschwingungen findet der Körper intuitiv in die richtige Haltung, was äußere Korrekturen reduziert.

Ganzheitlicher Ansatz
Die Kombination von Reiter-Klangmassage mit Sitzschulungselementen verbindet körperliche, mentale und emotionale Ebenen.

2. MOBILISATION DES BECKENS UND DER GELENKE

◎ **Vorwärts – rückwärts, seitwärts – Rotation**

Denn das Becken muss in der Lage sein, die dreidimensionalen Bewegungen des Pferderückens aufzunehmen und mitzugehen.

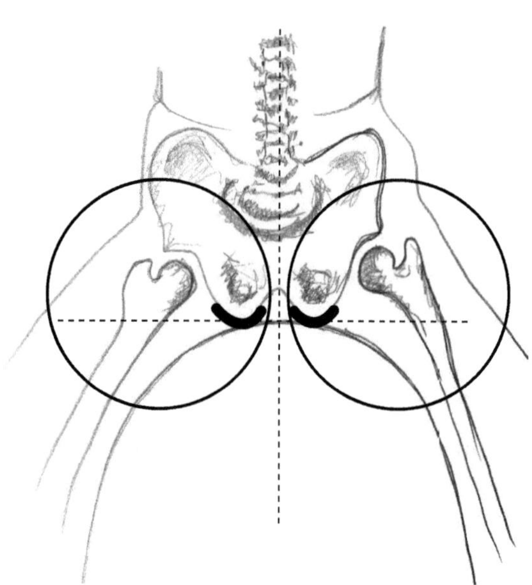 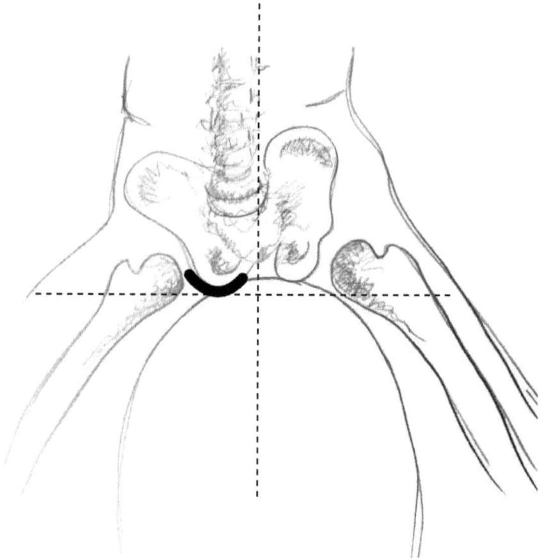

▶ **Viele Beweglichkeitsübungen werden rein mechanisch erlebt** – und Reiter haben Schwierigkeiten, die Bewegungen bewusst zu fühlen. Mit der Reiterklangmassage können durch die Vibrationen am (RISING STAR) oder unter (RISING STAR SOLUTION) dem Holzpferd übertragen werden.

Die Schwingungen machen die Bewegungen von innen spürbar – und ebenso die Verspannungen und Bewegungsblockaden. Der Körper wird sanft angeregt, die Bewegungen von innen heraus bewusster und freier durchzuführen…

3. UNTERSTÜTZUNG DER KOORDINATION

Reiter haben oft Schwierigkeiten, Bewegungen zu koordinieren, z.B. das Becken loszulassen, während die Beine und der Oberkörper stabil bleiben.

Mit der Klangmassage können Koordinationen besser erspürt werden. Denn die Vibrationen stimulieren nicht nur die Muskulatur, sondern auch tief liegende sensorische Systeme. Besonders

◎ das propriozeptive System (zuständig für die Wahrnehmung der Körperposition) und
◎ das vestibulare System (Balance und Gleichgewicht) werden neben
◎ dem taktil-sensorischen (Fühlen über die Haut und Nervenzellen) System gleichzeitig aktiviert.

Dieses Zusammenspiel ist entscheidend für die sogenannte sensorische Integration, also den Prozess, bei dem das Gehirn verschiedene Sinnenreize koordiniert, um eine stimmige Körperwahrnehmung zu erzeugen. Die Vibrationen geben dem Körper hier kontinuierliche Rückmeldungen, durch die er sich neu koordinieren kann. Die Vibrationen unterstützen die Verbindung der Körperteile und fördern ein feineres Bewegungsempfinden.

Während die Schwingungen durch den Körper laufen, erkennt der Reiter, wo er unbewusst blockiert, oder asymmetrisch arbeitet. Er spürt, wo die Vibrationen „durch" kommen, und wo er „nichts" oder „wenig" spürt. Sobald sich der Reiter etwas mehr aus den Blockaden in eine freiere Koordination bewegt, wird die Schwingung im Körper sofort stärker.

Wir lassen den Reiter auf dem Holzpferd Bewegungen wie „Mitschwingen", oder „Hüftkreisen" sowie sanfte Rotationen ausführen. Dazu kann die Schaki zusätzlich hinter ihm auf das Holzpferd aufgesetzt und angespielt werden.

Die Unterschiede vor – und nach der Klangmassage sind vor allem auch für das Pferd sehr eindrücklich!

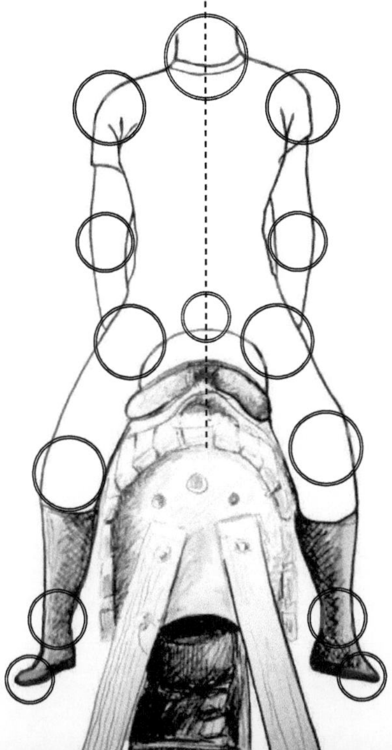

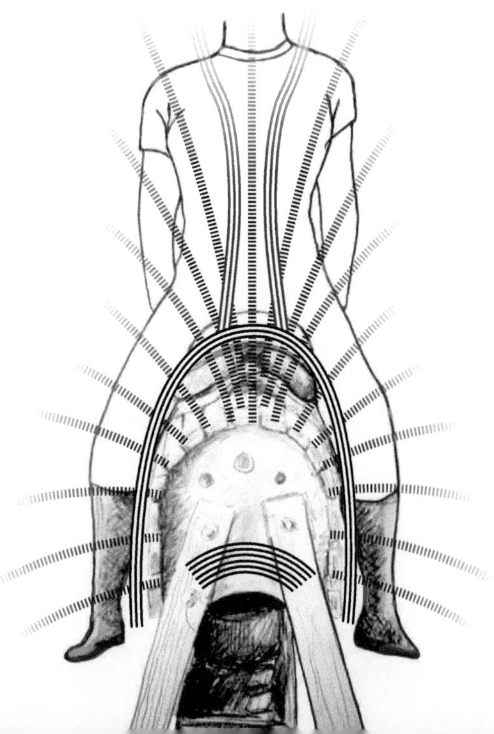

Hier lassen wir Pferd und Reiter Zeit, das neue Körpergefühl des Reiters in Ruhe gegenseitig zu fühlen. Viele Pferde reagieren sehr stark auf die Veränderungen. Gerade eingespielte „Paare" können in ihren Gewohnheitsmustern positiv „gestört" werden, um gemeinsam neue Bewegungsmuster zu erobern.

Die Unterschiede vorher-nachher

Auch wenn hier in einem Zwei-Tages-Kurs das Pferd gewechselt wurde, sieht man deutlich die Veränderungen im Sitz:

Tag 1

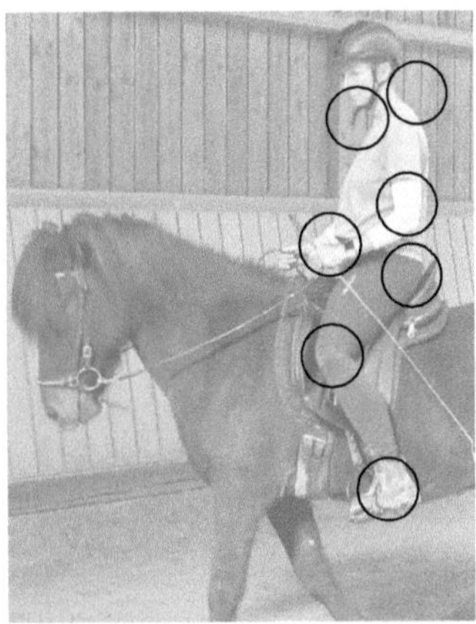

Tag 2

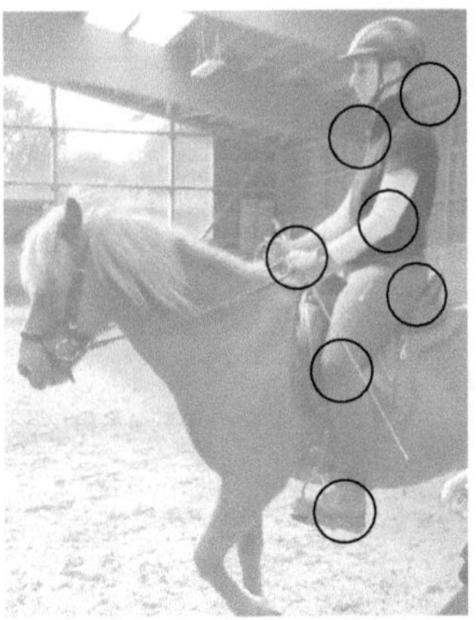

Tag 1	Tag 2
Blick und Kinn nach unten, Nacken fest, Kieferknochen fest	Blick mehr gerade aus, Nacken locker Kiefer gelockert, leichtes Lächeln
Schultern fest und nach oben gezogen	Schultergelenke locker, Arme beweglich im Schultergelenk
Feste Handgelenke, Zügelbewegung aus der Oberarm-Muskulatur	Lockere Oberarme, schwingen mit der Kopfbewegung mit
Knie blockiert, Sitz „schwimmt" leicht	Knie locker, Sitz tief
Fesselgelenke fest, die Füße Fersen ziehen nach oben, sind fest.	Fersengelenke locker, die Füße federn mit den Bewegungen mit

4. INTENSIVIERUNG DER KÖRPERWAHRNEH-MUNG DURCH VIBRATIONS-BIOFEEDBACK

Dies ist wie eine Art inneres Vibrations-Biofeedback durch die Schwingungen!
Viele Reiter haben ein mangelndes Bewusstsein für ihren Körper. Sie fühlen z.B. nicht, dass sie einseitig sitzen, oder können die Bewegungen des Pferdes nicht ausreichend wahrnehmen.

Klangmassage kann hier als Spiegel dienen:
Die Vibrationen machen Unterschiede in der Durchlässigkeit der verschieden Körperteile sofort spürbar.

Bereiche, die sich „stumm" oder blockiert anfühlen, zeigen dem Reiter, wo er arbeiten muss. Dies kann parallel gleich in der Klangmassage-Anwendung durchgeführt werden.

Zudem können bestimmte Bewegungen auf ihre Unabhängigkeit der einzelnen Körperbereiche hin überprüft werden.

Zum Beispiel:

◎ **die Beckenbeweglichkeit in Bezug zu den Beinen**
Sind – und bleiben – die Beine weich anliegend, auch wenn das Becken sich in verschiedene Richtungen bewegt, oder ändert sich der Druck der Oberschenkel am Sattelblatt? Wann knicke ich in der Hüfte ein? Wie fühlt sich das an, im Gegensatz zur Wendung ohne Hüftknick.

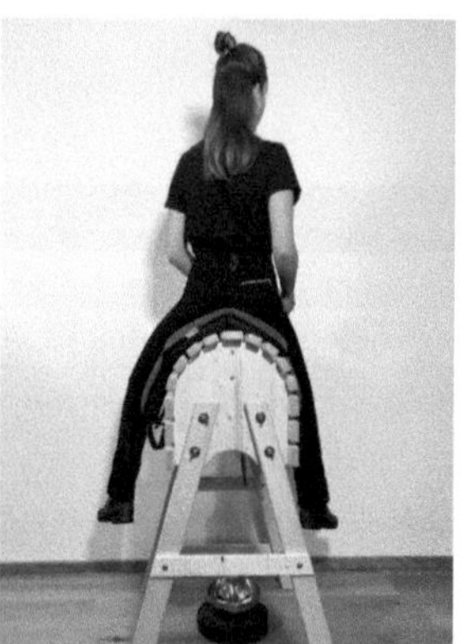

◎ **der gerade Oberkörper mit beweglichem Becken**
Bleiben meine Schultern, mein Blick und mein Oberkörper gerade, auch wenn ich mich zu einer Wendung nach links und rechts bewege? Wie verändert sich dadurch die Lage des Oberschenkels? Die durch den Körper schwingenden Vibrationen verstärken das Körpergefühl und erhöhen die Sensibilität für die eigenen Bewegungen. So wird eine innere Körper-Erforschungsreise zu einer sehr exakten Bewegungsanalyse.

Verschiedene Hilfen können hier in Ruhe erarbeitet und erfühlt werden. Erklärungen des Reitlehrers werden auf dem Klangholzpferd zu intensiven Körpererfahrungen – ohne dass wir ein echtes Pferd dafür brauchen!

5. FÖRDERUNG VON ENTSPANNUNG UND LOSGELASSENHEIT

Verkrampfung im Sitz ist ein häufiges Problem, da viele Reiter unbewusst zu viel Spannung halten, insbesondere im Becken, in den Schultern oder im Nacken.

Die Kombination aus Klangmassage und Übungen ist hierfür großartig: Die Klangschwingungen lösen tief sitzende Spannungen in den Faszien und Muskulaturen, die sich durch bewusste Übungen nur schwer erreichen lassen.
Sobald die Klangmassage mit Atemübungen und klassischen Lockerungsübungen (z.B. Schulterkreisen oder passive Bewegungen der Hüfte im Sitzen) kombiniert werden, können die Reiter die Schwingungen als zusätzlichen Impuls für das Loslassen nutzen.

6. VERBESSERUNG DER BALANCE

Eine zentrale Herausforderung ist die Balance im Sattel, da sie stark von der Körpermitte abhängt. Fehlhaltungen oder Blockaden können die Stabilität beeinträchtigen.
Balance mit Klangschwingungen: Während der Reiter auf RISING STAR solution sitzt, übertragen sich die Vibrationen ins gesamte Körperzentrum. Der Reiter lernt, die Balance aus seiner Mitte heraus zu finden, ohne sich auf Muskelkraft oder äußere Korrekturen zu verlassen.

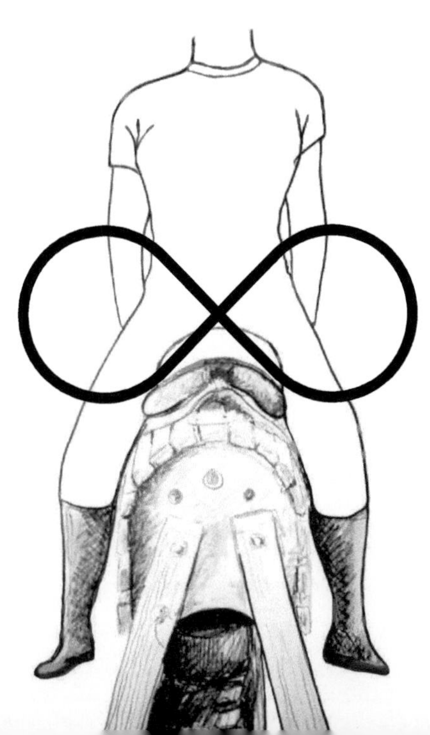

7. NACHHALTIGE INTEGRATION
IN DEN ALLTAG

Sitzschulung bleibt oft im Reitunterricht begrenzt oder wird im Alltag vernachlässigt:

Die Reiterklangmassage kann jederzeit als Vorbereitung zum Unterricht oder Reitstunde durchgeführt werden. Auch kurze Sitzungen von 10 Minuten helfen, sich auf Übungen am Boden oder auf das Reiten vorzubereiten und den Kopf frei zu bekommen. Mit einer Schaki und einem Holz-Hocker lassen sich manche Übungen sogar zu Hause eigenständig durchführen. ■

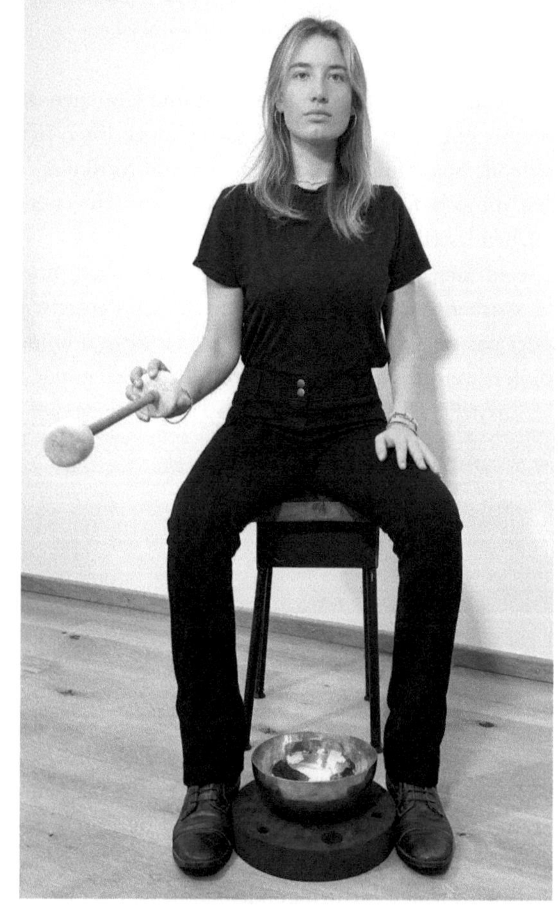

RISING STAR Sitzschulung als Ergänzung in Kursen

RISING STAR wird von uns gerne in Kursen eingesetzt. Hier kombinieren wir fördernden Unterricht mit Einheiten der Reiterklangmassage und freuen uns staunend über den schnellen und nachhaltigen Vorher-Nachher-wow!-Effekt der Teilnehmer und Pferde.

Exemplarisch wollen wir an zwei Kursen aus dem Bereich der klassisch-barocken Reitkunst und des Working Equitation zeigen, wie RISING STAR in Aktion wirkt.

Zudem teilt Annika Keller in ihrem Gastbeitrag mit uns ihre Perspektiven und Erfahrungen mit der Reiterklangmassage.

A.

IN DER BAROCKEN REITWEISE UND AKADEMISCHEN REITKUNST

Der Einklang mit dem Pferd ist in der akademischen Reitkunst Ausdruck höchster Reitkultur.

Einklang basiert auf Respekt, systematischer Ausbildung, Geduld, und der Fähigkeit des Reiters, mit feinen, möglichst unsichtbaren Hilfen zu kommunizieren. Dieses Ideal verlangt Hingabe und Achtsamkeit, doch es belohnt Reiter und Pferd mit einer einzigartigen Partnerschaft, die als „tänzerischer Dialog" zwischen Mensch und Pferd beschrieben werden kann. Ein Herzstück dafür ist die Balance – sowohl physisch als auch mental. Nur ein ausbalancierter Reiter, der feinfühlig mit minimalen Einwirkungen arbeitet, ermöglicht es dem Pferd, frei und ausdrucksvoll zu gehen.

Für viele Reiter ist diese Verbindung der Grund, weshalb sie überhaupt reiten. Nicht so sehr das Beherrschen schwieriger Lektionen oder der Erfolg im Wettkampf, sondern das Erleben eines tiefen, inneren Einklangs. Wer sich auf diesen Weg begibt, befindet sich auf einer Reise, auf der beide, Reiter und Pferd beständig miteinander und aneinander wachsen können. Es ist eine Erfahrungsreise, die nicht nur die Reitkunst vertieft, sondern auch das Verständnis für sich selbst und das Leben als Ganzes bereichert.

Das sagen die Expertinnen dieser Reitweise Birgit Michael-Maiwert und Annika Keller zum Einsatz von RISING STAR:

GASTBEITRAG
Die Rolle der Reiterklangmassage in der akademischen Reitkunst

Von Annika Keller

Die Möglichkeit, sich heute freiwillig und aus reiner Liebe zu den Pferden mit der Reitkunst zu beschäftigen – und nicht, weil man auf Pferde angewiesen ist – bringt schöne Vorteile, aber auch Herausforderungen mit sich.

ZWISCHEN TRADITION UND MODERNER REITKUNST

Früher entstand die Verbindung zwischen Mensch und Pferd oft ganz „automatisch": Man arbeitete täglich zusammen, teilte Aufgaben, lernte sich kennen, ohne viel darüber nachzudenken. Diese alltägliche Routine schuf ein tiefes, bodenständiges Vertrauensverhältnis, weil man einfach viel Zeit miteinander verbrachte – der Fokus lag dabei auf der gemeinsamen Arbeit, nicht auf der Beziehung an sich.

Doch genau dieses unbewusste Wachsen der Verbindung kann die Beziehung auch einschränken: In einer Umgebung, in der der „Job" im Vordergrund steht, bleibt oft wenig Raum für feine Zwischentöne oder die gezielte Entwicklung von Reiter und Pferd auf emotionaler Ebene.

Heute ist das anders. Wir betreiben Reitkunst aus Leidenschaft, nicht aus Notwendigkeit. Das eröffnet uns eine große Bandbreite an Möglichkeiten, uns selbst auszudrücken, unseren eigenen Weg zu gehen und neue Methoden auszuprobieren. Doch es bringt auch eine vielschichtige, oft emotionale Komplexität mit sich:

◎ Mehr Themen, mehr Emotionen, mehr Reflexion.

◎ Wir beschäftigen uns nicht nur mit den eigenen Gefühlen, sondern auch mit denen des Pferdes.

◎ Es geht nicht mehr nur darum, dass das Pferd „funktioniert", sondern darum, dass es sich uns auch mitteilt – und wir bereit sind, zuzuhören.

DIE HERAUSFORDERUNG: DEN ROTEN FADEN BEHALTEN

Diese Vielfalt kann überwältigend sein. Der Reiter ist plötzlich nicht nur mit seinen eigenen Emotionen und inneren Bildern konfrontiert, sondern auch mit denen seines Pferdes.

Dazu kommen dann oft noch die Erwartungen von Trainern, Mitreitern und der Reitszene.

Wenn man beginnt zu reflektieren, stellen sich dann Fragen, wie:

◎ Was ist mein eigenes Thema – und was gehört zum Pferd?
◎ Welche Emotionen kommen eigentlich von mir, welche vom Pferd?
◎ Wie kann ich zwischen all diesen Ebenen unterscheiden und – trotzdem dabei klar bleiben?

Ohne eine klare innere Ausrichtung kann man in diesem emotionalen Geflecht leicht den Überblick verlieren. Das Pferd spürt diese Unsicherheit und verliert seinerseits die Orientierung. Folge: Ein Wirrwarr aus Gedanken, Gefühlen und widersprüchlichen Signalen, das die Harmonie im Sattel stört. Es heißt also: „Bei sich selbst zu bleiben.“

DIE KLANGMASSAGE ALS ANKER IN DER REITKUNST

Genau hier liegt für mich der große Wert der Reiterklangmassage. Sie hilft dem Reiter, wieder in den eigenen Körper zu finden. Durch die sanften Vibrationen der Klangschalen werden die eigenen Wahrnehmungsgrenzen spürbar: Wo bin ich? Was gehört zu mir? Was ist gerade in mir präsent – und was gehört vielleicht gar nicht zu mir? Diese Erfahrung führt zu einer Neu-Organisation des inneren Gleichgewichts:

Körperlich
Ich spüre meinen Körper bewusster und erkenne Verspannungen, Blockaden oder nicht ausbalancierte Bereiche.

Mental
Gedanken werden klarer, weil sie nicht mehr von inneren Anspannungen überlagert werden.

Emotional
Ich kann meine eigenen Emotionen von denen meines Pferdes unterscheiden. Mich besser abgrenzen und klarer kommunizieren.

Die Klangmassage ist daher viel mehr als „nur" eine Entspannungsmethode. Sie ist ein tiefgehendes Werkzeug zur Selbstwahrnehmung und Selbstregulation, das Reiter und Pferd hilft, in eine authentische und klare Verbindung zu treten.

KLARHEIT IM MITEINANDER: MENSCH & PFERD IN BALANCE

Die Ziele der Reiter-Klangmassage sind vielfältig. Doch für mich persönlich liegt der größte Nutzen darin, dass der Mensch lernt, zwischen eigenen Themen und den Themen des Pferdes zu unterscheiden: Was ist meine Unsicherheit – und wo spiegelt mir das Pferd etwas? Ist die Spannung im Pferd tatsächlich „seine" Spannung – oder ist es meine, die ich unbewusst übertrage? Diese Art der Selbstreflexion schafft eine neue Klarheit in der Kommunikation. Plötzlich erkenne ich: Welche Signale ich wirklich gebe, wie mein Körper unbewusst spricht, und wo ich loslassen darf – innerlich wie äußerlich.

DER WEG ZUR REITKUNST IST DER WEG ZU SICH SELBST

Reitkunst bedeutet für mich nicht nur, ein Pferd elegant und fein zu reiten. Es ist ein innerer Entwicklungsweg. Nur ein Mensch, der bereit ist, sich selbst zu hinterfragen, seine Themen, Emotionen und Mustern kennenzulernen, und sich ihnen zu stellen, wird auch als Reiter wachsen. In Wahrheit geht es darum, authentisch man selbst zu sein – so wie es uns Pferde jeden Tag vorleben.

Genau hier ist die Klangmassage ein wertvolles Geschenk:

- Sie führt den Reiter zurück zu sich selbst.
- Sie hilft, im Körper und im Moment anzukommen.
- Sie ist ein Anker, wenn Gedanken und Gefühle überhandnehmen.

Für mich ist die Klangmassage daher kein Luxus, sondern ein hilfreiches Werkzeug, das Reiter auf ihrem Weg begleitet – nicht nur, um besser zu reiten, sondern um sich selbst besser zu verstehen.

Denn am Ende des Tages ist Reiten nicht nur eine Kunst. Es ist eine Reise nach innen.

GASTBEITRAG

Der Einsatz von RISING STAR
im Reitkurs nach den Grundlagen
der Akademischen Reitkunst

Von Birgit Michael-Maiwert

BALANCE UND GLEICHGEWICHT – REITEN IN LEICHTIGKEIT

***„Um eins zu werden, müssen zwei Geister wollen,
was zwei Körper können"*** *(Bent Branderup)*
Die Balance des Reiters auf einem bewegenden Pferd
stellt zu Beginn des Erlernens des Reitens eine gewisse
Herausforderung dar. Für Fortgeschrittene geht es
später darum, mit dem Pferd in Balance zu sein, um
eine Einheit zu bilden.
Das gelingt dann, wenn
◎ die physische und psychische Ausgeglichenheit des
Reiters gegeben ist,
◎ ein passender Sattel beiden gerecht wird,
◎ das Pferd sowohl physisch als auch psychisch
losgelassen ist,
◎ und das Umfeld fördernd ist.

Wer sich auf die Suche nach echter Einheit mit dem
Pferd begibt, nimmt sich eine anspruchsvolle Aufgabe
vor. Ich möchte hier insbesondere auf den ersten
Punkt eingehen – die Balance des Reiters und ihren
Einfluss auf das gemeinsame Gleichgewicht.

AUF DER SUCHE NACH DEM EINSSEIN MIT DEM PFERD

Mein persönlicher Weg zur Reitkunst begann
mit Islandpferden. Wer schon einmal mit
funkensprühenden Hufeisen durch die Nacht getöltet
ist, weiß, wie nahe man dabei einem Gefühl von
absoluter Einheit mit dem Pferd kommen kann.
Da die Reitabzeichen der Gangpferdereiter von
der FN damals nicht anerkannt waren, wechselte
ich zu den „Dreigängern" und beschäftigte mich
eingehend mit der klassischen Dressur. Ich absolvierte
das Reitabzeichen und legte die Prüfung zum
Trainer C Reiten ab. Für mich persönlich war das
eine bereichernde Erfahrung – und doch blieb ein
entscheidender Punkt offen:
Meist wollte einer der zwei „Geister" nicht so, wie
der andere wollte, denn entweder waren ich oder
das Pferd gestresst, meist beide. Das tiefe Gefühl der
Einheit, nach dem ich suchte, stellte sich nicht ein.
In der Akademischen Reitkunst fand ich schließlich
einen Ansatz, der mich begeisterte und in dem ich
mich gut aufgehoben fühlte: Ursachenforschung

zur Dissonanz zwischen Pferd und Reiter, durch Erkenntnisse über physiologische Zusammenhänge beim Pferd, die es zu beachten gilt.

Die Dressur ist für das Pferd da – nicht das Pferd für die Dressur.
Nicht jede Lektion ist für jedes Pferd sinnvoll.

Hier fühlte ich mich zuhause. Denn Reiten ist eine Möglichkeit, sich selbst weiter zu entwickeln, offener zu werden und neue Wege zu entdecken. Mit dem Pferd, ganz auf die Beziehung, die Kommunikation fokussiert, ganz im Hier und Jetzt. Dies bedeutet aber auch, sich zu beobachten, eigene Denkmuster zu hinterfragen und gegebenenfalls aufzugeben, nach neuen Inputs zu suchen und das zu wählen, was man authentisch leben kann.

ERKENNTNISSE ÜBER BALANCE UND SITZ – EIN NEUER ZUGANG: RISING STAR UND DIE WAHRNEHMUNG

Ich begann, Grundlagenforschung zu betreiben. Viele Dissonanzen zwischen Reiter und Pferd resultieren aus physiologischem Ungleichgewicht.
Kein Pferd- Reiterpaar gleicht dem anderen – es braucht ein individuelles Vorgehen. Es ist für den Reiter essentiell, sein eigenes Gleichgewicht, seine Haltung und Bewegungsmuster bewusst zu reflektieren.

Zwei Jahre lang lud mich Nicole immer wieder ein, RISING STAR auszuprobieren, um die Wirkung der Klangschalen auf den Körper und den Sitz zu erleben. Meine Vorurteile überwogen, zu unkonkret, nicht validierbar, vielleicht sogar esoterisch. Ich machte mir nicht einmal die Mühe, mir eine Klangschale genauer anzusehen. Nach zwei Jahren wäre es schließlich unhöflich gewesen, das Angebot weiter abzulehnen – also setzte ich mich auf RISING STAR.

Es gab eine Menge Blockaden zu lösen: ein ablehnender Geist in einem ablehnenden Körper!
Durch die Vibrationen konnte ich erleben, wie sich meine innere und äußere Haltung veränderten. Ich begann zu verstehen, was es bedeutet, den Sitz nicht nur zu „korrigieren", sondern von innen heraus zu ändern. Diese Änderungen konnte ich mit auf mein Pferd nehmen. Ich erlaubte mir, Verspannungen zu spüren und gehen zu lassen. Was dann folgte, war nicht nur mein lächelndes Pferd , sondern das lange nicht mehr gespürte Gefühl kindlicher, reiner Freude!
Seitdem führen Nicole und ich gemeinsam Kurse durch – mit dem Fokus auf Einklang mit dem Pferd, in Balance, Leichtigkeit und Freude – „Jenseits des Ernstes".

Mein Beruf als Reitpädagogin mit Schwerpunkt Sensorische Integration nach Jean Ayres legt es nahe, die Wahrnehmung und Verarbeitung von Sinnesreizen in den Mittelpunkt zu stellen:
Personen mit Über- oder Unterempfindlichkeiten in der Verarbeitung, in den Wahrnehmungsbereichen Gleichgewicht, Bewegung und Berührung, werden auf dem Pferd erschwerte Bedingungen haben.

Diese sensorischen Herausforderungen können sich wie folgt äußern:

◎ **Vestibulär (Gleichgewichtssinn)**
Probleme mit Balance und Stabilität, Aufrichtung und Haltungskontrolle

◎ **Propriozeptiv und somatosensorisch (Körperwahrnehmung)**
Unsicherheit in Koordination, Bewegungs-anpassung und Umsetzungen von Anweisungen zur Haltung

◎ **Taktil, (Sinneseindrücke über die Haut, Über- oder Unterempfindlichkeit auf Berührungen)**
unterste Zügelführung, hoher Stresslevel

Zudem spielen Haltungs- und Stellreflexe eine entscheidende Rolle. Wenn diese zu stark oder zu schwach ausgeprägt sind, wird es schwer, sich im Sattel richtig auszubalancieren.

Doch Balance ist nicht nur ein körperliches Thema. Unbewusste Bewegungsmuster und Schutzreflexe beeinflussen unseren Sitz ebenso. Besonders nach Stürzen oder stressigen Erfahrungen, speichern sich Muster im Bewegungsgedächtnis ab, die unwillkürlich abgerufen werden.

WARUM RISING STAR EINE WERTVOLLE UNTERSTÜTZUNG IST

Bei sehr vielen Reitern stören unbewusste Verhaltensmuster und Bewegungsabläufe. Eine gängige Methode zur Korrektur ist im Reitunterricht überwiegend die verbale Anweisung, um Sitzkorrekturen vorzunehmen: „Setz dich gerade hin!", „Schultern zurück – Beine lang". Doch das auditive Lernen ist nicht der effektivste Weg, um neue Bewegungsmuster zu verankern. Viele Reiter schaffen es zwar kurzfristig, ihre Haltung zu korrigieren, doch in Stresssituationen oder ohne Supervision und Korrektur von außen, verfallen sie in ihre alten Bewegungs- Muster, da sie nicht „überschrieben" werden.

Wir lernen nachhaltiger, wenn wir mehrere Sinneseindrücke bewusst miteinbeziehen:

◎ **Visuell**
   Sehen und beobachten
◎ **Taktil**
   Spüren von Berührungen und Druckpunkten
◎ **Propriozeptiv**
   Erleben der eigenen Haltung im Raum
◎ **Vestibulär**
   Bewusstes Wahrnehmen kleinster Ausgleichs- und Regulationsreaktionen

Die Arbeit auf RISING STAR ist aus meiner Erfahrung eine große Bereicherung durch die bewusste Wahrnehmung dieser Vorgänge. In der Reitstunde ist diese Herausnahme des Reiters aus dem Bewegungsdialog mit dem Pferd sinnvoll.

Reiter können dadurch
◎ ihre Eigenwahrnehmung in Ruhe auf ihren eigenen Körper konzentrieren,
◎ im stressfreien Raum Haltung und Aufrichtung verbessern,
◎ die Reaktionen der eigenen Muskulatur, Verhärtungen und Blockaden selbst erspüren,
◎ sich Zeit für das Neu-Sortieren nehmen, um sich danach durchlässiger und mit einer neuen Haltung wieder auf das Pferd zu setzen,
◎ überprüfen, ob und wie sich der Bewegungsdialog mit dem Pferd positiv verändert.

„Diese positive Rückkoppelung ist entscheidend für die Bewältigung der Herausforderung und dem anpassenden Verhalten." (Vgl. Bundy, Murray: "Sensorische Integrationstherapie" Springer Verlag Heidelberg 2007, 3. Aufl.)
Wer seinen Sitz nicht nur kognitiv, sondern durch innere Erfahrung verändert, entwickelt eine neue Qualität des Reitens und kommt dem Ziel der Einheit mit dem Pferd ein großes Stück näher!
"Wer akademisch reiten will, muss sich selbst schulen und von den Pferden lernen".

Gastbeitrag: Birgit Michael-Maiwert

EINE KURZE ANMERKUNG ZUM REITERSITZ

In der Akademischen Reitkunst ist der Sitz primäre Hilfe. Er darf den Schwung der Hinterhand des Pferdes nicht stören. Es wird unterschieden zwischen:

◎ **Physischem Sitz**
dieser beinhaltet die blockadefreie Aufnahme der dreidimensionalen Schwingungen des Pferderückens in allen Gangarten und Lektionen, wie das Erfühlen der Phasen der Gangarten und des Abfussens der tragenden Hinterhand

◎ **Statischem Sitz**
dieser meint das gemeinsame Gleichgewicht von Pferd und Reiter bei Richtungs- und Tempiwechseln, wobei die Hinterhand unter den gemeinsamen Schwerpunkt treten muss

◎ und dem **Fühlenden Sitz**
der voraussetzt, dass der Reiter weiß, was er fühlt, die Stellung und Biegung, die Art und Weise, wie ein Pferd fußt, die Geraderichtung und den Grad der Versammlung. Dies spürt der Reiter an der Bewegungsantwort in seiner Bauch- und Beinmuskulatur.

(vgl. Bent Branderup Akademische Reitkunst, Cadmosverlag, Schwarzenbek, 2013, Seite 24ff)
Die Leichtigkeit im Reiten erreichen wir durch eine gelungene Integration sensorischer Reize, die uns einen guten Sitz und gelungenen Bewegungsdialog mit dem Pferd ermöglicht und einer Reitlehre, die die Beziehung zu uns und zum Pferd in den Mittelpunkt stellt:

"In Ruhe und Harmonie werden Sie Ruhe und Harmonie mit Ihrem Pferd finden" (ebenda)

Working Equitation hat seine Ursprünge in der traditionellen Arbeit mit Pferden und Rindern, die in Südeuropa entstand. Für diese Arbeitsreitweise ist das Zusammenspiel von feinen Hilfen, spontaner Anpassungsfähigkeit und einem ausbalanciertem Reitersitz für Reiter und Pferd essenziell. Working Equitation als Disziplin kombiniert vielseitige Aufgaben in verschiedenen Teilbereichen (Dressur, Trail, Rinderarbeit und Speed) und stellt dadurch hohe Anforderungen an den Reitersitz.

Um dieser Vielseitigkeit und benötigten Geschicklichkeit Rechnung zu tragen, kommt man mit Technik alleine nicht wirklich weit. Es kommt vielmehr darauf an, dass der Reiter ein Feingefühl für die Bewegungen seines Pferdes entwickelt, dass er diese instinktiv erfasst und in jedem Moment gezielt darauf eingehen kann. Das bildet auch den eigentlichen Kern dieser Reitweise: Das Gefühl und die spontane Anpassungsfähigkeit sind grundlegenden Elemente, die den Weg zu einer harmonischen Zusammenarbeit zwischen Pferd und Mensch ebnen.

Das sagt die Trainerin für Working Equitation – und Practitionerin Klangmassage für Pferde – Melanie Schwandt zum Einsatz von RISING STAR in dieser Reitweise:

GASTBEITRAG PRAXIS-BERICHT

Der Einsatz von RISING STAR im Reitkurs Working Equitation

Von Melanie Schwandt

WARUM IST RISING STAR SO WICHTIG FÜR DIE WORKING EQUITATION?

Schlechte Balance und falsche Körpermitte hat in der Working Equitation schnell negative Effekte. Wenn der Sitz des Reiter beim Öffnen eines Gatters zum Beispiel nicht im Lot ist, und dadurch die Hilfen ungenau werden, können Reiter und Pferd schnell mal zu weit entfernt vom Hindernis zum Stehen kommen. Das erschwert die Aufgabe und kann das Pferd verunsichern. Oft baut sich hier schnell Druck bei Pferd und Mensch auf. Denn in der Rinderarbeit ist Schnelligkeit gefragt. Eine unausbalancierte Körpermitte des Reiters kann dazu führen, dass das Pferd nicht rechtzeitig reagiert oder gar ausbricht.
Gerne überprüfe ich die Körpermitte im Hindernis „Einfacher Slalom". Hier macht es sich sehr schnell bemerkbar, wenn der Reiter sein Gewicht – fast

immer unbewusst – nicht gleichmässig auf seine Sitzhöcker verlagert. Dann muss das Pferd mit dem Ungleichgewicht zurecht kommen, denn das Gleichgewicht des Pferdes wird ebenfalls gestört.
Meist fällt das augenscheinlich dann auch sofort auf, wenn zum Beispiel das Umreiten der Slalomstangen auf der linken Seite viel zu eng ausfällt, während rechts herum die Wendungen recht groß werden…

Info

Einfacher Slalom besteht aus sechs Slalomstangen hintereinander auf einer geraden Linie mit je einem Abstand von 6 m.

Balance, Atmung und die eigene Körpermitte sind für mich immer die wichtigsten Schlüssel: Je mehr ich in meiner Körpermitte bin und ausbalanciert sitze, desto weniger bringe ich mein Pferd aus der Balance. Diese innere und äußere Ausgeglichenheit wirkt sich direkt auf die Aufgaben im Trail-Parcours aus.

An solchen Stellen im Training spielt RISING STAR seine Stärken aus. Dabei hat sich folgender Ablauf bewährt:

Wir erkennen und benennen den „Fehler" im Reiten, wir machen bewusst – und an den Hindernissen des Trails offensichtlich, wo der Sitzfehler steckt. Und dieser Sitz"fehler" (oder die Fehler, meist ist es ja vielschichtiger) wird dann direkt mit auf RISING STAR genommen. Über die Klangvibrationen können diese nun von innen erfühlt werden, wo es meist zu großen „Ahas" oder Ohos" kommt. Da die innere „Fühlung" des Körpers (wo kommen die Schwingungen an, wo spüre ich nichts?) dann 1:1 das gerade eben er-rittene Thema spiegelt! Hier in unserem Beispiel war es die einseitige Gewichtsverlagerung.

RISING STAR bietet hier wirklich eine ideale Möglichkeit, den eigenen Sitz detailliert zu analysieren, und bewusst genau die Stellen wahrzunehmen, an denen es „hakt". Anschließend werden sie gezielt verbessert. Danach gehts dann wieder sofort aufs Pferd zurück. Dieser Vorher-Nachher-Unterschied ist jedes Mal unglaublich schön! Denn die Reiter kommen mit einer ganz anderen Balance und Geschmeidigkeit wieder in den Sattel! Dies ist dann nicht nur für den Reiter und das Pferd spürbar, sondern auch auf Bildern und Videos sichtbar!

DER ABLAUF EINER TRAININGSEINHEIT „RISING STAR MEETS WORKING EQUITATION

1. Der erste Trail-Durchlauf

Der Teilnehmer reitet den Working Equitation Parcours mit seinem Pferd. In der Reit-Einheit mit mir arbeiten wir heraus, was gut läuft (Stärken) und wo es Themen gibt.

2. Sitzanalyse und Lösung auf RISING STAR

Danach wechselt der Reiter auf Rising Star. Hier bringt er das Thema ein. Dann wird an den Blockaden und Verspannungen gearbeitet, sie werden von innen spürbar und dürfen sich lösen. Balance, Atmung und Haltung ändern sich auf dem schwingenden Holzpferd. RISING STAR erinnert den Reiter daran, tief und entspannt zu atmen. Diese Losgelassenheit überträgt sich auf das Pferd und erleichtert die Arbeit in anspruchsvollen Situationen.

3. Der zweite Trail-Durchlauf

Anschließend geht es erneut aufs Pferd, um den gleichen Parcours wieder zu reiten. Die Veränderung ist für alle sofort sichtbar: Der Reiter sitzt ausbalancierter, das Pferd reagiert entspannter, motivierter und das Thema „löst" sich auf einer anderen Ebene. Beispiel Slalom: Statt mit Schultern und Armen das Pferd an den Zügeln durch die Bögen zu manövrieren, überraschte sich die Reiterin selbst dabei, wie sie jetzt „nur" noch über ihre Sitzbeinhöcker in die Richtungen ritt, und das Pferd mit fast unsichtbaren Hilfen harmonische Bögen lief, wie durch Zauberhand geführt.

4. Nachbesprechung

Damit ist unser RISING STAR Einsatz noch nicht zu Ende. Wir treffen uns danach zusammen, um gemeinsam das Erlebte zu reflektieren. Mögliche aufgekommene Emotionen, Gedanken und Ideen werden ausgetauscht, eine Affirmation oder ein Impuls für die Zeit und „Hausaufgaben" danach gemeinsam kreiert. Denn jede noch so tiefgreifende Erfahrung wird nur dann zur Kompetenz, wenn sie integriert wird. Sonst bleibt es nur ein einmaliges Erlebnis. Darauf achten wir bei unseren Kursen sehr.

„Für mich ist es wichtig, dass das Reiten spürbar, erfahrbar und mit inneren Bildern sowie Körperwahrnehmung verbunden ist und dass wir unser Tun reflektieren. Über die Zeit können sich alte Muster einschleichen, die uns nicht mehr bewusst sind."

Ich habe selbst die Erfahrung gemacht: Wenn wir versuchen, das Reiten nur über die Worte zu vermitteln, ist das weder hilfreich, noch effektiv und schon gar nicht nachhaltig. Wir müssen es erfühlen können dürfen! Denn Reiten umfasst so viel mehr. Vielleicht hast du das auch schon öfters gehört: „Merk dir genau jetzt dieses Gefühl – so ist es richtig!"

Um dieses Gefühl zu festigen und abzuspeichern, damit es beim nächsten Mal wieder bewusst abgerufen werden kann – wie zum Beispiel im Trail-Parcours –, dafür ist RISING STAR eine große Bereicherung für die Pferde- und Reiterwelt. ■

RISING STAR – eine wirkungsvolle Bereicherung für Reitlehrer

FUNDIERTE UNTERSTÜTZUNG FÜR DIE PRAXIS

Wahrscheinlich kennt jeder Reitlehrer diese Momente, wenn sie erklären, zeigen, korrigieren, und etwas in allen erdenklichen Varianten wiederholen: „Setz dich locker", „Atme in den Bauch" „Kipp dein Becken nach vorne" „mach das Bein lang", „Entspann die Schultern" ….

Doch, egal wie oft sie es sagen, es passiert… nichts. Der Schüler bemüht sich redlich, versteht vielleicht sogar was gemeint ist, aber der Körper macht einfach nicht mit. Dieser Frust ist nicht selten – und weder für Reitlehrer, noch für Reitschüler schön. Der Reitlehrer kann sich den Mund „fusslig" reden, was die Schüler noch mehr frustriert und auch die Pferde zunehmend stressen kann. Die Hilfen kommen nicht klar und harmonisch an, und natürlich spüren sie den Stress der Menschen.

Die Blockade sitzt hier selten im Kopf. Fast immer aber im Körper, wenn es diese unbewussten Spannungsmuster sind, die tief im Körper des Reiters verankert sind:

◎ Fehlhaltungen, die über Jahre unbemerkt geblieben sind,

◎ Verspannungen die sich normal anfühlen,

◎ Emotionale Blockaden, die der Reiter nicht einmal bemerkt.

RISING STAR ist hier nicht „ein letzter Versuch", sondern ein Schlüssel, der den Zugang zum Körper wieder frei legen kann.

Wie in den vorangegangenen Praxisbeispielen gezeigt, kann RISING STAR eine wertvolle Ergänzung für Reitkurse und Reitlehrer sein, wenn es um einen ausbalancierten, tiefen und durchlässigen Sitz geht. Denn Reiten ist anspruchsvoll. Körperlich, mental und emotional. Wir arbeiten mit hochsensiblen Fluchttieren, deren Reaktionen oft Spiegel unseres eigenen Zustands sind. Reiter sind ständig gefordert, Balance, Losgelassenheit und innere Ruhe zu finden, um diese mit ihrem Pferd zu teilen. In einer Alltags-Welt voller Stress und Druck ist das eine Herausforde-

rung: Wie bleibt man präsent, gelassen und geschmeidig, wenn der Alltag einen fest im Griff hat?

In Reithallen und auf Reitplätzen zeigt sich oft ein klares Bild:
Stress und Anspannung der Reiter übertragen sich auf die Pferde. Verspannte Schultern, blockierte Hüfte, feste Kieferknochen, harte Gelenke oder ein starrer Blick machen Pferde nervös.
Selbst den Kopf noch voller Gedanken, daher nicht präsent und oft noch voll innerem Druck.

Dies stört nicht nur die Harmonie, sondern kann auch die Sicherheitsrisiken erhöhen.

Denn ein verspannter Reiter auf einem hochsensiblen Fluchttier: Das ist nicht nur eine Herausforderung für das Training, sondern bildet auch ein erhöhtes Unfallrisiko. Umgekehrt schafft ein entspannter, geschmeidiger, präsenter und sicherer Reiter eine Grundlage, Die das Risiko mindert, die Harmonie verbessert und das Pferd zu mehr Gelassenheit einlädt.

RISING STAR IST MEHR ALS „WELLNESS"

Die Reiterklangmassage mit RISING STAR ist kein „nettes Extra", sondern ein effektives Werkzeug, das dort greift, wo Worte, Erklärungen und Korrekturen nicht mehr weiter helfen.

Reitlehrer und Trainer können dieses praxisnahe Werkzeug nutzen, um ihre Schüler effektiv dort zu begleiten, wo man mit Erklärungen nicht mehr weiter kommt.

Denn: Losgelassenheit kann man nicht erklären. Man muss sie fühlen und erleben. So bekommen wir Reiter, die präsent und sicher im Sattel sitzen. Pferde, die mit mehr Gelassenheit reagieren, und einen Reitunterricht, der nicht nur erklärt, sondern transformiert.

Hier kann RISING STAR eine sehr gute Ergänzung für Reitkurse sein, in denen es um einen ausbalancierten, tiefen und durchlässigen Sitz geht.

Ich glaube, dass RISING Star nicht nur in der Akademischen Reitkunst und im Working Equitation hilfreich und nützlich ist. Reitsport ist anspruchsvoll, egal in welcher Sparte! Körperlich, mental und emotional. Denn wir haben es immer noch mit einem Fluchttier Pferd zu tun.

Reiter sind dabei ständig gefordert, Balance, Losgelassenheit und Gelassenheit in sich selbst zu finden, um diese mit ihren Pferden zusammen zu vereinen. In unserer modernen Welt, die geprägt ist von Stress, Verspannung und oftmals auch Überforderung, ste-

hen viele Reiter – unabhängig von ihrem Können – vor der großen Herausforderung: Wie können sie in ihrem Körper präsent und geschmeidig bleiben, wenn der Alltag sie belastet?

Die Realität auf den Reitplätzen und in den Hallen zeigt oft, wie Stress und körperliche Anspannung der Reiter sich auf die Pferde überträgt, was nicht nur das Zusammenspiel stört, sondern auch Sicherheitsrisiken birgt. Ein verspannter Reiter auf einem hochsensiblen Fluchttier erhöht die Unfallgefahr. Umgekehrt schafft ein entspannter, präsenter und sicherer Reiter eine Grundlage, die das Risiko minimiert. Und selbstredend ist hierbei auch die Harmonie zwischen beiden.

Genau hier bietet die Reiterklangmassage einen ganz neuen Ansatz. Sie ist keine „Wellness für Esoterikliebhaber", sondern ein Werkzeug, das auf fundierten Prinzipien basiert: Die Klangschwingungen lösen muskuläre und fasziale Spannungen, körperliche Blockaden, bringen den Körper in Balance und unterstützen den Reiter dabei, bewusster und klarer in seiner Bewegung zu werden. Der Effekt ist unmittelbar spürbar – der Körper fühlt sich gelöst an, das Reiten wird geschmeidiger und die mentale Präsenz steigt.

Für Reitlehrer und Trainer jeglicher Reitweise bedeutet das vor allem eines: Sie erhalten ein praxisnahes Werkzeug, um ihre Schüler besser zu begleiten. Die Reiterklangmassage greift genau dort, wo Anweisungen wie „setz dich locker" oder „lass los" oder „nimm die Schultern zurück" oft ins Leere laufen. Durch sie werden diese Worte in ein Körpergefühl von innen übersetzt. Losgelassenheit kann zwar erklärt werden – das Wissen alleine macht einen Reiter längst nicht los-gelassen! Sie muss aber erlebt werden, um in den Körper zu „rutschen". Durch RISING STAR wird jeder Reiter befähigt, den eigenen Körper und seine Bewegung besser und intensiver zu spüren, Blockaden zu erkennen und langfristig aufzulösen. Das Ergebnis: Schüler die präsent, klar und sicher im Sattel sitzen.

Doch der Nutzen geht noch weiter: Die Reiterklangmassage könnte ein wichtiger Baustein werden, um die Sicherheit im Reitsport zu verbessern. Versicherungen, Vereine und Verbände beschäftigen sich immer wieder mit der Frage, wie Risiken im Reitsport minimiert werden können. Die Lösung liegt oft in der Prävention. Ein Reiter, der körperlich nicht verspannt und gleichzeitig mental präsent ist und in sich ruht, reduziert das Risiko für Fehlverhalten im Sattel – und damit für Unfälle. Das Pferd reagiert feiner, die Harmonie zwischen beiden steigt, und die Grundlage für eine sichere und erfüllende Reitweise wird geschaffen.

Wie Yoga vor einigen Jahrzehnten belächelt wurde, gibt es heute kaum mehr jemanden, der die positiven Effekte noch in Frage stellt. Ich glaube, dass auch die Reiterklangmassage – gespeist aus der von mir entwickelten vertikalen Klangwellentherapie – das Potenzial hat, den Reitsport auf breiter Ebene zu bereichern. Nicht nur für Freizeitreiter, sondern auch für FN-Trainer, Reitlehrer und die gesamte Reiterwelt. Es geht nicht darum, Ideologien zu verändern oder Reitweisen zu bewerten, sondern um die Förderung von Durchlässigkeit, Präsenz, Sicherheit und Losgelassenheit – Werte, die unabhängig von Disziplin oder Überzeugung für jeden Reiter und jedes Pferd entscheidend sind.

RISING STAR IST MEHR ALS „WELLNESS"

Nachdem wir jetzt die Vorurteile gegen Sitzschulung entkräftet und die Zielsetzungen der Sitzschulung auf RISING STAR skizziert haben, stellt sich die Frage: Was macht jetzt RISING STAR so besonders?

Viele Sitzschulungen trainieren durch gezielte Übungen am Boden und im Sattel die Beweglichkeit und Koordination des Reiters. Diese Übungen werden oft in Form von Anweisungen angeleitet. Diese Anleitungen gelangen dann durch das Hören und Sehen ins Bewusstsein, werden vom Kopf im besten Fall verstanden. Dann kommt das eigene körperliche Üben hinzu und die Korrektur von außen. Wer eine gute Körperwahrnehmung und schon Übung- und z.B. durch Yoga, Pilates, Feldenkrais oder Turnen seine Core Muskulatur gestärkt – und wenig bis keine Blockaden oder Verspannungen im Körper sitzen hat, dem fällt es meist relativ leicht, die Anleitungen umzusetzen und Korrekturen in die eigene Körperhaltung zu übertragen.

Vielen Reitern fehlt jedoch diese Grundlage, sie sind durch ihre Arbeits- und Lebensweise, ihre Kontextbedingungen jenseits des Reitstalls, geprägt und belastet. Die Wahrnehmung des eigenen Körpers und das Vertrauen in die Bewegungsfähigkeit sind nicht so ausgeprägt. Sie spielen jedoch eine große Rolle!

In der Reiterklangmassage können wir, wie wir gesehen haben, das Erspüren von innen als weitere Dimension leicht und mühelos integrieren: Hier wird es erstmals möglich, den eigenen Sitz von innen heraus zu erforschen und zu erspüren. Auf eine Weise, die mit herkömmlichen Sitzschulungen nicht zu vergleichen ist.

Hier können wir den Sitz zum ersten Mal nicht durch äußere Korrektur, sondern durch inneres Erleben, Spüren und Lösen verbessern. Zusätzlich noch durch ein tieferes Wahrnehmen, Kennenlernen und Koordinieren des eigenen Körpers. Gleichzeitig dürfen sich Blockaden und Verspannungen lösen. Durch visuelle und kinästhetische Vorstellungshilfen, die die Hilfengebung leibhaftig erspüren lässt, die Körperhaltungen tief im Körpergedächtnis verankert und an konkrete Herausforderungen ausrichtet. Wie wir inzwischen wissen: Dies ist auch noch sehr wohltuend und lösend.

Wir gehen bei der Sitzschulung noch einen Schritt weiter, wir beleuchten nun einzelne Körper-Regionen, die mit der Reiter-Klangmassage locker und durchlässig „geklungen" werden können. ■

5. LOCKERUNG UND DURCHLÄSSIGKEIT

Die zwölf wichtigsten Körperbereiche für Reiter
mit ausgewählten Praxis-Übungen auf RISING STAR

Jeder Mensch bringt individuelle Stärken, Bewegungsmuster und Gewohnheiten mit, die seinen Sitz und seine Geschmeidigkeit im Sattel beeinflussen. In den bisherigen Kapiteln haben wir die Verbindung zwischen der vertikalen Reiterklangmassage, Körperbewusstsein und Sitzgefühl durch die Verbindung mit der Sitzschulung erkundet. Nun richten wir den Fokus gezielt weiter auf die einzelnen Körperregionen, die für eine feine und durchlässige Verbindung mit dem Pferd entscheidend sind.

Warum ist das so wichtig? Ein ausbalancierter, lockerer Sitz ermöglicht es dem Reiter, die Bewegungen des Pferdes mühelos aufzunehmen, ohne sie zu stören oder unbewusst Widerstände zu erzeugen. Doch oft sind es die kleinen Blockaden, unbewusste Schieflagen oder Spannungsmuster, die den Bewegungsfluss einschränken und das feine Zusammenspiel zwischen Reiter und Pferd beeinträchtigen. Diese Blockaden zu erkennen und gezielt zu lösen, ist der Schlüssel zu mehr Harmonie und Leichtigkeit im Sattel. Kapitel 5 ist eine Einladung, noch tiefer in die Individuelle Beweglichkeit des Körpers einzutauchen. Wir beleuchten typische Herausforderungen, mit denen viele Reiter zu kämpfen haben – von Schiefhaltungen über festgefahrene Atemmuster bis hin zu Spannungen, die durch Angst oder emotionale Blockaden entstehen.

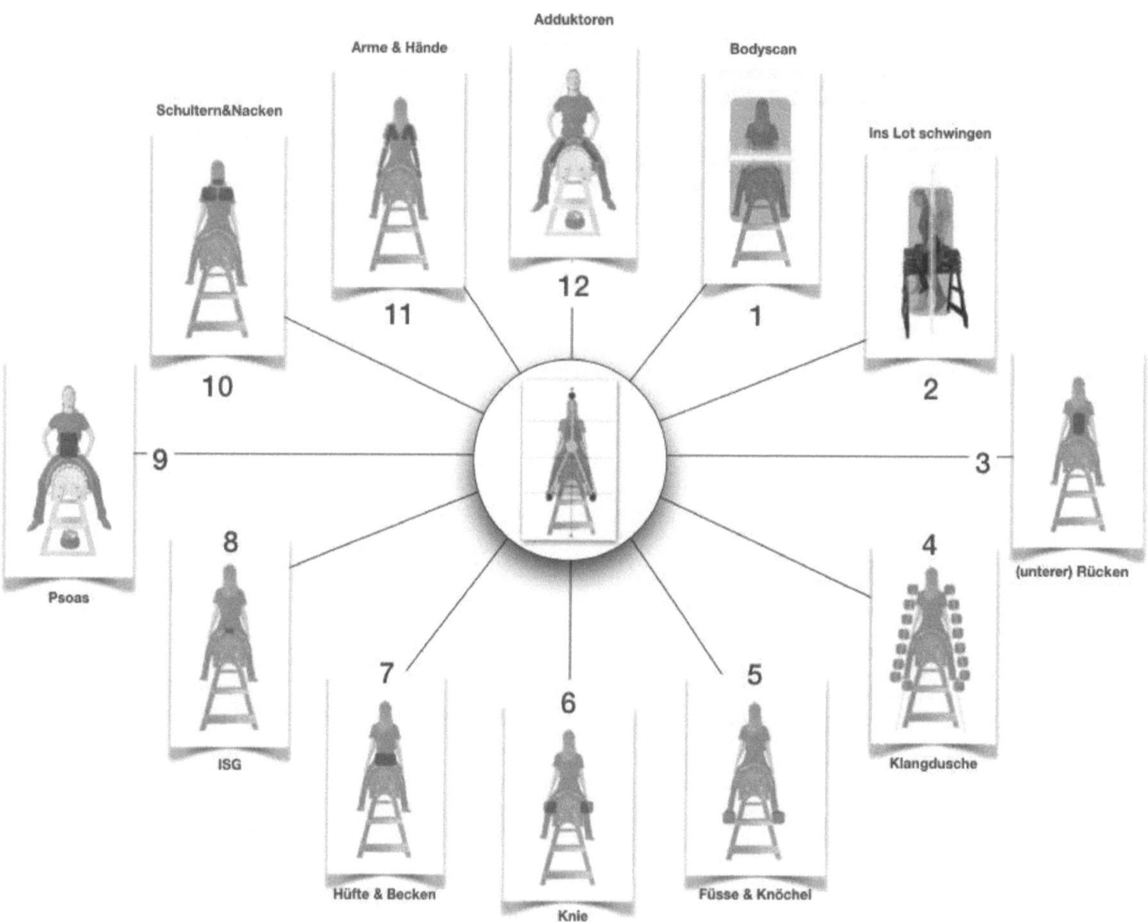

Im Laufe der Jahre haben sich diese 12 Anwendungs-felder in der Reiterklangmassage bewährt. Diese zwölf Anwendungsfelder und Übungs-Sequenzen beziehen sich jeweils auf einen bestimmten Körperbereich. In der Praxis kommen nie alle 12 Bereiche auf einmal dran. Wir kombinieren sie ganz gezielt, je nach Anliegen und Thema. Binden sie dann exakt in den jeweiligen Reitunterricht oder ins mit Coaching ein. Hier im Buch möchten wir dir alle 12 Bereiche ausführlich vorstellen. Für jede Körperregion findest du in den jeweiligen Kapiteln Hintergrundwissen, gezielte Übungen und Affirmationen.

Hintergrundwissen,
um zu verstehen, welche Rolle der jeweilige Körperbereich für den Reitersitz spielt.

Gezielte Übungen,
die helfen, Blockaden zu lösen und die Beweglichkeit zu verbessern. Hier im Buch findest du auch speziell für dich Übungen, die du ohne Klangschale und RISING STAR anwenden kannst.

Affirmationen,
die dich auch auf mentaler Ebene unterstützen. Dies sind kurze einfache und klare Sätze, die nicht nur den Kopf, sondern auch den Körper ansprechen. Sie helfen dir, innere Spannung zu lösen, neue Haltung zuzulassen und deinen Fokus beim Reiten bewusst zu steuern. Diese Impulse sind auf die Klangmassage hin ausgerichtet, lassen sich aber genauso gut unabhängig davon einsetzen. Sie unterstützen dich dabei, dich innerlich neu auszurichten, lockerer zu werden und mit mehr Leichtigkeit zu reiten.

WIE DU DIE AFFIRMATIONEN NUTZEN KANNST

Die Affirmationen in diesem Buch sind Vorschläge. Lies sie dir durch und nimm wahr, welche davon dich positiv ansprechen. Das bemerkst du, wenn dein Körper unwillkürlich darauf reagiert. Nimm nur die Affirmation, die dir gefällt – oder entwickle aus den Ideen des Buches heraus deine eigene! Es sind wirklich nur Angebote und Erlauber, die dir helfen können, dein Reiten von innen heraus geschmeidiger und ausbalancierter zu machen. Experimentiere mit ihnen! Behalte dir wirklich nur das, was dir gut tut. Du kannst sie an unterschiedlichen Stellen einsetzen:

VOR DEM REITEN

Sprich eine oder mehrere Affirmationen bewusst aus oder denke sie dir leise, während du dich aufs Pferd vorbereitest.

WÄHREND DER REITERKLANGMASSAGE

Lass Reiter die Klangschwingungen spüren und dabei die Affirmation innerlich sprechen – oder du bietest sie laut an.

BEIM REITEN

Atme tief ein und aus – und wiederhole eine Affirmation gedanklich – spüre, wie dein Körper und der Körper des Pferdes darauf reagiert.

TÄGLICHES MINDEST-TRAINING

Du kannst auch eine Affirmation wählen und in dein Morgenritual oder Tagesmotto einbetten, um deine Handlungen und dein Körpergefühl zu stärken.

Lass uns beginnen, deine Beweglichkeit durch gezielte Lockerung und bewusste Wahrnehmung zu erweitern – so dass du mehr Freiheit und Harmonie im Sattel erleben kannst. ∎

Locker geschmeidig und ausbalanciert – in jeder Gangart und in jeder Lektion, Annika auf Opi

VOM WISSEN ZUR PRAXIS – DIE KLANG-MASSAGE ALS BEWEGUNGSIMPULS

Nachdem wir uns mit den grundlegenden Wirkungsweisen der RISING STAR Klangmassage befasst haben, tauchen wir nun tiefer in die praktische Anwendung ein.

Im Laufe der Zeit haben wir gezielte Übungsserien entwickelt, die den Reiter in sanftes Schwingen bringen und dabei Elemente aus Sitzschulung, Achtsamkeit und systemischen Coaching kombinieren. Diese Übungsformate sind so konzipiert, dass sie leicht erlernbar sind und sowohl Reitern, als auch Reitlehrern und Therapeuten eine wertvolle Ergänzung erweisen.

In unserer Ausbildung erlernst du diese und noch viele weitere Übungen, und trainierst, wie du sie optimal für andere anleiten und anwenden kannst.

Viele der hier vorgestellten Praxis- Übungen kannst du jedoch auch ohne RISING STAR – nur mit einem einfachen Holzhocker und einer Schaki – durchführen. Falls du tiefer in die Praxis einsteigen möchtest, findest du die wichtigsten Grundlagenübungen auch in unserem digitalen Basis – Kurs, der sie detailliert Schritt für Schritt erklärt. Damit kannst du schon jedem Reiter viel Gutes tun für einen ausbalancierten geschmeidigen Sitz.

Ein Klassiker, den du jederzeit selbst ausprobieren oder anleiten kannst, sei es auf einem Stuhl, einem Hocker oder RISING STAR, ist der Bodyscan. ■

1. Bodyscan – ein Schlüssel zur Körperwahrnehmung

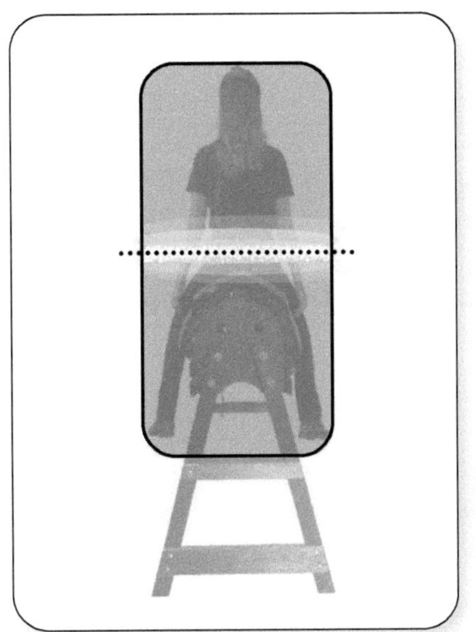

Der Bodyscan stammt ursprünglich aus der Achtsamkeitstradition und wurde insbesondere durch die Arbeit von Jon Kabat-Zinn und seinem Programm zur Stressbewältigung durch Achtsamkeit (Mindfulness-Based Stress Reduction, MBSR) bekannt.

Das Prinzip ist einfach, aber wirkungsvoll: Durch bewusstes Spüren des eigenen Körpers – von Kopf bis Fuß – lernen wir, Verspannungen, unbewusste Asymmetrien und emotionale Blockaden wahrzunehmen, ohne sie zu bewerten. Diese achtsame Annahme des „Ist-Zustandes" ist der erste Schritt echter Veränderung.

WARUM IST DER BODYSCAN FÜR REITER SO WERTVOLL?

In der Reiterklangmassage setzen wir den Bodyscan gezielt ein, weil er – auch ohne Vibrationen – ein wertvolles Werkzeug zur Schulung der Körperwahrnehmung, Balance und Selbstregulation ist.

Wer den Bodyscan regelmäßig übt, verbessert nicht nur die eigene Haltung, sondern entwickelt eine tiefere Verbindung zum Pferd. Ein Reiter, der den eigenen Körper bewusst wahrnimmt, kann auch die feinen Signale seines Pferdes besser erspüren und präzise darauf reagieren.

In Kombination mit den sanften Vibrationen der Klangschalen, entfaltet der Bodyscan seine volle Wirkung: Die Klangschwingungen helfen noch tiefer zu entspannen, innere Spannungen aufzulösen und ein Gefühl von Leichtigkeit und Balance zu entwickeln – für sich selbst und sein Pferd.

ÜBUNG 1

Erlebe den Bodyscan selbst – mit Klangunterstützung

Hier im Buch können wir die Klangmassage nur beschreiben – doch um wenigstens die Klangwirkung selbst zu erleben, haben wir eine geführte Audio-Übung entwickelt.

Ein Bodyscan bringt dich ins Hier und Jetzt und hilft, dein Nervensystem zu beruhigen. Er kann Stresshormone senken, emotionale Ausgeglichenheit fördern und dich optimal auf eine feine Kommunikation mit deinem Pferd vorbereiten.

Besonders vor dem Reiten ist der Bodyscan ein wertvolles Ritual, um mit einer klaren, geerdeten und gelassenen Präsenz aufs Pferd zu steigen.

WAS SICH DURCH REGELMÄSSIGEN BODYSCAN VERÄNDERT

VORHER

◎ Der Reiter ist oft angespannt, ohne es zu merken. Diese Anspannung überträgt sich auf das Pferd, das mit Nervosität oder Unruhe reagiert.

◎ Körperliche Asymmetrien, wie eine hochgezogene Schulter oder ein einseitiger Sitz, bleiben unbemerkt und beeinträchtigen die Hilfengebung.

◎ Gedanken wie „Was, wenn etwas schiefgeht?" oder „Ich bin nicht gut genug" dominieren den Kopf, was die Verbindung zum Pferd stört.

◎ Ängste und Selbstzweifel verhindern eine gelassene Kommunikation mit dem Pferd

NACHHER

◎ **Tiefere Entspannung**

Der Reiter fühlt sich ruhiger und geerdeter, was das Pferd spürt und mit Entspannung beantwortet.

◎ **Bessere Körper-Ausrichtung**

Der Sitz wird harmonischer und ausbalancierter, der Reiter kommt in sein Gleichgewicht. Die Beine können locker herunter hängen, der Sitz wird dadurch unabhängiger von der Hand. Was dem Pferd hilft, sich freier zu bewegen und sich unter dem Sattel wohlfühlen.

◎ **Klarerer Fokus**

Durch die Achtsamkeit wird der Reiter präsenter und kann feiner auf die Signale des Pferdes reagieren.

◎ **Emotionales Gleichgewicht**

Der Bodyscan hilft, den inneren Kritiker loszulassen und sich selbst mit mehr Mitgefühl zu begegnen.

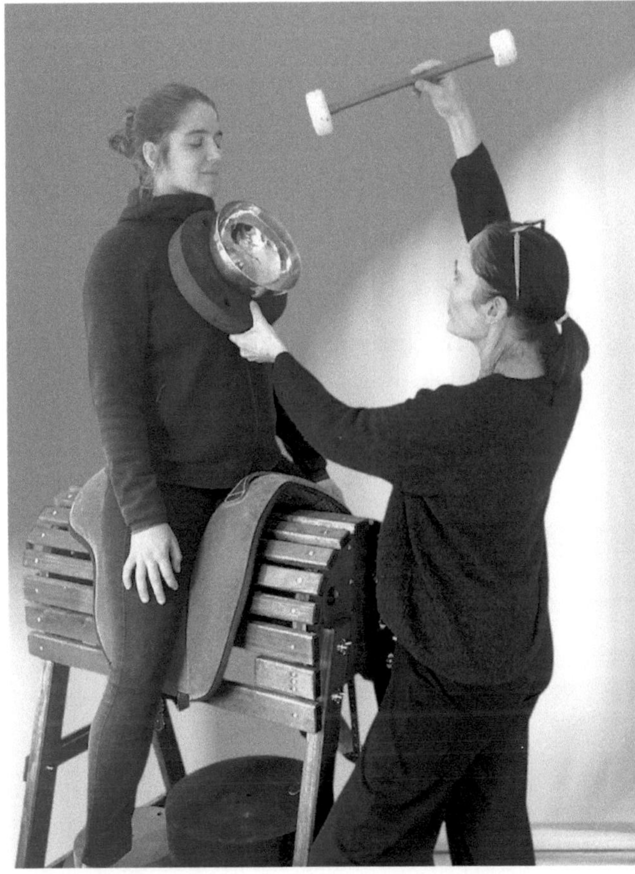

FAZIT

EIN KLEINES RITUAL MIT GROSSER WIRKUNG

Ein regelmäßiger Bodyscan kann die Körperwahrnehmung, mentale Ruhe und die Sitzqualität nachhaltig verbessern. Er bringt dich von der Anspannung in die Entspannung, von der Unsicherheit in die Balance und vom Gedankenkarussell in die bewusste Präsenz.

Und genau diese Qualitäten sind es, die einen feinen, harmonischen Sitz ausmachen – für eine tiefere Verbindung mit deinem Pferd.

AFFIRMATIONEN –
SCHNELLER BODYSCAN BEIM REITEN

Für einen schnellen Bodyscan, die du direkt vor oder während des Reitens nutzen kannst, um dich in wenigen Minuten körperlich und mental auszurichten. Du kannst sie in Gedanken durchgehen oder jemand spricht sie dir vor, während du auf deinem Pferd sitzt und dich während einer ruhigen Schritt-Phase kurz innerlich durch-scannst. Suche dir für jeden der folgenden Bereiche je einen Satz aus oder kreiere dir eine eigene Affirmation zum jeweiligen Thema und schreibe sie auf:

1. Atem und Präsenz: Ankommen im Moment
◎ Ich atme tief ein – und aus – und komme ganz
   hier und jetzt auf meinem Pferd an.
◎ Mit jeder Ausatmung lasse ich unnötige
   Spannung los.
◎ Mein Atem fließt ruhig ein – und ich nehme
   auch die Atmung meines Pferdes wahr.
◎ Ich nehme den Moment bewusst wahr –
   ohne Eile ohne Druck.

2. Becken und Sitzbeinhöcker: Tiefe und Stabilität
◎ Meine Sitzbeinhöcker ruhen beide schwer und
   gleichmässig im Sattel.
◎ Ich erde mich durch mein Becken und lasse mich
   von meinem Pferd tragen.
◎ Ich sitze stabil und flexibel zugleich im Sattel.
◎ Mein Becken ist tief, mein Rücken frei.

3. Wirbelsäule & Aufrichtung – Zentrierung und Leichtigkeit
◎ Meine Wirbelsäule richtet sich sanft auf –
   mühelos und elastisch.
◎ Ich bin zentriert – und beweglich zugleich.
◎ Mein Brustkorb ist weit und frei.
◎ Ich trage meinen Kopf mit Leichtigkeit,
   ein imaginäres Band zieht den Kopf Richtung
   Himmel und richtet mich auf.

4. Schultern & Arme – Weichheit und Verbindung
◎ Meine Schultern sinken entspannt nach unten.
◎ Meine Arme sind locker und weich – sie folgen
   der Bewegung.
◎ Ich bin verbunden, ohne zu halten.
◎ Ich gebe nach, ohne mich aufzugeben.

5. Beine und Füße – Erdung und Geschmeidigkeit

◎ Meine Beine hängen locker –und schmiegen sich zugleich weich und elastisch an mein Pferd.

◎ Meine Knie sind locker und meine Füße hängen schwer.

◎ Ich bin geerdet und gleichzeitig ganz leicht.

◎ Meine Fersen sinken entspannt nach unten, als würden unter meinen Füssen Wurzeln in den Boden hinein wachsen.

6. Gesamtintegration – Harmonie und Verbindung

◎ Ich bin in Balance – mein Körper fließt mit der Bewegung des Pferdes mit.

◎ Mein Pferd und ich – wir bewegen uns mehr und mehr als Einheit – ich lasse mich bewegen und bewege es zugleich.

◎ Ich lasse zu, was da ist– Anspannung geht, wenn sie gehen darf.

◎ Ich bin leicht, zentriert und voller Vertrauen.

BODYSCAN:
KLAR IM KÖRPER – FEIN IM SATTEL

Hier sehen wir Annika im Bodyscan auf dem schwingenden RISING STAR – und danach das gemeinsame Erfühlen der neuen Körperhaltung. Auch dem Pferd wird Zeit gegeben, zu spüren, wo der Unterschied ist, der den Unterschied macht. ■

2. Ins Lot schwingen – im Lot sein

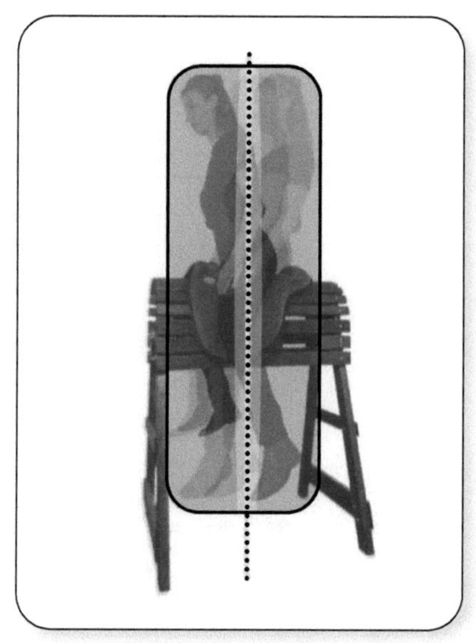

Im Lot zu sein, also mittig auf dem Pferd zu sitzen, ist die grundlegende Voraussetzung, für einen harmonischen Reitersitz.

Auf RISING STAR beginnen wir jede Übung mit genau diesem Zustand: der bewussten Zentrierung in der eigenen Mitte. Wer lernt, sich immer wieder selbst ins Lot zu bringen, kann diese ausbalancierte Haltung auch im Sattel bewahren – in jeder Bewegung. Immer wieder neu, um seinen Schwerpunkt über dem des Pferdes auszurichten. Nur dann können beide wirklich zu einer Einheit werden.

Ein Reiter, der im Lot sitzt, ist aufrecht, und entspannt. Sein Oberkörper ist weder zu weit nach vorne noch nach hinten geneigt, das Becken befindet sich in neutraler Position, die Sitzbeinhöcker sind gleichmässig belastet. Die Beine liegen locker am Pferd an, ohne zu klammern oder unbewusst zu treiben, und die Hände halten eine feine und elastische Verbindung zum Pferdemaul.

DIE BALANCE-ACHSE UND DIE 3 PUNKTE REGEL

Die klassische 3-Punkte-Regel beschreibt eine gedachte Linie von Schulter – Hüfte – Absatz.
Sie dient als Orientierung für eine stabile, gleichmässig ausgerichtete Körperhaltung. Das Gleichgewicht des Reiters ruht dabei auf den Sitzbeinhöckern und dem Schambein – genau in der Schwerkraftachse des Pferdes. Wenn diese Achse stimmig ist, fühlt sich der Reiter leicht und ausbalanciert im Sattel. Er kann die Bewegungen des Pferdes geschmeidig aufnehmen ohne selbst aus dem Gleichgewicht zu geraten.

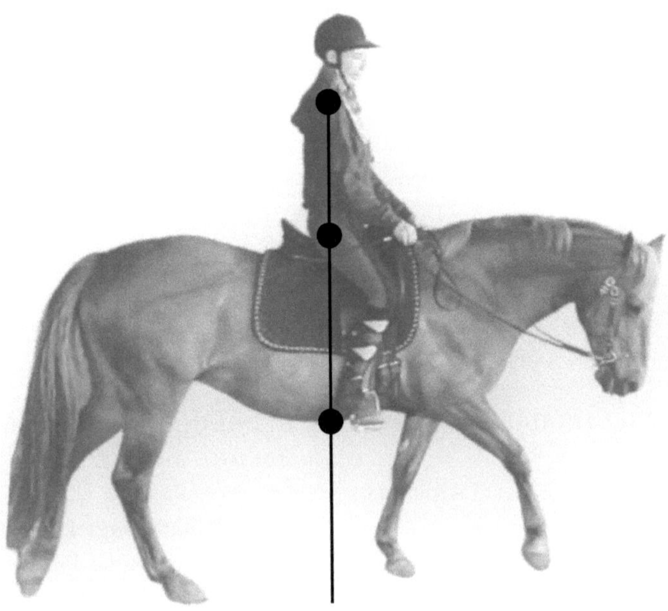

Dieses „im Lot sein" ist eines der zentralen Ziele der Reitkunst. Es ermöglicht eine feine Kommunikation mit dem Pferd ohne Blockaden und Widerstände. Doch die statische Vorstellung einer festen Linie reicht unserer Erfahrung nach nicht aus – denn Balance ist immer dynamisch.

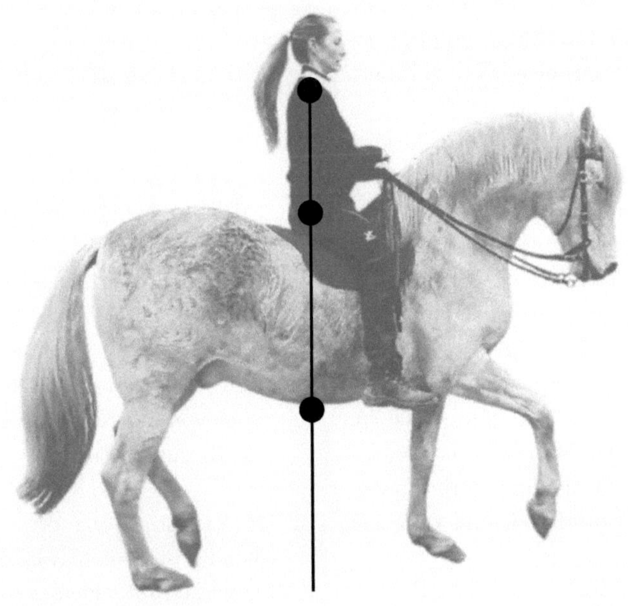

DIE ROLLE DER SITZBEINHÖCKER

Die Sitzbeinhöcker sind die zentralen Kontaktpunkte zwischen Reiter und Sattel. Sie ermöglichen es, das eigene Gewicht bewusst zu steuern. Wenn sie gleichmäßig belastet sind, bleibt der Reiter in seiner natürlichen Balance, mit ihnen. Er kann aber auch durch Balance-Verschiebungen mit dem Pferd, über seinen Sitz kommunizieren.

Ein nach vorn oder hinten geneigter Oberkörper verändert jedoch den Schwerpunkt und bringt das Pferd aus seiner natürlichen Balance.

Viele Reiter versuchen, diese „gerade" Linie zu erzwingen., indem sie bestimmte Muskelgruppen anspannen. Das geschieht oft aus dem Wunsch heraus, „korrekt" zu sitzen – oder weil ihnen das Gefühl für echte Balance fehlt. Doch zu viel Spannung blockiert die eigenen Bewegungen – und die des Pferdes. Ein lockeres Becken, entspannte Hüftgelenke und weiche Schultern sind entscheidend, um geschmeidig in den Rhythmus des Pferdes einzutauchen. Dabei locker und gleichzeitig stabil über dem Schwerpunkt des Pferdes zu bleiben, sollte das Ziel sein.

Stabilität entsteht also nicht durch starres Halten, sondern durch eine elastische Balance.
Wahre Kontrolle kommt nicht durch Anspannung, sondern aus innerer Geschmeidigkeit und vor allem der mittigen Ausrichtung.

DIE BEDEUTUNG EINER DYNAMISCHEN BALANCE – BEWEGUNGSDYNAMIK!

Die 3-Punkte-Regel kann eine hilfreiche Grundlage sein, doch in der Praxis geht es um mehr: Bewegungsdynamik! Ein Reiter, der „gefühlt" in seinem Lot bleibt, kann den Bewegungen des Pferdes folgen, ohne dabei zu stören. Die Klangvibrationen auf RISING STAR unterstützen diesen Prozess auf einzigartige Weise: Sie helfen dem Reiter, größere und kleinere Anspannungen zu erfühlen, diese Schritt für Schritt loszulassen und dabei Mikro- wie Makro-Bewegungen auszutesten. Dabei entwickelt er ein sehr detailliertes inneres Gefühl für gezielte Bewegungsmöglichkeiten des Beckens – und er kann sich von innen heraus neu ausrichten. Diese dynamische Balance entsteht durch das Zusammenspiel von Schwerkraft und Ausrichtung.

◎ Das Körpergewicht wird durch die Sitzbeinhöcker tiefer im Sattel verankert.

◎ Gleichzeitig richtet sich der Oberkörper mit müheloser Leichtigkeit nach oben aus.

◎ Die Klangvibrationen unterstützen den Körper dabei, von innen heraus loszulassen, und sich gleichzeitig auszubalancieren.

Das Ziel ist ein Sitz, der nicht nur „mittig", sondern lebendig ist. Durchlässig, elastisch und eins mit den Bewegungen des Pferdes werden kann.

MITTIG-NEUTRALER VS. AUSBALANCIERT-TIEFER SITZ

In der Reitkunst wird oft zwischen „mittigem" Sitz (technisch korrekt, anatomisch neutral) und einem ausbalanciert-tiefen Sitz (elastisch, harmonisch integriert) unterschieden:

◎ **In der Akademischen Reitkunst nach Bent Branderup** gilt der Sitz als primäre Hilfe. Er darf den Schwung der Hinterhand des Pferdes nicht stören. Der tiefe Sitz (oft als „einsitzen" oder „schwer sitzen" beschrieben) gilt als Ziel, um sich harmonisch mit seinem Pferd zu verbinden. Ein „tief einsitzender Reiter" integriert sich in die Bewegungen des Pferdes. Dabei unterscheidet er sogar 3 Sitzarten:

Physischer Sitz
dieser beinhaltet die blockadefreie Aufnahme der dreidimensionalen Schwingungen des Pferderückens in allen Gangarten und Lektionen, sowie das Erfühlen der Phasen der Gangarten und des Abfussens der tragenden Hinterhand

Statischer Sitz
dieser meint das gemeinsame Gleichgewicht von Pferd und Reiter bei Richtungs- und Tempiwechseln, wobei die Hinterhand unter den gemeinsamen Schwerpunkt treten muss.

Fühlender Sitz
dieser setzt voraus, dass der Reiter weiß, was er fühlt, die Stellung und Biegung, die Art und Weise, wie ein Pferd fusst, die Geraderichtung und den Grad der Versammlung. Dies spürt der Reiter an der Bewegungsantwort in seiner Bauch- und Beinmuskulatur.
(Bent Branderup Akademische Reitkunst, Cadmosverlag, Schwarzenbek 2013, Seite 24ff)

◎ **Centered Riding nach Sally Swift** verwendet innere Bilder, um diesen Sitz zu verstehen. Die Vorstellung von „Wellen" und „Wind" macht die Beweglichkeit des Beckens und die harmonische Anpassung des Körpers spürbar.

◎ **Im Westernreiten** beschreibt der „deep seat" einen entspannten, tief verankerten Sitz, der Kontrolle und Harmonie mit dem Pferd ermöglicht.

◎ **Biomechanische Ansätze** von Reiterinnen wie Uta Gräf und Susanne von Dietze betonen den Unterschied zwischen einem statisch-neutralen und einem dynamisch-flexiblen Sitz.

◎ **Tom Nagel** verbindet anatomische und energetische Ansätze. Ein tief ausbalancierter Sitz bedeutet nicht nur, im Schwerpunkt zu sein, sondern diesen Schwerpunkt mit seinem Pferd zu teilen. Sitzbeinhöcker „greifen" die Bewegungen des Pferdes auf, die Energie strömt durch den Körper, Pferd und Reiter verschmelzen in einen durchlässigen Bewegungsfluss.

FAZIT: BALANCE ENTSTEHT IM ERLEBEN, NICHT IM ERZWINGEN

Ein tief verbundener Sitz erfordert nicht nur korrekte Technik, sondern auch ein feines Körperbewusstsein und die Fähigkeit, mit Micro-Bewegungen des Beckens, den Bewegungen folgen zu können. Nur ein losgelassener Reiter kann in Harmonie mit seinem Pferd sein. ∎

Kopf und Nacken –
Teil des Lots

Kommen wir zu Kopf und Nacken. Viele Reiter übersehen den Bereich der Kopfhaltung. Doch dein Kopf ist nicht nur ein Körperteil, der „Oben drauf sitzt", er beeinflusst die gesamte Körperbalance! Ein verspannter Nacken kann deine Reitmechanik erheblich beeinträchtigen, oft ohne dass du es bemerkst.

URSACHEN VON NACKENVERSPANNUNGEN BEIM REITEN

Der „Kopfträger – falsche Position des Kopfes"
Viele Reiter schieben den Kopf unbewusst nach vorne (wie in der Schreibtischarbeit). Dadurch entsteht ein Ungleichgewicht in der Muskulatur- Nackenmuskeln, sie müssen den schweren Kopf kompensieren. Im Sattel führt dies zu einem instabilen Sitz, weil dein Gewicht nach vorne gezogen wird.

Unbewusste Muskelanspannung durch zu viel Konzentration und Kontrolle
Besonders in anspruchsvollen Lektionen neigen viele Reiter dazu, den Nacken unbewusst anzuspannen, um sich „zu fokussieren". Doch anstatt zu helfen, blockiert diese Spannung den gesamten Oberkörper – deine Einwirkung wird hart und unbeweglich.

Fehlhaltung durch Sehgewohnheiten und Blickrichtung
Manche Reiter schauen beim Reiten zu weit nach unten, auf Hals oder Kopf des Pferdes, anstatt in die Richtung, in die sie reiten möchten. Dabei merken sie nicht, wie sich ihr Oberkörper zu einem Buckel formiert. Sie reiten damit ihr Pferd auf die Vorhand, und blockieren seine Schulter. Andere starren in die Ferne, wodurch die Nackenmuskulatur fest wird.

Verbindung zur Zügelführung – Wenn der Nacken „gegen hält"
Ein verspannter Nacken zieht oft die Schultern nach oben, was zu unruhigen Händen führt. Ein festgehaltener Kopf kann dazu führen, dass du die Zügel unbewusst mit der Nackenmuskulatur „kontrollierst", anstatt die Einwirkung aus der fein abgestimmten Körpermitte zu lenken.

DIE RICHTIGE KOPFHALTUNG

- Die optimale Kopfhaltung ist flexibel und ausbalanciert.
- Dein Kopf balanciert natürlich auf deiner Wirbelsäule.
- Dein Nacken bleibt frei beweglich, ohne dass du ihn bewusst halten musst.
  Weder zu starr noch zu wackelig.
- Dein Blick sollte weich werden, und dem Flow der Bewegung folgen. Dann folgt auch das Pferd der Bewegung und dem Blick des Reiters.

ÜBUNG
Ins Lot schwingen

ZIEL DER ÜBUNG

Diese Übung hilft Reitern, ihren Oberkörper elastisch auszurichten, das Becken ins Lot zu bringen und die Sitzbeinhöcker stabil im Sattel zu verankern. Durch achtsame Pendel-bewegungen nach vorne und nach hinten findet der Körper seine eigene Mitte – ohne Anstrengung – durch eher spielerisches Erspüren.

SO FUNKTIONIERT ES:

1. Hinsetzen
Setze dich auf RISING STAR – hier können die Beine aushängen – oder auf einen stabilen Stuhl, wobei hier beide Füße flach auf dem Boden stehen.

2. Sitzbeinhöcker
Spüre, wie dein Gewicht auf deinen beiden Sitzbeinhöckern ruht. Bist du gleichmässig auf beiden Seiten – oder gibt es Unterschiede? Spüre genau hin, lass dir Zeit, und experimentiere mit kleinsten Bewegungsimpulsen. So lange, bis du das Gefühl hast, wirklich beide Sitzbeinhöcker links und rechts gleichmässig zu belasten.

3. Pendel
Beginne nun, leicht nach vorne und zurück zu pendeln – spüre, wie sich dabei dein Schwerpunkt verschiebt. Achte darauf, welche Muskeln du dafür anspannen musst und wann die Muskelbewegungen weniger gebraucht werden.

4. Weit vor und zurück
Übertreibe ruhig mal ein wenig mit den Bewegungen: Wie weit kommst du vor – und zurück, ohne dabei „umzufallen"?

5. Immer kleiner werden
Spüre, wie dein Gewicht auf deinen beiden Sitzbeinhöckern ruht. Bist du gleichmässig auf beiden Seiten – oder gibt es Unterschiede? Spüre genau hin, lass dir Zeit, und experimentiere mit kleinsten Bewegungsimpulsen. So lange, bis du das Gefühl hast, wirklich beide Sitzbeinhöcker links und rechts gleichmässig zu belasten.

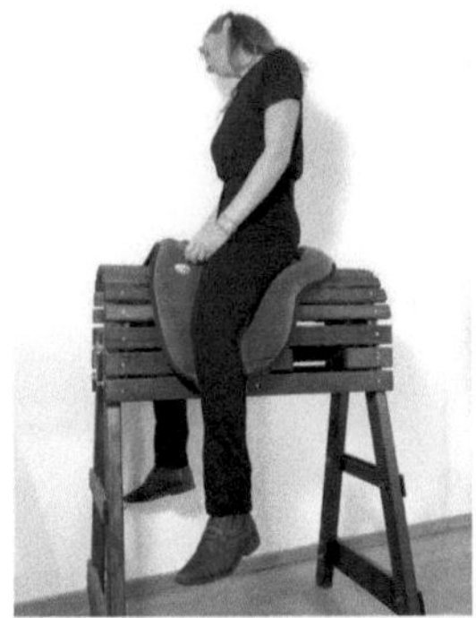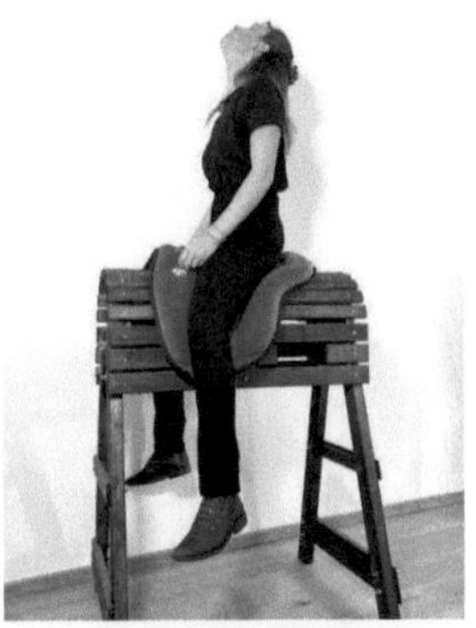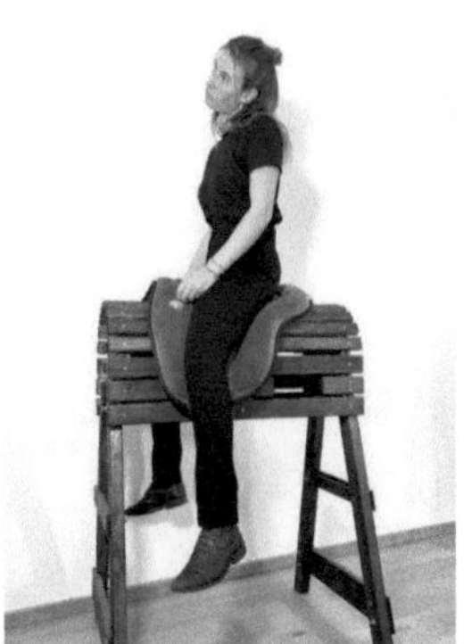

6. Der Billardball Kreisel

Stell dir vor, dein Kopf ist eine Billardkugel, die auf der Wirbelsäule wie auf einem Queue liegt.

Lass zuerst diese Kugel nach vorne rollen, dann auf eine Seite, vorsichtig rückwärts auf die andere Seite, und kreise nun vorsichtig, achtsam und langsam den Kopf in alle Richtungen.

Lasse die Bewegungen und Kreise dann immer kleiner werden, immer kleiner, bis die Kugel ganz von alleine auf dem Queue (also der Kopf auf der Wirbelsäule) in der Mitte zur Ruhe kommt.

7. Der unsichtbare Faden

Nun stelle dir vor, an deinem Scheitelpunkt ist ein imaginärer Faden befestigt, der dich in Richtung Himmel zieht und dich damit aufrichtet. Die Wirbelsäule richtet sich auf. Der Faden zieht dich leicht und mühelos nach oben.

Mit diesem Bild „wächst" jeder Reiter ein paar Millimeter bis Zentimeter in die Höhe, der Nacken streckt sich, die Schultern senken sich und die Kopf-Nackenpartie ist gelöst!

Während der Übung schwingt der RISING STAR durch das Anschwiegen der Klangschale (entweder direkt im Holzkorpus) oder der Schaki (am Boden unter dem Holzkorpus aufgestellt). Die sanften und gleichzeitig intensive Vibrationen verstärken das innere Körpergefühl und helfen, Blockaden in der Tiefenmuskulatur wahrzunehmen – und durch die Vibrationen aufzulösen. Viele Reiter berichten, wie sie schon nach wenigen Minuten den Klang „durch die Sitzbeinhöcker hindurch" nach oben, wie nach unten weiter in den Körper hinein spüren, von den Fußsohlen bis hoch zum Scheitel – und ihr Sitz sich automatisch ohne darüber nachzudenken, mehr in seine Mitte kommt und sich aufrichtet.

WARUM IST DIES ÜBUNG SO WERTVOLL?

◎ Der Reiter erfährt, wie sich Balance ohne Anspannung anfühlt – und wie er sie erreichen kann: Der Körper findet seine Mitte durch Bewegungsimpulse, nicht durch Kraft.

◎ Durch bewusstes Spüren sensibilisiert sich der Reiter für seine Sitzbeinhöcker – dadurch kann er jederzeit seine eigene Balance feiner wahrnehmen und korrigieren.

◎ Durch die Lot-Erweiterung in die Vertikale, über die Aufrichtung des Kopfes und das Spüren der Erdanziehung nach unten, richtest du dich leicht und mühelos im Sattel auf. Jetzt bekommst du diese natürliche Aufspannung, die dich im Gleichgewicht hält – ohne Anstrengung, aber mit Präsenz.

◎ Die Verbindung zum Pferd wird vertieft. Wer auf RISING STAR dieses Lot spürt, indem die Schwingungen durch seine vertikale Körperachse hindurch wandern, kann dieses Lot jederzeit auch in der Bewegung mit dem Pferd wieder abrufen. Das Körpergedächtnis hat diese tiefe Empfindung als Erfahrung abgespeichert.

Tipp: Diese Übung kannst du jederzeit – auch ohne Klangschale – auf einem Stuhl durchführen. ■

AFFIRMATIONEN

◎ Meine Wirbelsäule richtet sich mühelos auf – sie wächst mit jedem Atemzug länger und länger nach oben Richtung Himmel.

◎ Ich bin zentriert und in meiner Mitte. Mein Körper findet jetzt ganz von alleine seine Balance.

◎ Mein Körper kommt in sein Gleichgewicht – und ruht entspannt in seiner Mitte.

◎ (Alternativ: Ich komme in mein Gleichgewicht und ruhe entspannt in meiner Mitte)

3. Der Rücken

DER UNTERE RÜCKEN

Der untere Rücken – insbesondere der Bereich der Lendenwirbelsäule (LWS) spielt beim Reiten für Balance, Stabilität und Beweglichkeit eine zentrale Rolle. Durch gezielte Micro-Bewegungen in der Lendenwirbelsäule kann der Reiter dem Pferd feine Impulse geben, zum Beispiel bei Tempowechseln oder für die Versammlung). Es wäre schön, wenn wir den unteren Rücken bewusst einsetzen könnten, wie wir beispielsweise einen Arm heben. Doch: Wusstest du, dass die untere Rückenmuskulatur nicht bewusst angesteuert werden kann? Sie ist Teil der sogenannten autochthonen Muskulatur, auch bekannt als „tiefe Rückenmuskulatur" oder „Haltungsmuskulatur". Sie sorgt für die Aufrichtung, und verbindet die Dornfortsätze der Wirbel. Sie liegt direkt entlang der Wirbelsäule und ist Teil des sog. Rumpfkorsetts, das dich aufrecht hält und die Bewegungen abfedert. Gleichzeitig wird sie von den Spinal-Nerven durchzogen, sie arbeitet oft unbewusst und reagiert auf jede kleinste Haltungskorrektur.

Wir können den unteren Rücken nur indirekt ansteuern, durch unsere Beckenbewegungen, die Core-Aktivierung (zur Core- Muskulatur s.u.), unseren Atem, und unser Bewegungsbewusstsein (Propriozeption), indem wir wahrnehmen lernen, wie sich der untere Rücken bewegt.

Leider neigen Reiter oft dazu, den Rücken muskulär zu trainieren, um ihn mehr anspannen können. Dies hilft ihnen jedoch nichts, um lockerer und elastischer mit den Bewegungen mitgehen zu können! Zu viel Muskelkraft kann im Gegenteil zu weiteren Verspannungen, einem steifen Sitz und Schmerzen führen. Deshalb gilt: Eine gute trainierte Rückenmuskulatur muss zwar einerseits tonisch aktiv und stabil sein, aber zugleich auch flexibel und beweglich. Sowohl ein zu schlaffer, als auch ein zu fester Rücken führt zu Problemen. Nur wer seinen unteren Rücken bewusst wahrnehmen lernt, kann feiner und geschmeidiger reiten.

Ein guter Sitz entsteht nicht durch Festhalten oder Anspannen, sondern durch bewusstes Wahrnehmen und Zulassen von Bewegung.

Der untere Rücken arbeitet im Zusammenspiel mit den tieferliegenden Muskeln, der sogenannten Core-Muskulatur. Wenn wir dabei von „Core" sprechen, denken viele sofort an die Bauchmuskulatur. Doch der Core ist viel mehr als das. Es umfasst ein tiefes Muskelkorsett, das den gesamten Rumpf stabilisiert. Dazu gehört:

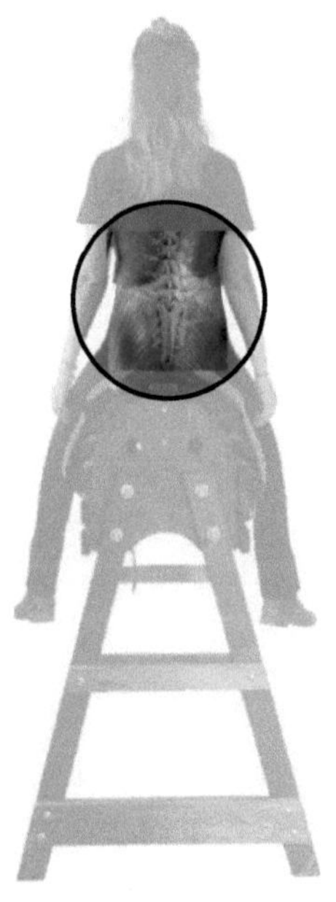

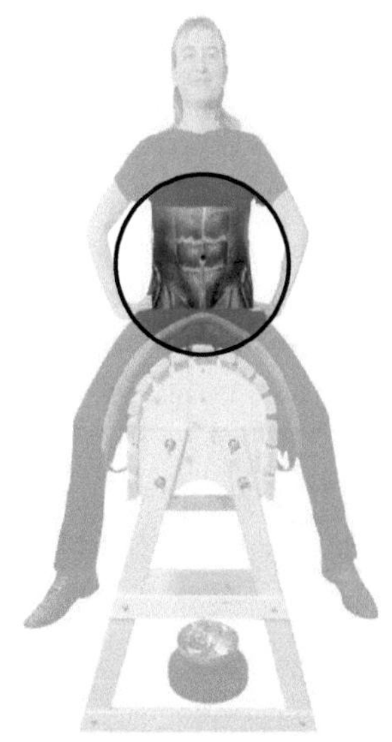

◎ Der **tiefliegende Rückenmuskel (m.multifidus)** der die Wirbelkörper stabilisiert.

◎ Der **„Rückenstrecker" (M. Erector spinae),** der entlang der Wirbelsäule verläuft und für die Aufrichtung sorgt.

◎ Der **tiefste Bauchmuskel (Transversus abdominis),** der wie ein inneres Korsett wirkt und eng mit dem unteren Rücken zusammen arbeitet.

◎ Der **tiefe Hüftbeuger (Psoas),** der eng mit der Lendenwirbelsäule verbunden ist, für Stabilität und Mobilität sorgt und als „Seelenmuskel" bezeichnet wird. Deshalb widmen wir ihm ein eigenes Kapitel und legen in der Klangmassage viel Beachtung auf ihn.

◎ Die **Beckenbodenmuskulatur,** oft übersehen, aber essenziell für die Stabilität von Becken und Lendenwirbelsäule.

Diese Muskeln arbeiten „im Team", sie sind unser „Stabilitätszentrum", allerdings können wir sie eben nicht direkt ansteuern. Sie reagieren reflektorisch, je nachdem wie wir uns bewegen oder atmen. Versucht ein Reiter nun, den unteren Rücken „festzuhalten" oder wie man früher oft im Reitunterricht gehört hat „das Kreuz anzuspannen", dann passiert oft das Gegenteil von dem, was wir wollen:

Verkrampfung
Das „Festhalten" führt zu Verspannung, die die Beweglichkeit einschränkt.

Fehlhaltungen
Es kommt zu einer Überkompensation in anderen Bereichen (Schultern, Nacken) um fehlende Stabilität auszugleichen.

Auswirkungen aufs Pferd
Das Pferd spürt die Starre und reagiert mit eigenen Blockierungen oder Verspannungen darauf.

Klassische Core-Übungen wie Planes oder Pilates sind sehr gut geeignet, den Rumpf zu festigen, doch beim Reiten geht es nicht um die statische Kraft, sondern um dynamische Stabilität und feinmotorische Kontrolle. Die Wahrheit ist: Beim Reiten möchte der untere Rücken einfach mit bewegt werden! Nicht kontrolliert. Gleichzeitig brauchen wir aber Stabilität, um uns im Sattel zu halten. Diese Stabilität kommt nicht durch das „Halten", sondern durch das feine intuitive Zusammenspiel der tiefen Core-Muskulatur und der inneren Balance, die immer wieder das Lot und den Schwerpunkt findet.

Mit der Reiterklangmassage können wir nun dort wirken, wo die bewusste Kontrolle versagt, im autonomen, reflektorischen Bereich des Körpers: Die Vibrationen der Klangwellen können die tiefen Schichten des Rückens durchdringen und Spannungen lösen, die wir oft nicht bewusst wahrnehmen. Dabei aktiviert die vertikale Klangmassage die Core Muskulatur indirekt, indem sie die feinen Ausgleichsbewegungen stimuliert, die für Stabilität sorgen. Zudem wird das Nervensystem durch die Vibrationen und wohlklingenden Obertöne angeregt, loszulassen, so dass die reflektorische Stabilisation wieder natürlich abläuft.

Im Format „die Welle" lernt der Reiter, nicht festzuhalten, sondern den Rücken „herzugeben", ihn nicht durch Anspannung zu halten, sondern wie ein Tänzer fließend anzupassen. Sally Swift spricht hier von der „weichen Kraft", einer Kraft, die nicht aus Muskelanspannung kommt, sondern aus einem losgelassenen, elastischen Gleichgewicht. Wenn wir den unteren Rücken mit den Vibrationen der Schaki lösen, dann schmelzen Verspannungen nur so dahin. Die Mitte bleibt dabei gleichzeitig von innen heraus stabil und aufrecht. Also im Lot, da wir vorher die Sitzbeinhöcker mittig platziert haben.

So braucht der Reiter viel weniger Kraft in Beinen und Armen – und der Sitz setzt sich wie von alleine in den tiefen ausbalancierten mittigen Sitz, die wir im vorhergehenden Kapitel (das Lot) beschrieben haben! Damit kann der Reiter erleben, wie sich echte Stabilität anfühlt, nicht als Spannung, sondern als Balance. Wir brauchen also einen durchlässigen unteren Rücken, damit der Sitz sich vertiefen kann. Mit der „Welle" wird dies möglich. ■

„Die Welle"
in der Reiterklangmassage

SICH TRAGEN LASSEN – NIEDERLASSEN – TIEF EINSINKEN – STABIL VON INNEN

Stell dir vor, du sitzt im Sattel und fühlst dich nicht nur stabil, sondern wirklich getragen. Nicht, weil du dich festhältst oder dich „hochziehst", sondern weil dein Körper sein ganzes Gewicht abgeben darf, und du dich wirklich – in deiner eigenen Körpermitte ausbalanciert – tragen lassen kannst. Du schwingst so von innen heraus stabil – in Balance. Weich, durchlässig, mühelos und sicher getragen. Genau dieses Gefühl entsteht bei der Übung, die wir „Welle" nennen, angelehnt an dem inneren Bild von Sally Swift.

Im Zentrum der Übung steht die Schaki, die Klangschale mit dem weichen warmen Schaumstoffkissen. Sie wird auf den unteren Rücken des Reiters gelegt und rhythmisch angeschlägelt. Die Vibrationen erzeugen eine sanfte Rückenmassage, und bahnen sich angenehm den Weg in die Muskeln, durch das Gewebe und Faszien. In Bereiche, die du nicht aktiv erreichen kannst.

Während die Schaki weiter vibriert, werden innere Bilder und Metaphern genutzt, um den Effekt der Entspannung zu vertiefen. Der Reiter muss dabei nichts tun, darf einfach nur sitzen, die Vibrationen und die warme Welle spüren. Folgende Metaphern intensivieren die Wirkung:

„Stell dir vor, eine warme Welle rollt jetzt sanft an deinen Rücken."

„Und dein Rücken darf sich nun wie auf einer Luftmatratze tragen lassen, die von den Wellen leicht hin- und her geschaukelt wird. Dabei kannst du tief ausatmen und dein Gewicht abgeben. Dich nieder lassen und dich tragen lassen…."

Diese inneren Bilder schaffen eine Verbindung zwischen Körper und Geist. Sie senden eine Botschaft an das Nervensystem: „Du musst nichts halten. Du wirst gehalten. Du darfst loslassen". In wenigen Minuten beginnt dann meist der Rücken sich ein klein wenig zu „wölben", als würde der Körper sich von selbst den Raum einnehmen, den er im Alltag oft einzieht. Der Sitz sinkt dabei tiefer in den Sattel, nicht durch Druck, sondern durch die Erlaubnis, sich tragen zu lassen. Die Beckenregion wird freier, mit dem Gefühl, nicht mehr gegen den Sattel arbeiten zu müssen oder auf dem Sattel zu sitzen, sondern sich wie in warmen Sand nieder lassen zu können. Der Sitz sinkt dabei merklich tiefer.

DER AHA-MOMENT

Nachdem der Reiter diese tiefe Entspannung erlebt hat, wird erneut die Klangschale von unten angeschlägelt. Die meisten Reiter spüren den Unterschied sofort: Die Klangwellen durchdringen den Körper viel tiefer, weil der Widerstand der Muskulatur und des Bindegewebes weniger geworden ist. Der Reiter fühlt sich durchlässiger, nicht nur im physischen Sinne, sondern auch emotional. Weniger Kontrolle, mehr Vertrauen. Das Gefühl des sich tragen Lassens bleibt erhalten, was ein völlig neues Körpergefühl im Sattel erzeugt:

TIEFER, OFFENER UND VERBREITETER SITZ

Ein entspannter unterer Rücken ermöglicht es, tiefer ins Pferd „einzuschmelzen", was den Sitz stabiler macht, ohne ihn zu versteifen. Der untere Rücken lernt, nicht zu halten, sondern zu vertrauen. Jetzt rammen die Sitzbeinhöcker nicht mehr gegen das Holz (oder den Pferderücken), sondern öffnen sich, so dass auch das Pferd jetzt seinen Rücken unter diesem Sitz entgegen wölben könnte.

EMOTIONALE SICHERHEIT

Loslassen bedeutet nicht Kontrollverlust, sondern sich sicher genug zu fühlen, um die Kontrolle nicht krampfhaft festhalten zu müssen. Der Reiter erkennt, dass echte Stabilität nicht von Anspannung kommt, sondern von der Erfahrung, dass es möglich ist, sich tragen zu lassen.

BESSERE KOMMUNIKATION MIT DEM PFERD

Das Pferd spürt die neue Qualität in der Verbindung meist sofort! Ein Reiter, der sich wirklich niederlässt und mitschwingt, statt zu „fest zu Klemmen" kann geschmeidig und schwungvoll getragen werden!

Die Übung „die Welle" ist keine Entspannungsroutine. Sie ist ein Dialog mit dem Nervensystem, ein sanftes „Anklopfen" an Bereiche deines Körpers, die normalerweise im Verborgenen sind.

In der Praxis geht es uns darum, dass der Reiter ins Fühlen kommt und dabei das Pferd in seinem Schwung wenig stört. So, als könne er mit seinen Bewegungen „mit-atmen". Wir achten darauf, dass der Reiter auch in Bewegung in seinem Lot bleiben kann. So nutzen wir das Bewusstsein um die Schwerkraft, die den Körper ganz von alleine nach unten zieht. Entgegen dieser Kraft richtet sich dann der Körper,

wie von den Klangvibrationen „getragen" leicht und mühelos vertikal auf – und in seinem Lot aus. Auch in der Bewegung. Gleichzeitig rutscht das Becken tief in die Unterlage hinein. Viele Reiter sitzen zwar schon vertikal mittig richtig ausgerichtet (s.u.), doch die Stabilität und Balance eines wirklich tief im Sattel niedergelassenen Sitzes ist unvergleichlich – und wird im 4. Bild deutlich. Erst hier, im Niederlassen, entsteht echte Verbindung mit dem Pferdekörper. Ein selbstverständliches IM, statt AUF dem Sattel Ankommen.

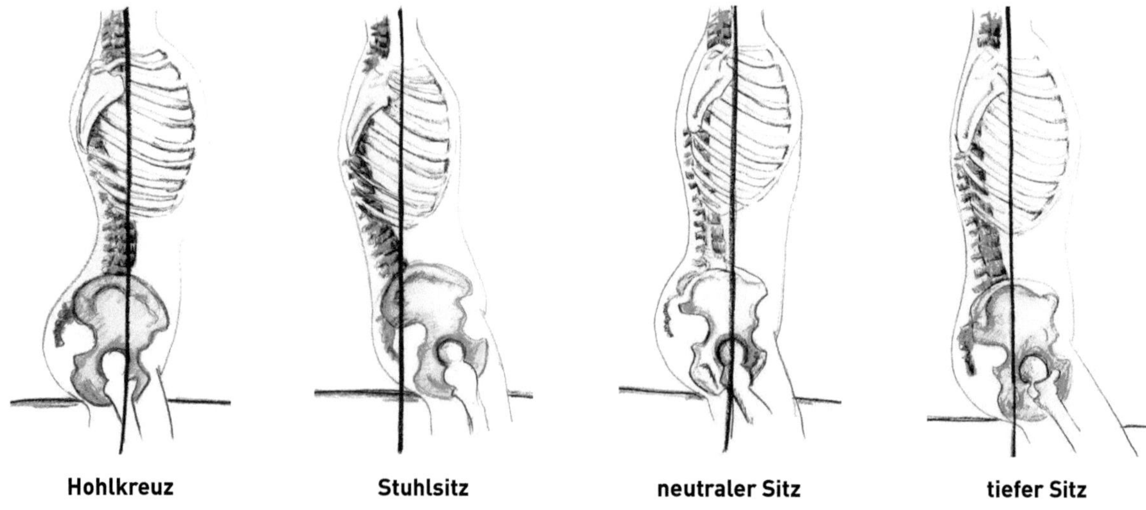

Vgl. Tom Nagel, „Zen und Reiten".
3. Ausgabe 2013. S. 261 ff

Hier können wir die kleinen aber feinen Veränderungen des vertieften Sitzes nach der „Welle" am echten Reiter erkennen (analog zu Zeichnung Nr. 3 und Nr. 4) ■

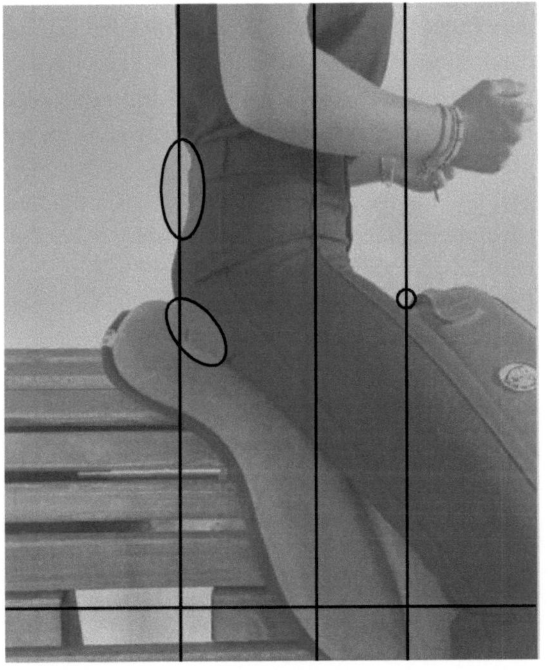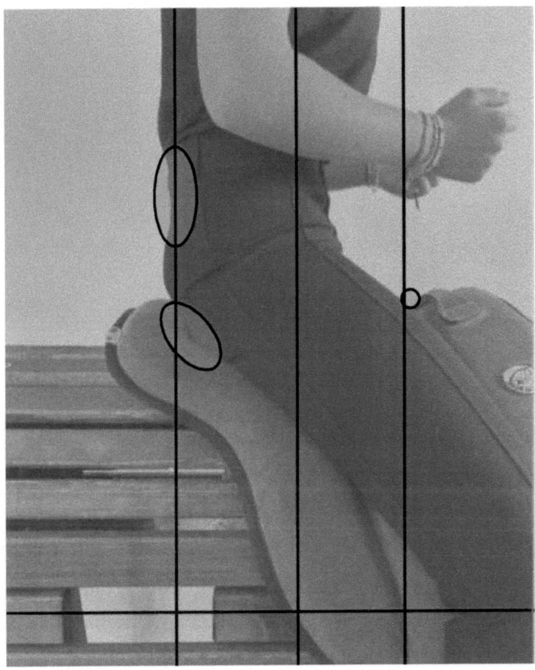

Der untere Rücken: links angespannt, rechts entspannter.
Das Gesäß: links höher – rechts mehr in den Sattel gerutscht.
Die Beine: links minimal höher, rechts die Beine werden länger.

ÜBUNG OHNE KLANGMASSAGE
Die Beckenwelle

FÜR MEHR BEWEGLICHKEIT UND
TIEFE STABILITÄT IM UNTEREN RÜCKEN

Diese Übung arbeitet auch ohne Klangschalen mit der Metapher der Welle. Sie hilft dir, die feinen Bewegungen deines Beckens und unteren Rückens bewusst wahrzunehmen. Sie verbessert die Mobilisation und Stabilität, ohne dass du dich anstrengst oder etwas „richtig" machen musst. Statt Muskelkraft geht es hier um sanften Anstoßen und Fühlen – genau das, was dich beim Reiten geschmeidiger in den Bewegungen machen kann!

Vorbereitung: Setze dich aufrecht auf einen stabilen Hocker, Gymnastikball oder einem Stuhl mit harter Sitzfläche (oder auf ein Holzpferd).

Deine Beine hängen locker herunter – oder stehen flach auf dem Boden, hüftbreit auseinander.
Dein Oberkörper bleibt locker, die Schultern entspannt.

1. Die Welle starten
Stell dir vor, dein Becken erzeugt eine kleine Welle, die langsam durch deine Wirbelsäule rollt. Kippe dein Becken ganz sanft nach vorne (Hohlkreuz) und dann langsam wieder zurück (Rundrücken). Spüre, wie sich dein unterer Rücken dabei leicht mitbewegt. Du kannst dazu deine beiden Hände, eine vorne auf deinen Bauch, eine auf deinen unteren Rücken legen, und mit den Händen „Zeuge" werden, für diese feinen Bewegungen, die du nun auf beiden Seiten deines Körpers wahrnehmen kannst.
Die Bewegung soll fließend sein – stelle dir eine ruhige Wasserwelle vor.

2. Die Bewegung verfeinern
Verkleinere nun die Bewegung allmählich, bis sie kaum noch sichtbar ist. Jetzt geht es nur noch um das feine Spüren. Wo beginnt die Bewegung? Wo endet sie? Kannst du wahrnehmen, wie sich dein unterer Rücken, dein Bauch und dein Becken dabei miteinander verbinden?

3. Die Welle auf die Atmung abstimmen
◎ Atme tief ein, während dein Becken leicht nach vorne kippt.
◎ Atme tief aus, währen dein Becken sanft nach hinten rollt.
◎ Spüre, wie Atem und Bewegung eine Einheit werden. Lass dir Zeit.

4. In den Flow kommen
Stell dir vor, dass dein Becken auf einer sanften Wasserwelle ruht. Sie bewegt dein Becken. Lass diese Bewegungen immer feiner werden, bis du fast nur noch das innere Schwingen spürst. Dein unterer Rücken wird nicht „gezwungen", sich zu bewegen. Du erlaubst ihm einfach, weich und elastisch zu sein.

WAS BRINGT DIR DIE ÜBUNG?

◎ Mehr Bewusstsein für deinen unteren Rücken in Verbindung mit deinem Becken.

◎ Sanfte Aktivierung der tiefen Muskulatur, ohne Kraftaufwand.

◎ Bessere Geschmeidigkeit beim Reiten, weil dein unterer Rücken und Becken feiner mitschwingen können.

◎ Mehr Stabilität, weil du die Verbindung zwischen Rücken und Bauch bewusst wahrnimmst.

Diese Übung kannst du jederzeit im Alltag machen – beim Sitzen auf dem Pferd oder einfach zwischendurch. Je öfter du sie anstößt, desto natürlicher wird die feine Wellenbewegung in deinem Körper. ■

AFFIRMATIONEN

◎ *Ich bin sicher, geerdet und tief in meiner Mitte verankert.*

◎ *Mein Becken ruht schwer und entspannt im Sattel*

◎ *Ich bin in Balance – zwischen vorne und hinten, links und rechts – in meiner Mitte stabil und frei zugleich*

◎ *Ich lasse mich im Sattel nieder – und gewinne dadurch Leichtigkeit. Das Pferd trägt mich – ich vertraue mich ihm an.*

◎ *Ich bin eins mit meinem Pferd – präsent, entspannt und mit meiner inneren Mitte verbunden.*

4. Die Klangdusche – mit Schaki

Dies ist eine Übung, die wir nicht nur auf dem Klangholzpferd, sondern auch stehend jederzeit durchführen können. Sie ist einer wichtige Basis-Übung des
vertikal-bahnenden Arbeitens, und wird durch die
Schaki zu einer „Klangdusche". Die Schaki mit ihrem
Schaumstoffkissen überträgt die Wellen sehr sanft,
wie eine Art „Seidentuch" auf den Körper des stehenden oder sitzenden Menschen.

Gerade am Ende eines anstrengenden Arbeitstages –
oder als Einstimmung in die Zeit mit dem Pferd –
eignet sie sich hervorragend. Man kann all den Stress
des Tages, alles was man nicht mehr braucht, ganz
einfach „abduschen" lassen. Die Übung gelingt auch
mit einer anderen Therapie-Klangschale, jedoch ist
die feine „Dusch-Wirkung" dann nicht gegeben.

Wie du sie korrekt anwendest, lernt du schon im Basis
digital Kurs „Reiterklangmassage – Level 1"

Im Folgenden möchte ich dir eine Übung zeigen, die
du auch ohne Schaki für dich und andere anwenden
kannst.

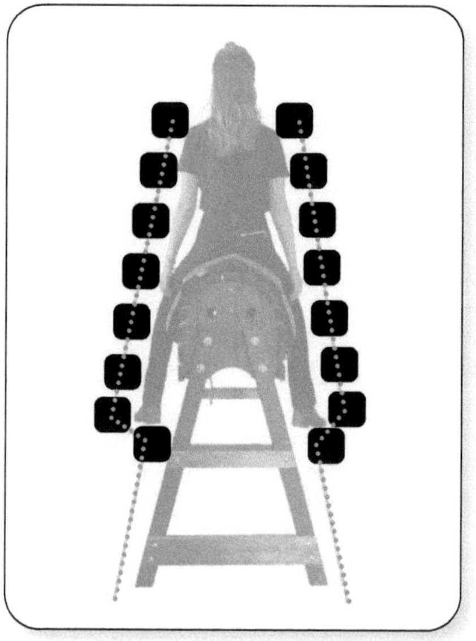

ÜBUNG OHNE KPC© SCHAKI
Die Klangdusche für Reiter

STRESS ABSTREIFEN – UND PRÄSENZ FINDEN

Jeder trägt den Tag in sich – Gedanken, Verspannungen, Emotionen. Doch bevor du aufs Pferd steigst, brauchst du Klarheit im Kopf und Lockerheit im Körper. Diese Übung hilft dir, den Stress des Tages symbolisch „abzuduschen" und dich bewusst auf das Reiten einzustimmen.

Durch das sanfte Abstreifen deines Körpers – direkt oder in einem Abstand von 5-10 cm kannst du verspannte Muskeln aktivieren, den Kopf frei machen und dein Nervensystem auf eine feine Wahrnehmung und Reaktionsfähigkeit vorbereiten.

Bild zur Übung: Stell dir vor, dass du unter einem sanften, klärenden Wasserfall stehst. Wie Tropfen, die über deine Haut laufen, und Anspannung mitnehmen, gleiten deine Hände über den Körper und helfen dir, mental und körperlich frei zu werden.

DURCHFÜHRUNG

Stelle dich aufrecht und stabil hin oder setze dich ebenso aufrecht und stabil auf einen Stuhl. Atme tief ein.. und wieder aus – und nimm wahr, wo du heute Spannung im Körper hast. Ohne zu bewerten, nur die Spannung im Körper registrieren.

Vorstellung aktivieren: Dann denke an das Bild von fließendem Wasser oder an eine sanfte Brise, die alles was du nicht brauchst, fortträgt.

1. Kopf & Nacken: den mentalen Ballast lösen

Beginne mit beiden Händen rechts und links über deinem Kopf und führe sie langsam entlang deiner Schläfe, des Hinterkopfes und Nackens nach unten zu deinen Schultern – Stelle dir dabei vor, dass du mit Hilfe von fließendem Wasser, das wie eine Dusche deinen Körper entlang strömt, auch den Gedankenstrom zur Ruhe bringst, und dein Kopf dabei klar und fokussiert werden kann.

Reitmechanik

Ein freier Nacken ermöglicht Einwirkungen mit der Hand und verbessert dein Gleichgewicht im Sattel.

2. Schultern & Arme: Spannung in Gelassenheit umwandeln

Streiche dann mit beiden Händen die jeweils gegenüberliegende Schulter über die Arme bis zu den Fingerspitzen und schüttle dann deine Hände einige Male kräftig aus. Lass alles Schwere, oder was du jetzt nicht mehr brauchst an stressigen oder anstrengenden Gedanken aus deinen Händen „heraus laufen".

Reitmechanik

Gelöste Schultern helfen dir, weiche Hände und eine elastische Verbindung zum Pferdemaul aufzubauen.

3. Brust, Rücken und Bauch. Stabilität und Flexibilität verbinden

Führe nun deine Hände an deiner Vorderseite von den Schultern beginnend über deine Brust, deine Rippen und Bauch bis zur Hüfte und wiederhole dies auch für deine Rückseite (so weit du kommst) und streiche auch den Rücken langsam über die Rippen bis zur Taille und Hüfte ab. Spüre, wie sich dein Rumpf mit jeder Bewegung stabilisiert, aber nicht versteift.

Reitmechanik

Eine bewegliche Rumpfmitte ist die Grundlage für feines Mitschwingen im Sattel.

4. Beine & Füße: den Körper erden

Setze die Bewegung über deine Oberschenkel, deine Unterschenkel bis zu den Füssen auf den Außenseiten deiner Beine fort. Stell dir vor, dass die reinigende Dusche auch hier alles, was sich lösen möchte, alles was du nicht mehr brauchst, allen Stress des Tages abgeduscht werden und durch deine Füße in den Boden fließen dürfen. So, dass deine Füße jetzt gleichzeitig stabil wie durch Wurzeln mit dem Boden verbunden sind – du bist geerdet und stehst fest und stabil auf dem Boden. Bereit für die Bewegung.

Reitmechanik

Eine bewusste Verbindung zum Boden verbessert deine Balance und verhindert unruhige Beine im Sattel.

5.Abschluss: In der neuen Haltung ankommen

Stehe kurz still, spüre nach: Wie fühlt sich dein Körper jetzt an? Nimm eine tiefe Einatmung, hebe dabei die Arme – dehne dich sanft – und lass beim Ausatmen deine Arme fallen. Wunderbar!

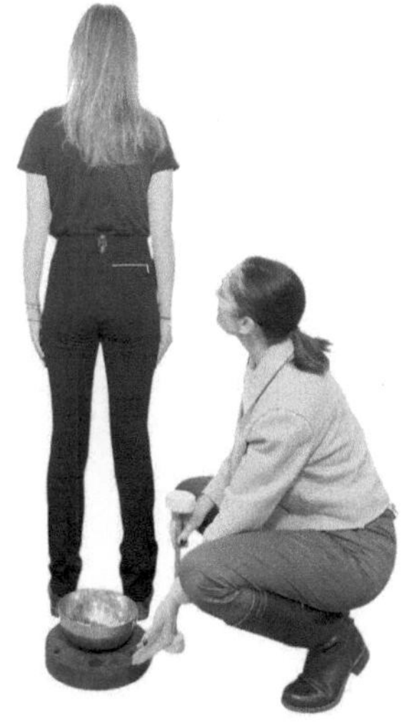

WANN IST DIESE KLEINE ÜBUNG SINNVOLL?

Vor dem Reiten

um bewusst loszulassen und in eine feine Körperhaltung zu kommen.

Nach einem anstrengenden Tag

um die Spannung des Tages nicht in das Pferdetraining mit zu nehmen.

Als tägliches Ritual

um deinen Kopf frei zu bekommen und dich bewusst in Präsenz und innere Gelassenheit zu bringen.

Merksatz zur Übung

Ich streife den Stress ab und werde beweglich. Alles, was ich jetzt nicht mehr brauche von anstrengenden stressigen oder belastenden Gedanken, darf nun wie in einer Dusche abgeduscht und abgewaschen werden. Ich bin frei für mein Pferd. ∎

NOCH MEHR TIEFE MIT DER SCHAKI – DEIN NÄCHSTER SCHRITT ZUR KLANGWAHRNEHMUNG

Diese Übung ist eine wunderbare Möglichkeit, dich bewusst zu entspannen, deine Körperwahrnehmung zu verbessern und Stress loszulassen. Selbst ohne Hilfsmittel. Doch mit der Schaki kannst du diese Erfahrung auf eine ganz neue Ebene bringen.

Die sanften Klangschwingungen der Schaki verstärken die Wirkung spürbar:

◎ die feinen Vibrationen helfen, noch tiefer loszulassen.

◎ Dein Nervensystem wird sanft reguliert – Spannung weicht, Gelassenheit entsteht.

◎ Die Verbindung zwischen Körper und Geist wird durch den Klang harmonisiert.

Möchtest du die Klangdusche mit der KPC© Schaki selbst erleben und lernen, sie anzuleiten?
Im Basis-Digitalkurs lernst du es Schritt für Schritt, und viele weitere Übungen zur Körperentspannung und Einführung in die kraftvolle Wirkung der Reiterklangmassage und Lockerung von Körperbereichen.

5. Die Fußsohlen –
der „sprudelnde Quell" der Balance

Ein besonderer Vorteil von RISING STAR ist die Möglichkeit, die Füße gezielt in die Klang-massage einzubeziehen – ein oft unterschätzter Bereich, der jedoch eine zentrale Rolle für Balance, Erdung und Aufrichtung spielt.

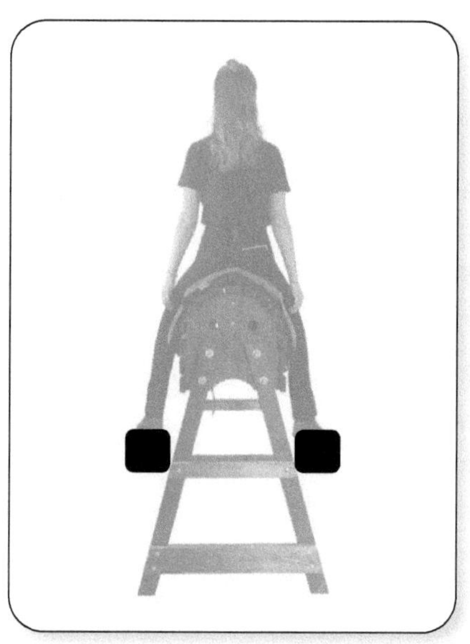

VIBRATIONEN VON UNTEN NACH OBEN:
DIE KRAFT DER SCHAKI

Durch die vertikale Körperhaltung und das freie Aushängen der Beine auf RISING STAR, können die Klangwellen aus der Schaki mühelos von den Fußsohlen aufsteigen und entlang der gesamten Körperachse wirken. Selbst durch dicke Schuhsohlen hindurch breiten sich die Vibrationen angenehm und wohltuend aus, fließen von den Füßen in die Beine und weiter nach oben in den Körper.

Die Schaumstoff-Resonanzscheibe der Schaki unterstützt diesen Prozess: Sie verteilt die Klangwellen gleichmässig und sanft über die gesamte Fußsohle. Die Schwingungen bleiben intensiv spürbar, ohne unangenehm zu drücken. Dies ist übrigens ein entscheidender Vorteil der Reiterklangmassage mit RISING STAR im Gegensatz zur klassischen Klangmassage im Liegen: Durch die vertikale Ausrichtung des Körpers mit frei hängenden Beinen, können sich die Klangwellen ungehindert nach oben hin ausbreiten. Der Körper wirkt dabei wie eine Art „Resonanzröhre", durch die die Schwingungen ungehindert nach oben fließen – bei durchlässigen Menschen von den Füssen bis zum Scheitelpunkt. Diese tiefe durchdringende Wirkung lässt sich in einer klassischen Klangmassage im Liegen nicht erreichen.

WARUM DIE FÜSSE SO WICHTIG SIND

Unsere Fußsohlen sind hochsensible Bereiche, ausgestattet mit einer Fülle von Nervenenden, Rezeptoren und Reflexpunkten. Durch die Klangmassage wird die Durchblutung angeregt, der Stoffwechsel aktiviert und das Körperbewusstsein geschärft Viele Reiter berichten, dass sie nach der Fuß-Klangmassage ein völlig neues Gefühl von Stabilität, Erdung und körperlicher Leichtigkeit empfinden.

DER „SPRUDELNDE QUELL" (NI1 PUNKT) – DAS TOR ZUR ERDUNG

In der Traditionellen Medizin (TCM) gibt es einen besonderen Punkt auf der Fußsohle: Der Nieren-1-Punkt (Ni1) auch bekannt als Yongquan – der „sprudelnde Quell". Er wird in der TCM für viele Beschwerden genutzt: zum Beispiel Kopfschmerzen, Schlafstörungen und Stressreduktion. Die Stimulation dieses Punktes kann positiv auf das gesamte Nervensystem wirken.

Wo findest du diesen Punkt an deinem Fuß? Er liegt im vorderen Drittel der Fußsohle, zwischen dem zweiten und dritten Mittelfußknochen, in einer kleinen Vertiefung. Tipp: Spanne den Fuß leicht an, der tiefste Punkt des Fußgewölbes ist der Ni1-Punkt. Spannend für Reiter: Das ist genau der Punkt, der beim Reiten optimal auf dem Steigbügel liegen sollte! Eine Korrekte Ausrichtung des Ni1 Punktes verbessert deine Balance im Sattel, stabilisiert deine Beinposition und lässt deine Füße im Steigbügel geschmeidig federn.

Wie findest du den N1 Punkt im Steigbügel?
Setze den Ballen deines Fußes leicht auf das Trittbrett des Steigbügels.
Spüre den Kontaktpunkt, an dem der Steigbügel sich unter dem Fuß so richtig stabil anfühlt, und gleichzeitig dein Gelenk nicht blockiert. Genau hier liegt der N1 Punkt!

ÜBUNG
Innere Bilder aktivieren

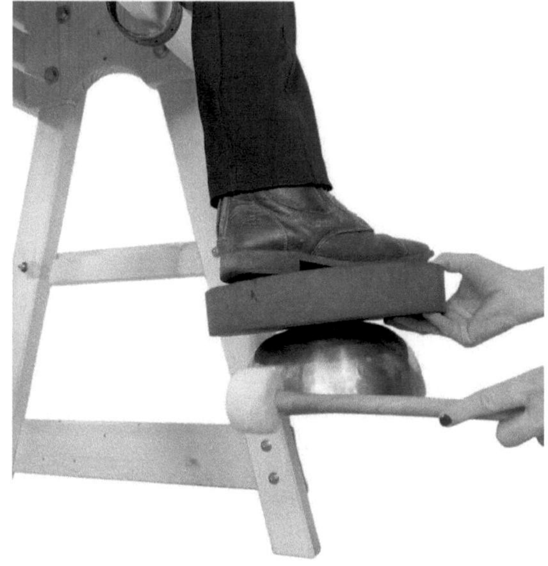

Hier kommen drei Vorschläge für innere Bilder, die du beim Reiten ausprobieren kannst. Nimm dir das, was dir spontan am meisten gefällt und probiere die Wirkung aus:

◎ Stell dir vor, dass dein Gewicht nicht „auf" dem Bügel lastet, sondern durch deine Fußsohlen durch den Steigbügel nach unten in den Boden weiter fließt.

◎ Stell dir vor, dass du den Steigbügel nicht herunter drückst, sondern dein Fuß darauf ruht wie auf einer weichen Wasseroberfläche. Wenn dein Pferd dich bewegt, lasse deine Ferse nicht „absinken", sondern schwingend nachgeben.

◎ Stell dir vor, du würdest Trampolin springen und mit jedem Schritt des Pferdes wippend die gleichen Bewegungen wie beim Trampolinspringen ausführen.

Durch das Aktivieren dieser inneren Bilder wird dein Fußgelenk beweglich und dein Sitz dadurch dynamischer. Du entlastest dadurch auch deine Knie und Hüfte, weil dein Bein nicht „festhält", sondern elastisch reagiert. Du entwickelst mehr Gefühl für dein Pferd, weil du feiner auf die Bewegungen eingehen und mitschwingen kannst. Dein Bein wird ruhiger.

Merke
Ein elastisches Fußgelenk beginnt nicht mit „tiefer Ferse", sondern mit einem durchlässigen Kontakt im Steigbügel – über den N1 Punkt, der dich mit der Bewegung verbindet.

1. Verankerung und Erdung

Der Ni1 Punkt ist nach den Lehren der TCM ein Schlüsselpunkt für das Gefühl von Stabilität. Durch die Klangmassage spürst du eine tiefe Verbindung zur Erde. Das innere Bild dazu: Stell dir vor, deine Füße sind wie die Wurzeln eines Baumes, die tief in den Boden hinein wachsen. Nicht nur du, sondern auch dein Pferd ist mit diesen „Wurzeln" verbunden – ihr steht und geht gemeinsam fest und sicher auf sechs Beinen."

2. Abfließen von Spannungen

Die Vibrationen helfen, Stress und Anspannung buchstäblich „abfließen" zu lassen.
Stell dir vor, wie unnötige Spannungen durch deine Fußsohlen in den Boden sinken. Gleichzeitig fließt frische Energie aus der Erde in deinen Körper zurück. Viele Reiter berichten, dass sie sich nach der Massage leichter, freier und gleichzeitig geerdeter fühlen.

3. Mentale Klarheit und Fokussierung

In der TCM heißt es, dass der Ni1 Punkt das „shen" (Herz-Geist) beruhigt. Das erklärt, warum viele Reiter nach der Fußmassage eine stärkere mentale Präsenz, innere Ruhe und ein Gefühl von klarer Fokussierung haben.

4. Verbesserte Durchlässigkeit und Beweglichkeit

Die Stimulierung der Fußsohle wirkt nicht nur lokal auf Füße und Beweglichkeit der Fußgelenke, sondern beeinflusst den gesamten Körper. Faszienketten entspannen sich , die Muskulatur wird geschmeidiger, und die Körperhaltung richtet sich fast von selbst neu aus. Denn: Verspannte Füße wirken wir ein Knoten in einem Netz – wenn du den Knoten löst, entspannt sich das gesamte System.

Der Zusammenhang von Füssen, Faszien und Reitersitz

Die Faszienketten, die den Körper von den Füßen bis in den Nacken durchziehen, beginnen oder enden oft an den Fußsohlen. Verklebte Faszien in den Füssen können sich bis ins Becken oder sogar in die Schultern „hochziehen". Durch die Klangvibrationen der Schaki werden diese Ketten sanft gelöst.

Das Resultat
◎ Mehr Beweglichkeit im gesamten Körper
◎ Ein freier, elastischer Reitersitz
◎ Ein besseres Körpergefühl – von den Zehen bis zum Scheitelpunkt

Ein guter Sitz braucht nicht nur ein bewegliches Becken – er beginnt in den Füssen!

Bevor du mit einem Pferd arbeitest, sei es vom Boden oder im Sattel, oder auch einfach um dich nach einem hektischen Tag zu sammeln – hilft es, dich bewusst zu erden. Diese Übung nutzt das Bild einer sprudelnden Quelle, um deinen Körper zu stabilisieren und dich zu vitalisieren.

DURCHFÜHRUNG

1. Deine Ausgangsposition

Stelle dich hüftbreit auf den Boden, Knie locker, lass deinen Atem ruhig kommen und gehen.
Spüre bewusst deine Fußsohlen – wie sie Kontakt mit dem Boden haben.

2. Das Bild der sprudelnden Quelle aktivieren

Stell dir vor, unter deinen Füßen entspringt eine klare, sprudelnde Quelle. Das Wasser steigt sanft in deinen Körper hinauf – erfrischend und vitalisierend.
Mit jedem Einatmen füllt sich dein Körper mit dieser lebendigen klaren Energie – mit jeder Ausatmung kann alles was du jetzt nicht mehr brauchst einfach durch die Fußsohlen an den Boden abgegeben werden.
Einatmen – Fische Energie kommt in deinen Körper und füllt ihn – Ausatmen: Verbrauchte Energie, und alles was du jetzt nicht mehr brauchst fließt in den Boden ab.

3. Feine Bewegungen zur Verstärkung

Wenn du möchtest, kannst du deine Fußsohlen dabei minimal hin- und herbewegen, um das Gefühl der Verbindung mit dem Boden noch stärker zu spüren. Bleibe für ein paar Augenblicke in diesem Gefühl der Frische und Stabilität.

4. Abschluss: In die Präsenz kommen

Stehe noch einen Moment still und spüre nach: Wie fühlt sich dein Körper jetzt an? Nimm dieses Gefühl von innerer Ruhe, Klarheit, Erdung und Vitalität mit in deine nächste Handlung – sei es mit der Arbeit am Boden oder im Sattel und lass dich überraschen, was sich dadurch alles ändert. ∎

AFFIRMATIONEN

◎ *Ich bin geerdet, zentriert und sicher.*

◎ *Aus meinen Füssen wachsen starke Wurzeln, die mich tragen und stabilisieren.*

◎ *Ich vertraue auf den Boden unter mir und gebe mein Gewicht ab. Der Boden trägt mich.*

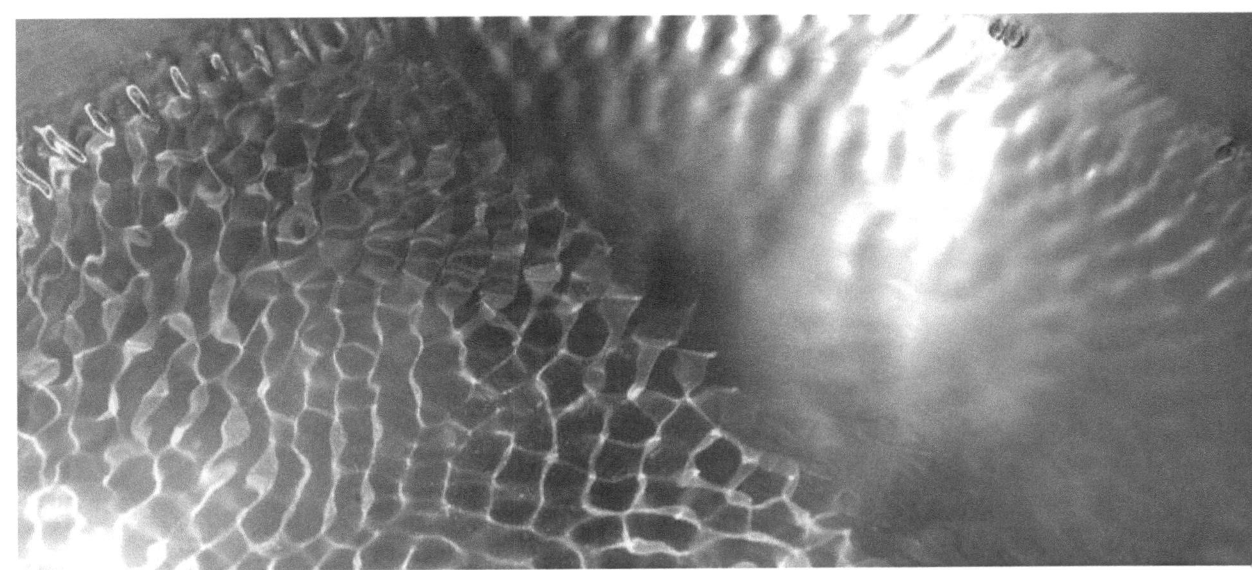

Hier kannst du die Übung
"der sprudelnde Quell" selbst erleben.
Wenn du tiefer gehen möchtest:
Im Basis-Modul "Reiterklangmassage" lernst du,
wie du die Übung selbst anleitest (z.B. mit Klienten
oder Reitschüler:innen), worauf du bei der Durch-
führung achten solltest, und wie du sie sinnvoll in
die Reiterklangmassage einbettest.

6. Die Knie –
Gelenke der Balance und
des Vertrauens

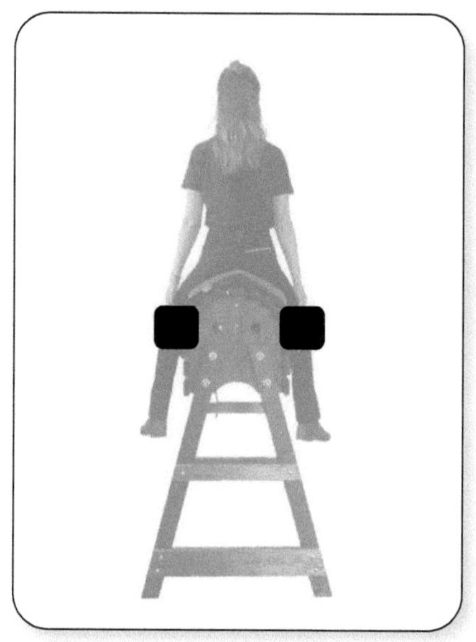

Die Knie spielen beim Reiten eine wichtige Rolle, denn sie sind nicht nur ein Gelenk, das „funktioniert", sondern ein komplexes Verbindungsglied zwischen „oben", den Oberschenkelknochen (Femur) und „unten", dem Schienbein (Tibia). Die Knie werden durch Muskeln, Faszien, Bänder, Menisken (Puffer aus Faserknorpel, die das Knie vor Stößen schützen) und die Kniescheibe (Patella) stabilisiert.

Das Kniegelenk ist ein „stilles Organ". Es meldet sich selten, wenn alles in Ordnung ist, aber umso deutlicher, wenn etwas nicht stimmt. Meist werden wir in solchen Fällen gebeten, genau hier an den Schmerzpunkten die Klangschale anzusetzen. Doch in diesen Fällen müssen wir unsere Reiter klar enttäuschen. Denn wir beherzigen ein sehr wichtiges Prinzip in unserer Arbeit, nach den Gütekriterien und Grundsätzen von Peter Hess:

MERKE

Klangmassage arbeitet niemals direkt an schmerzhaften Gelenken oder Geweben! Wir halten uns gewissenhaft an die 2 Gebote:

◎ keine direkte Anwendung auf schmerzenden Bereichen!
◎ Kein Versuch Schmerzen „wegzuschwingen oder zu -klingen"

Stattdessen arbeiten wir im gesunden, schmerzfreien Umfeld, um den Körper sanft zu unterstützen, ohne zusätzliche Reize zu setzen. Die Erfahrung zeigt, dass der Körper oft indirekt auf Klangmassage reagiert. Selbst wenn wir nicht direkt an ein schmerzhaftes Knie gehen, können die Schwingungen und Vibrationen über das fasziale Netzwerk, die Durchblutung und das Nervensystem die Selbstheilungskräfte anregen.
Hier leistet uns auch die Schaki sehr gute Dienste, da sie die Vibrationen eher in die Breite verteilt und nicht direkt auf eine Körperstelle fokussiert.

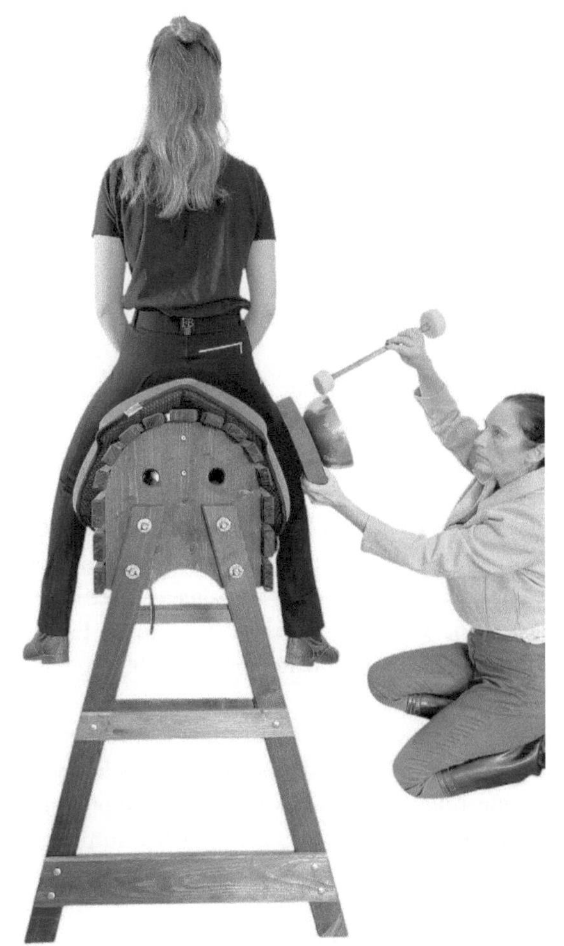

DAS KNIE ALS VERBINDUNGSGLIED

Die Knie verbinden Oberschenkel mit den Unterschenkeln – es sind Gelenke, die ständig zwischen Stabilität und Beweglichkeit vermitteln.

Stabilität
Es trägt unser Körpergewicht und sorgt für sicheren Stand.

Flexibilität
Es ermöglicht geschmeidige Bewegungen, sei es im Gehen, Sitzen oder Reiten.

Vertrauen
Das Knie steht symbolisch für die Fähigkeit, nachzugeben, ohne an Stabilität zu verlieren.

Auf RISING STAR wird die Klangmassage zur Sitzschulung am Knie sehr sanft und respektvoll eingesetzt. Die freie Hängesituation der Beine entlastet das Knie von Druck und macht feine Spannungen sichtbar.
Dabei können sich durch die Vibrationen vom Holzkorpus und durch Anwendung der Schaki rund ums Knie herum Spannungsmuster lösen, die oft unbemerkt den Bewegungsfluss blockieren. Oft setzen wir aber auch mehr an Oberschenkel oder Unterschenkel an. Da die Vibrationen sich wellenförmig im Gewebe ausbreiten, können sie die Selbstregulation aktivieren.

DIE KNIE BEIM REITEN

Im Reiten sind die Knie oft ein „Spannungs-Ansammler". Viele Reiter klemmen unbewusst mit den Knien, um Stabilität zu gewinnen. Nach der Klangmassage merken sie, wie weniger Klemmen mehr Balance bedeutet! Das Knie wird dann zu einem flexiblen Puffer, das die Bewegungen des Pferdes aufnehmen kann, anstatt dagegen zu halten. Dieser kleine, aber feine Unterschied verbessert Haltung, Einwirkung und Balance des Reiters maßgeblich!

Durch eine lockere Kniehaltung können wir den Bewegungen des Pferdes flexibel folgen. Das leicht gebeugte Knie wirkt dann wie ein Stoßdämpfer, und schützt die Gelenke, indem es die auf den Körper wirkenden Kräfte abfedert.

Das Knie hilft auch, das Gleichgewicht zu halten, indem Du dein Gewicht über die Knie gleichmässig auf die Steigbügel und das Pferd verteilst. Dabei sollte es keine Hauptlast tragen, der Schwerpunkt liegt auf Becken und Oberschenkeln!

In Kombination mit der Hüfte und Sprunggelenk, sorgt es für eine geschmeidige Verbindung zwischen Reiter und Pferd. Die Knie sollten mitschwingen können, besonders im Trab und Galopp. Eine zu lockere Kniehaltung kann wiederum dazu führen, dass der Reiter das Gleichgewicht verliert.

Knieschmerzen entstehen oft durch falsche Steigbügellänge oder eine verkrampfte Haltung, einseitige Belastung oder lang anhaltenden Druck. Auch Reiter unter Angst tendieren zu festen Knien und einer angespannten Haltung. Die sich wiederum auf das Pferd überträgt. Zu starkes Klemmen des Knies kann die Bewegungen des Pferdes blockieren oder negative Signale senden. Eine starre Haltung behindert die Bewegungen des Pferdes und kann Schmerzen verursachen.

Angst führt vor allem in den Knien und Becken zu unbewusster Muskelanspannung. Der Versuch „sich festzuhalten", um dadurch die Kontrolle zu behalten, führt zu festen Knien. Wird dabei auch noch (wie so oft!) der Atem angehalten, wird die Anspannung weiter verstärkt.

Die Knie sind nicht nur ein physisches Gelenk, sie symbolisieren oft auch Themen wie das Nachgeben können, ohne den Halt dabei zu verlieren, oder sie stehen für die Flexibilität im Denken und Fühlen. Spannung im Knie kann auch eine Reaktion auf emotionale Belastung sein.

Die Klangmassage hilft hier nicht, indem sie „am Problem arbeitet", sondern indem sie einen sicheren Raum für Loslassen schafft.

VERBINDUNG VON SCHWINGUNG UND REITGYMNASTIK

Klangschwingungen können selbstverständlich jederzeit mit gezielten Übungen aus der klassischen Sitz- und Reitgymnastik kombiniert werden. Die Kombination hat sich in der Praxis sehr wirkungsvoll erwiesen durch:

◎ **die verstärkte Körperwahrnehmung**
Die Vibrationen des Holzkorpus machen feinste Bewegungen und Spannungen spürbar, die sonst „unter dem Radar" bleiben.

◎ **Effizienteres Lösen von Blockaden**
Mikroverspannungen am Knie oder den umliegenden Muskelketten lassen sich durch die Bewegungen und Vibrationen zusammen leichter sanft auflösen.

◎ **Optimierung der Bewegungskoordination**
Die Übungen gewinnen an Intensität und Tiefe, weil der Körper durch die Vibrationen direktes Feedback erhält.

ÜBUNG
Auf dem Klangholzpferd

Folgende Übung wenden wir gerne auf dem schwingenden Klangkorpus an.

Mikro-Bewegungen – der Klang-Impuls für das Knie
Hier kann der Reiter erleben, wie kaum sichtbare Bewegungen das Knie entlasten – und das Gleichgewichts-System von innen verstehen.

Die Schaki wird an der Oberschenkelrückseite angelegt. Während sie schwingt, kann der Reiter minimal das Gefühl zulassen, als würde das Knie nun mikroskopisch nach vorne geschoben, und wieder losgelassen. Ohne sichtbare Bewegung, nur als innerer Impuls. Der Unterschenkel darf leicht vor- und zurück schwingen. Die Vibrationen helfen dabei, den Unterschied zu spüren: Wann ist das Knie in Balance, wann „hält" es unnötige Spannung?

Hilfreiche Fragen die wir stellen:
◎ *„Spürst du, wie dein Knie reagiert, wenn du ihm einfach erlaubst, zu schwingen?"*

◎ *„Was passiert, wenn du aufhörst, das Knie gedanklich festzuhalten?"*

◎ *„Stell dir vor, das Knie wäre eine Schleuse, und du könntest sie öffnen, so dass die Vibrationen leicht und mühelos durchfließen"*

Nach der Klangmassage und den Minimal-Impuls-Übungen berichten viele Reiter von oft recht großen AHA Momenten:

◎ *„Das Knie fühlt sich leichter an, obwohl es genau so viel „wiegt" als vorher – weil es weniger gehalten wird."*

◎ *„Die Beine liegen freier am Pferd", ohne dass aktiv Druck ausgeübt wird."*

◎ *„Meine Balance hat sich verbessert, weil meine Knie nicht mehr als „Anker" missbraucht werden, sondern als flexibles Gelenk ihre Rolle spielen dürfen."*

◎ *„Ich spüre sogar meine Kniescheibe! Die Knie kribbeln leicht und sind wie aufgeweckt, die Unterschenkel können frei vor- und zurück schwingen."*

Das Knie wird durch diese Arbeit vom „Problemgelenk" zu einem Spiegel für einen äußeren und inneren Gleichgewichts-Zustand. Keine Kraft – keine Kontrolle, nur Schwingung, Wahrnehmung, Loslassen und die flexible Stabilität ohne Anstrengung. Das ist der Moment, in dem der Reiter spürt:

„Ich muss mein Knie nicht festhalten. Es hält mich auch so."

Hier findest du ein paar klassische Übungen aus der Reitgymnastik, die du auch ohne Klangmassage für dich ausprobieren und anwenden kannst:

KLASSISCHE ÜBUNGEN AUS DER REITGYMNASTIK

Kreisende Bewegungen mit dem Knie, um es zu lockern. Zuerst im Uhrzeigersinn, dann gegen den Uhrzeigersinn. Halte die Bewegungen langsam und fließend, dadurch mobilisierst und lockerst du das Kniegelenk. Ziehe das Bein nach hinten, so dass die Ferse das Gesäß berührt. (Quadrizeps Dehnung)

Die Knie leicht (c.a 1-2 cm) vom Pferd weg heben und wieder locker zurück sinken lassen. Wiederhole die Bewegung mehrmals und achte darauf, dass deine Beine dabei entspannt bleiben. Die Muskeln rund um das Knie werden gelockert und bewusst entspannt.

Drücke deine Knie leicht gegen den Sattel (ohne zu klemmen) und lasse sie danach bewusst locker. Wiederhole die Übung mehrmals, um dein Bewusstsein für Anspannung und Entspannung zu fördern.

Beuge deinen Oberkörper leicht nach vorne und strecke deine Knie nach unten. Halte die Position für ein paar Sekunden, richte dich danach langsam wieder auf. Dadurch werden deine Knie gelockert und das gesamte Bein entspannt.

Atme tief ein und aus, während du dich auf deine Knie konzentrierst. Stelle dir vor, wie der Atem bis in deine Knie fließt – und wie sie sich bei jedem Ausatmen „Öffnen" und lockerer werden. Mit jedem Ausatmen werden sie lockerer und weicher...

Innere Bilder zu den Knien Stelle dir vor, dass deine **Knie wie „Schmetterlingsflügel" sanft am Sattel anliegen** und leicht und flexibel mitschwingen. Beobachte wie sie sich beim Ein- und Ausatmen leicht öffnen und wieder schließen.

Die Knie als Scharniere Perfekt geschmierte Scharniere können ohne Widerstand mitschwingen.

Schwere Beine – wie ein schwerer Mantel Stell dir vor, dass deine Beine schwer wie ein nasser Sand – oder wie ein schwerer Mantel locker von deinen Hüften nach unten hängen. Spüre bewusst, wie deine Knie weniger Druck auf den Sattel ausüben. Lasse beim Ausatmen deine Knie weicher werden.

Warmes Wasser um die Knie. Stelle dir vor, dass deine Knie von warmem Wasser umspült werden, das alle Anspannung wegträgt. Spüre, wie sie leicht und frei werden.

Knie atmen mit Stelle dir vor, dein Knie „atmet" mit der Bewegung des Pferdes mit. Es soll elastisch mitschwingen und keinen Druck ausüben.

AFFIRMATIONEN

◎ *Ich bin sicher.*

◎ *Mein Körper ist locker und entspannt.*

◎ *Meine Knie sind Teil der Bewegung, nicht im Widerstand.*

◎ *Ich bin mit meinen Knien locker mit dem Pferd verbunden. Sie sind stabil und weich wie ein Trampolin – sie federn jede Bewegung sanft mit.*

◎ *Ich erlaube meinen Knien, sich an die Bewegungen des Pferdes anzupassen.*

◎ *Die Bewegungs-Energie fließt frei durch meine Knie – nichts blockiert sie.*

7. Die Hüfte und das Becken – Zentrum des Reiters

Im Reiten ist das Becken der „Taktgeber" und gleichzeitig Zentrum der Bewegungen.

Viele Reiter haben Probleme mit ihrer Hüfte. Anatomische, muskuläre und bewegungstechnische Faktoren kommen oft zusammen. Beim Reiten müssen die Oberschenkel nach außen rotiert und geöffnet werden, was für viele Reiter ungewohnt und anstrengend ist. Die Hüftgelenke sind dabei die „Scharniere", die dem Becken erlauben, sich zu bewegen, während die Beine im besten Fall unabhängig mitschwingen. Ein lockeres und stabiles Hüftgelenk ist hier ganz entscheidend für einen geschmeidigen Sitz und Harmonie zwischen Reiter und Pferd. Bei jedem Menschen sind die Hüftgelenke in ihrer natürlichen Hüftstruktur (zum Beispiel die Tiefe der Hüftpfanne, die Stellung des Oberschenkelhalses) ganz unterschiedlich gebaut. Manche Menschen haben auch von Natur aus eine eingeschränkte Beweglichkeit.

In der Klangmassage „korrigieren" wir nichts, wir bieten einen vibrierenden Erfahrungsraum, in dem der Reiter erlebt, wie er sich von innen heraus neu organisiert, sobald die Schwingungen zugelassen werden können. Verspannte Hüften führen zu einem blockiertem Becken und einem harten Sitz, freie Hüften ermöglichen ein geschmeidiges Becken und eine feine Einwirkung.

Beides wird intensiv spürbar auf dem schwingenden Holzbock. Er ist wie eine neutrale Plattform, auf der der Reiter sein eigenes Bewegungspotential und seine Begrenzungen spüren kann, ohne dass es vom Pferd „kompensiert" werden muss. Hier laden wir ein, die Bewegungen durchaus mal zu übertreiben. Das Becken nach vorne, nach hinten zu kippen, den Rücken rund, ein Hohlkreuz machen, und den Körper ganz von alleine Bewegungen vollziehen zu lassen, die wir sonst niemals tun würden! Sich von innen heraus bewegen lassen – ohne Zeit- oder Bewertungsdruck den eigenen Körper von innen erkunden – und dabei das Becken als zentrale Schaltstelle wahrnehmen und wertschätzen.

Feinste Schwingungen können nun vom Becken wahrgenommen werden, die oft im Reiten durch Anspannung unterdrückt werden. Blockaden werden in kurzer Zeit, sehr präzise von Innen identifiziert, die den Bewegungsfluss stören. Da die Beine frei hängen, findet der Reiter sein Gleichgewicht aus der Körpermitte heraus, und nicht- wie oft unbewusst – über Klemmen oder Stützen mit den Beinen. Das erlaubt ein waches und intensives Hinspüren und präzises inneres Erleben.

Zum schwingenden Holz wird auch hier wieder die Schaki auf den unteren Rücken platziert. Tiefliegende Spannungen lösen sich von alleine, zum Beispiel im Bereich des Kreuzbeins oder des Iliosakralgelenks. Der Psoas entspannt (dazu mehr in Kapitel...), und die Aufrichtung der Wirbelsäule „passiert", ohne erzwungen zu werden. Wir sehen: Jeder Körperbereich ist mannigfaltig eingebunden in das Gesamtsystem Körper. Wir können keine einzelnen Bereiche getrennt voneinander „behandeln", das Gesamtsystem Körper reagiert und ordnet sich mit Hilfe der Vibrationen Schritt für Schritt autonom in eine funktionalere Ordnung.

Ein freies Becken bedeutet nicht, dass es „locker baumelt", sondern dass es dynamisch mit den Schwingungen des Pferdes mitschwingen kann, ohne Blockaden zu erzeugen. ■

DIE 6 HÄUFIGSTEN PROBLEME MIT HÜFTE UND BECKEN BEI REITERN SIND

1. Verspannungen im Hüftbeuger
Viele Reiter sitzen im Alltag viel, was die Hüftbeuger verkürzt und die Beweglichkeit einschränkt. Die Hüfte wird dadurch oft starr. Wer wenig Hüft-Rotation und -streckung trainiert, hat oft Schwierigkeiten, die nötige Beweglichkeit im Sattel zu erreichen. Das führt zu einem unharmonischen Sitz.

2. Beckenfehlstellung oder Beckenschiefstand
Viele Menschen haben leichte Asymmetrien im Beckenbereich. Gepaart mit schwacher Muskulatur und einseitiger Belastung, führt dies zu ungleichmäßiger Gewichtsverlagerung. Die natürliche Schiefe verstärkt sich und stört den Sitz.

3. Blockaden in der Lendenwirbelsäule
Steifer Sitz, schlechte Haltungsangewohnheiten und wenig Bewegung sorgen für Verspannungen, Schmerzen und Bewegungseinschränkungen. Aber auch Stress und emotionale Blockaden manifestieren sich häufig in einer verkrampften Haltung, Verspannungen und Blockaden im unteren Rücken- und Beckenbereich.

4. Schwache Gesäß- und Rumpfmuskulatur
Manchmal ist es auch „nur" ein Mangel an Training, der den Beckenbereich instabil werden lässt. Viele Reiter fokussieren sich nur auf das Reiten und vernachlässigen ergänzende Übungen für Mobilität, Stabilität und Kräftigung. Ohne Ausgleichstraining können sich muskuläre Dysbalancen und Einschränkungen entwickeln.

5. Starre Hüftgelenke
Wenn Hüftgelenke blockiert oder starr sind, leidet die Mobilität und die Möglichkeit, die Bewegungen des Pferdes mitzufühlen.

6. Verspannungen in der Oberschenkelmuskulatur
Bei manchen Reitern sind auch die Adduktoren (innere Oberschenkelmuskulatur) beim Reiten stark beansprucht und überlastet, was ebenfalls die Hüfte einschränken kann.

Umgekehrt führen Fehlhaltungen im Sattel wiederum
◎ zu einem steifen Sitz, da die Bewegungen des Pferdes nicht flexibel und geschmeidig aufgenommen werden können,
◎ zu einer einseitigen Belastung der Hüfte,
◎ zu übermäßiger Spannung in den Beinen.

8. Das ISG (Iliosakralgelenk)

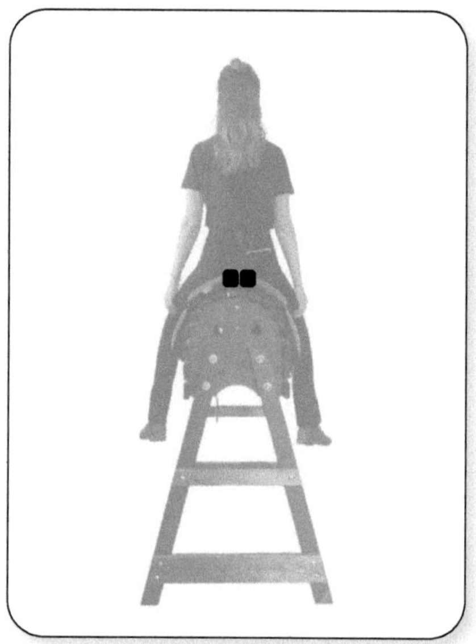

Viele Reiter sind sich des Iliosakralgelenks (ISG) und seiner Bedeutung oft gar nicht bewusst, weder in Bezug auf ihre eigenes, noch auf das ihres Pferdes. Die meisten setzen sich eher mit dem Rücken oder der Hüfte auseinander, ohne zu wissen, dass das ISG ein zentraler Dreh- und Angelpunkt für Beweglichkeit, Balance und Kraftübertragung ist. Das Wissen über das ISG wird jedoch immer wichtiger, da es bei Pferd und Reiter eine große Rolle für Gesundheit und Leistung spielt.

Probleme im ISG äußern sich oft nur indirekt, z.B. durch Rückenschmerzen oder Sitzprobleme beim Reiter – oder Lahmheit beim Pferd. Ohne gezielte Diagnostik bleibt das ISG häufig unbeachtet. Es liegt zwischen Kreuzbein (Os sacrum) und den beiden Beckenschaufeln (Os ilim). In diesem unteren Teil der Wirbelsäule ist es symmetrisch auf beiden Seiten des Körpers angelegt.

Obwohl es als „Gelenk" bezeichnet wird, hat es ganz besondere Eigenschaften, die es von anderen Gelenken im Körper unterscheidet. Es ist zum Beispiel nicht frei beweglich wie das Schulter- oder Hüftgelenk. es ist sehr stabil und hat nur eine minimale Beweglichkeit von einigen wenigen Millimeter bzw. Grad.

Es kann entweder nach vorne kippen – also zum Becken hin (Nutation), oder nach hinten – also vom Becken weg (Kontranutation). Diese beiden Bewegungen spielen eine wichtige Rolle bei der Kraftübertragung von Ober- und Unterkörper. Es trägt dazu bei, die Lasten der Wirbelsäule auf die Beine zu verteilen und Bewegungen wie Gehen, Laufen oder Reiten zu ermöglichen.
Das ISG ist gut innerviert, also mit Nerven versorgt, weshalb Dysfunktionen oft sehr schmerzhaft wahrgenommen werden.

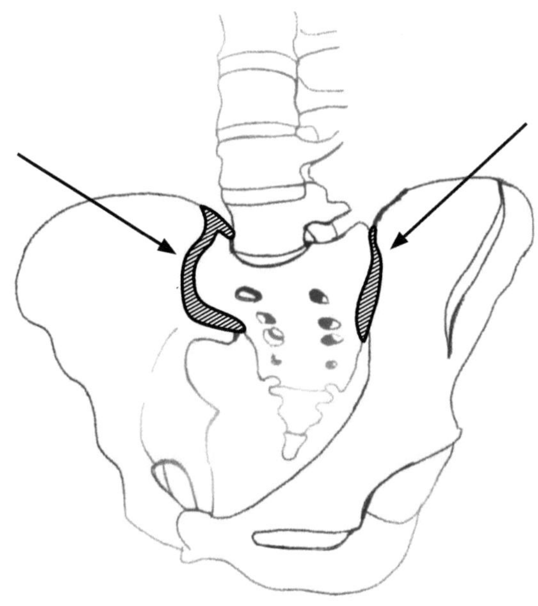

Die Gelenkflächen des Kreuzbeins und der Beckenschaufeln sind unregelmäßig und rau, was für Stabilität sorgt. Außerdem sind sie von einer dünnen Schicht
Knorpel umhüllt. Das ISG selbst ist von einer festen,
straffen Gelenkkapsel umgeben, die das Gelenk stabilisiert. Es ist von sehr starken Bändern gesichert, die
wenig Bewegung zulassen und dafür sorgen, dass es
sehr belastbar ist. Rund um das ISG befinden sich
viele Muskeln, die indirekt Einfluss auf das Gelenk
haben.

Trainiere deine Becken-Neutralität
Achte darauf: Ist dein Becken eher nach vorne ge-
kippt (Hohlkreuz) – oder nach hinten (Rundrücken)?
Nimm immer wieder bewusst eine neutrale Stellung
ein – sie bildet die Grundlage für einen ausbalancierten Sitz.

GRUND-ÜBUNG ZU DEN SITZBEIN-
HÖCKERN UND IHR BEZUG ZUM ISG AUF
RISING STAR

Die Grundübung des ins Lot schwingen wird hier
noch einmal aufgegriffen, und abgewandelt. Sie wirkt
von außen betrachtet erst einmal sehr unscheinbar,
hat es im Tun dann aber sehr „in sich". Die Effekte
sind erstaunlich.

Wir bauen zuerst über die Sitzbeinhöcker (s. S. Ins Lot
schwingen) den ausbalancierten Sitz auf dem Klangholzpferd auf. Dann gehen wir mit leichten Aufmerk-
samkeit-Übungen und arbeiten mit kleinen exakten
Bewegungsimpulsen am Fundament des Reitersitzes.

RISING STAR INSTRUKTION –
DIE INNERE UHR

Stell dir vor, du nimmst Platz und kannst dein
Gewicht nun voll abgeben. Lass dich nieder!
Dann spüre die Vibrationen unter den Sitzbeinhöckern: Sind sie auf beiden Seiten gleich? Gibt
es Unterschiede? Lasse nun deinen Körper ganz
von alleine sich auf den Vibrationen ausrichten,
bewege dein Becken und dein Gesäß in alle
Richtungen. Lass dich überraschen, welche
Bewegungen dein Körper heute hier auf RISING
Star ganz von alleine macht, ohne dass du dies
bewusst lenken oder kontrollieren musst. Lass
ihn einfach auf den Klangvibrationen tanzen.

Aus diesen Bewegungen heraus gehe nun ganz
bewusst und langsam in die Bewegungen eines
Zifferblattes einer Uhr über: So, dass du dich um
deine Sitzbeinhöcker herum, wie der Zeiger einer
Uhr von 12 Uhr über 1 Uhr, 2 Uhr, 3 Uhr und so
weiter ganz langsam klein und bewusst durch die
verschiedenen Uhrzeiten bewegst, um dann in
der Mitte anzukommen.

Spüre dann – so in der Mitte sitzend, was sich
ändert.

Mit solchen Übungsanleitungen wird es dem Reiter
möglich, seine Sitzbeinhöcker links und rechts, vorne
und hinten über die Belastungsverschiebung bewusst
zu spüren und zu erkunden. Die eigentliche Aufgabe
in dieser Übung besteht darin, sich auf dem vibrierenden RISING STAR ganz in seiner eigenen Zeit und
im eigenen Rhythmus experimentell bewegend noch
exakter als vorher in seine eigene, innerlich gefühlte
Mitte zu bewegen.

Unsere Erfahrung zeigt, dass dieses langsame, konzen-
trierte und bewusste experimentelle Ausprobieren sehr
wirkungsvoll ist. Der Körper des Reiters richtet sich
durch die Aufmerksamkeit auf die Sitzbeinhöcker und
die bewussten kleinen und langsamen Bewegungen
auf der „Vibrationswolke" in alle Richtungen, ganz
von alleine allmählich genau in seiner Mitte aus.

Dann kommt oft die große Überraschung: Denn genau in dem Moment, in dem der Reiter wirklich ausbalanciert in seiner Mitte, zwischen vorne und hinten,
rechts und links in eine stabile Balance zum Sitzen
kommt, werden die Schwingungen von RISING
STAR sehr viel intensiver wahrgenommen, als davor.
Sie „floaten" sowohl nach oben wie nach unten durch
den gesamten Körper hindurch.

Das fühlt sich für viele komplett neu an – und gerade
Reite mit viel Körperschiefe berichten an der Stelle
immer wieder, wie „schief" es sich jetzt (wo sie gerade sitzen) anfühlt , wie neu, und wie ungewohnt.
Und gleichzeitig sehr wohlig, da die Schwingungen
nun der neuen geraden Sitzhaltung recht geben. Sie
kommen beidseitig gleich stark durch. Spätestens hier
beginnen viele Reiter, einen tiefen Ein- und Ausatem-
zug zu machen. Spannung löst sich, ein wohliges im
eigenen Körper ankommen durchzieht mehr und
mehr den ganzen Körper.

Die Schwingungen des RISING STAR vibrieren nun
– im Körper mit neu ausgerichtetem geraden Fundament – beidseitig, und gleich stark durch die Sitzbeinhöcker hindurch in und durch das Iliosakral Gelenk.
Es kann sein, dass sich jetzt micro feine Blockaden
lösen.
Schmerzen nehmen durch diese Basis-Übung manchmal innerhalb von Minuten signifikant ab – parallel
dazu nimmt die Bewegungsfreiheit ebenfalls in sehr
wenigen Minuten oft signifikant zu.

AM ISG ZU ARBEITEN LOHNT SICH
DOPPELT, DENN

1. Ein funktionierendes ISG ermöglicht dir,
geschmeidig und ausbalanciert zu reiten.
Es reduziert Rückenschmerzen und hilft dir,
effektivere Hilfen zu geben.

2. Das ISG von Mensch und vom Pferd hängen
eng miteinander zusammen. Die Bewegungen
beeinflussen sich wechselseitig: Beim Reiten
bewegt sich der Rücken des Pferdes in rhythmischen Wellenbewegungen. Diese Bewegungen
werden durch die Sitzbeinhöcker, das Becken
und das ISG des Reiters aufgenommen. Ein
geschmeidiges ISG des Reiters ermöglicht es,
diese Bewegungen flexibel mitzugehen, ohne
das Pferd zu stören. Ein blockiertes oder un-
bewegliches ISG des Reiters kann hingegen die
Bewegungen des Pferdes hemmen oder sogar
Verspannungen im Pferderücken verursachen!

A. Hohlkreuz
Ein vorwärts gekipptes Becken (Hohlkreuz)
führt zu einem erhöhten Druck auf den Lenden-
und Kruppenbereich des Pferdes, wodurch
das ISG des Pferdes stärker belastet wird.
Dies kann beim Pferd zu Steifheit in der Hinterhand, Schwierigkeiten beim Galoppieren oder
in den Seitengängen, und auch zu Rückenschmerzen und Verspannungen führen.

B. Rundrücken
Ein nach hinten gekipptes Becken (Rundrücken)
blockiert die Beweglichkeit des Reiters und führt
dazu, dass das Pferd Bewegungen kompensieren
muss.

C. Schiefe
Wenn der Reiter schief sitzt, z.B. durch ein
blockiertes ISG oder asymmetrische Hüftmusku-
latur, überträgt sich diese Schiefe auf das Pferd.
Es wird versuchen, die Asymmetrien auszugleichen, was oft zu Verspannungen oder Blockaden
in seinem ISG führt.
Eine Schiefe des Pferdes kann sich aber
ebenso auf das ISG des Reiters auswirken,
da dieser unbewusst versucht, die Asymmetrie
auszugleichen.
Oft haben Reiter und Pferd „ihre" Schiefe auf
der gleichen Seite. Fest steht: Dysfunktionen in
einem der beiden ISGs stören diesen Rhythmus
und führen oft zu Kompensationsbewegungen.

Ein funktionierendes und bewegliches ISG beim
Reiter ist also die Grundlage dafür, dass das Pferd
sich frei und harmonisch bewegen kann. Regelmä-
ßige Übungen auf RISING STAR ermöglichen es,
diesen unabhängigen Sitz mit neutralem Becken zu
trainieren und zu pflegen.

ÜBUNG IM SITZEN
Hüftgelenk ausdrehen – die Hüfte öffnen

Sitze aufrecht und bewusst auf deinen Sitzbeinhöckern auf RISING STAR, einem Holzpferd oder einem richtigen Pferd.

Nun schwinge bewusst deine Beine abwechselnd nach vorne und hinten, aus deinem Hüftgelenk heraus. Das müssen keine großen Bewegungen sein.
Die Schwingungen von RISING STAR sorgen dafür, dass sich in Microbewegungen mehr und mehr Verspannung lösen kann. Oft berichten Reiter, dass sie plötzlich ihre Beine ganz anders spüren können. Manchmal ist es auch so, dass die Schwingungen im Bauchbereich spürbar sind, dann die Beine hinunter nichts zu fühlen ist und sich die Schwingungen erst wieder in den Fußsohlen bemerkbar machen. Hier werden die Blockaden und festen Gewebe-Bereiche sehr eindrucksvoll wahrgenommen. Ganz besonders, wenn dann durch die Bewegungen gepaart mit den Vibrationen plötzlich die Gelenke sich „öffnen" und die Vibrationen durchlassen. Das wird wie ein „Schleusen öffnen" erlebt! ∎

AFFIRMATIONEN

◎ *Ich sitze tief und geerdet – und gleichzeitig leicht.*

◎ *Ich vertraue meinem Körper und lasse mich nieder.*

◎ *Mit jedem Atemzug werden meine Hüften geschmeidiger.*

◎ *Ich bin fest verwurzelt – und gleichzeitig frei in meiner Bewegung.*

◎ *Stabilität entsteht in mir, indem ich loslasse.*

◎ *Ich bin im Gleichgewicht – stark im Zentrum, flexibel in den Bewegungen.*

◎ *Ich erlaube meinem Körper, den natürlichen Rhythmus von Stabilität und Flexibilität zu finden.*

ÜBUNG "FÜSSE HOCH"
Die Froschbewegung

Ziel der Übung
Lösen von Blockaden im Iliosakralgelenk (ISG), Öffnung der Hüftgelenke, Anregung der Durchlässigkeit im Beckenbereich, Förderung von Gleichgewicht und Losgelassenheit im Sitz.

Ausgangsposition
Setze dich in aufrechter Haltung auf das (Holz-)Pferd, auf dem echten Pferd ohne Steigbügel. Lass deine Beine locker hängen. Spüre deinen Sitz und das Gewicht auf deinen Sitzbeinhöckern.

Durchführung
◎ **Beine anheben:**
  Hebe nun beide Füße nach hinten oben an – so nah wie möglich Richtung Gesäß, wie ein „Frosch im Sattel". Die Knie bleiben tief, die Unterschenkel rotieren nach oben. Dein Körper bleibt aufrecht und entspannt.
◎ **Wippen und Atmen:**
  Erlaube deinem Becken, sich dabei sanft mitzubewegen. Oft beginnt es von selbst leicht zu wippen oder zu schaukeln – genau das ist gewünscht. Es ist kein aktives „Machen", sondern ein Geschehenlassen.
◎ **Wahrnehmung:**
  Spüre, wie sich dein Kreuzbein und ISG durch diese Position „entfalten". Oft entsteht ein Gefühl von Weite oder innerem „Loslassen" im unteren Rücken und der Hüfte.

Dauer
Halte die Position für 1–2 Minuten, so lange sie angenehm ist. Du kannst sie in kleinen Intervallen wiederholen oder in andere Übungen integrieren.

Nachspüren
Senke die Beine langsam wieder ab. Spüre nach: Wie fühlt sich dein Becken jetzt an? Hat sich etwas verändert?

Hinweis
Diese Übung wirkt besonders tief, wenn sie in Kombination mit Klangmassage, durch Vibration auf dem RISING STAR erfolgt. Achte immer auf dein Wohlbefinden – keine Schmerzen, nur wohltuende Dehnung und Loslösung.

AFFIRMATIONEN

◎ *Ich darf loslassen – mein Becken trägt mich.*

◎ *Mein ISG ist frei. Ich spüre meinen inneren Rhythmus.*

◎ *Ich vertraue dem Fluss der Bewegung.*

9. Der Psoas

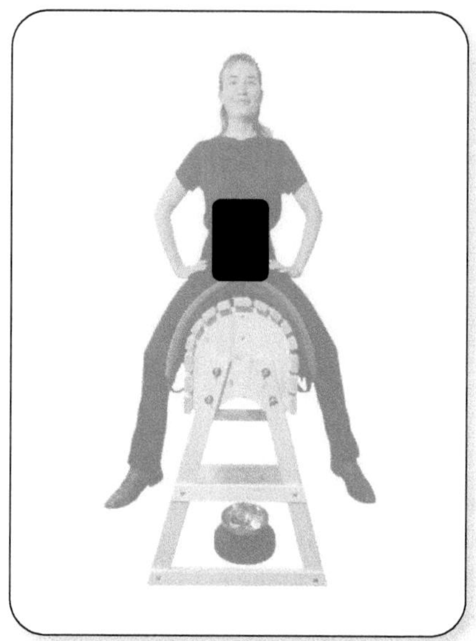

Der Psoas-Muskel, genauer gesagt der Musculus iliopsoas, ist ein tiefer, zentraler Hüftbeuge-Muskel, der als Verbindung zwischen Ober- und Unterkörper dient. Er besteht aus zwei Teilen: dem Musculus psoas major (großer Lendenmuskel) und dem Musculus iliacus (Darmbeinmuskel). Dieser zentral und tief in unserem Inneren liegende Muskel spielt eine ganz entscheidende Rolle bei Bewegungen wie Gehen, Sitzen, Stehen und bei der Stabilisierung des unteren Rückens, und daher auch beim Reiten!

Denn der Psoas ist nicht nur für Bewegungen wie das Anheben der Beine oder die Stabilisierung des Rumpfes verantwortlich, sondern auch für eine gute Körperhaltung und die Flexibilität der Hüfte. Als Verbindung zwischen Oberkörper und Unterkörper spielt er eine ganz entscheidende Rolle beim Reiten, da er für eine stabile, und ausbalancierte Haltung des Reiters sorgt.

Hier stabilisiert der Psoas den Reiter im Becken- und Lendenwirbelbereich. Der Psoas-Muskel des Reiters ist entscheidend für:

Stabilität im Becken

Er verbindet die Wirbelsäule mit dem Becken und den Beinen.

Flexibilität der Hüften

Er ermöglicht die Anpassung an die Bewegung des Pferdes.

Körperhaltung

Er ist wichtig für eine aufrechte, ausbalancierte Sitzposition.

Ein gut trainierter und gleichzeitig flexibler Psoas ermöglicht eine aufrechte Haltung, ohne übermäßige Spannung. Dadurch sitzt der Reiter sicher im Sattel, ohne das Pferd durch ungewollte Bewegungen zu stören.

MERKE

OHNE EINEN ENTSPANNTEN PSOAS
KEINE PRÄZISEN HILFEN!

Nur ein geschmeidiger Psoas kann dafür sorgen, dass der Reiter die Hüfte frei bewegen kann. Dies ist besonders bei feinem Reiten wichtig, wenn wir den Bewegungen des Pferdes in allen Gangarten nicht nur zu folgen, sondern auch klare feine Impulsen durch Gewichtsverlagerungen über den Sitz geben wollen. Ein verspannter oder verkürzter Psoas wird hier einem Hindernis für eine harmonische Zusammenarbeit. Oft zeigt sich das durch Beschwerden im unteren Rücken, der Hüfte oder dem Beckenbereich.

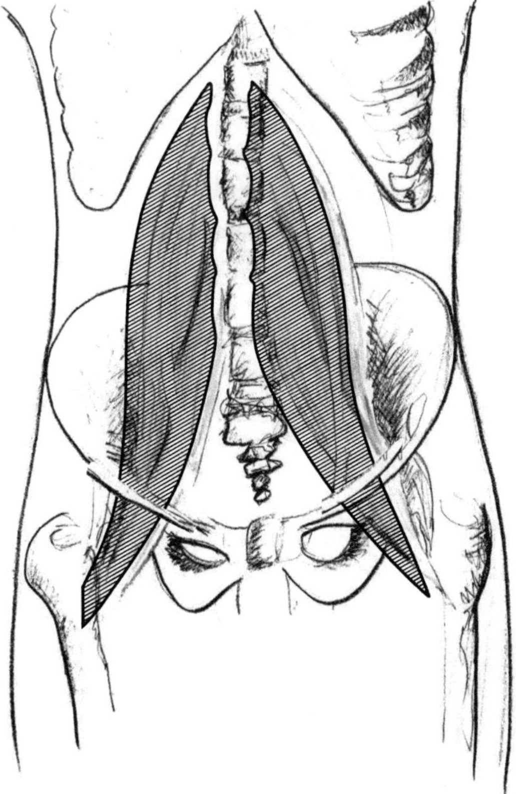

SYMPTOME EINES VERSPANNTEN PSOAS

◎ **Rückenschmerzen**
Besonders im unteren Rücken, da der Psoas an der Lendenwirbelsäule ansetzt.

◎ **Hüftschmerzen oder Steifheit**
Eingeschränkte Beweglichkeit in der Hüfte.

◎ **Beckenschiefstand**
Der Psoas kann ein Ungleichgewicht im Becken verursachen.

◎ **Schmerzen im Oberschenkel**
Ziehende oder drückende Schmerzen in der Leiste oder im vorderen Oberschenkel.

◎ **Verdauungsprobleme**
Da der Psoas nahe am Darm verläuft, kann er bei Verspannungen Druck auf die Verdauungsorgane ausüben.

◎ **Atemprobleme**
Ein verspannter Psoas kann die Zwerchfellfunktion beeinträchtigen, da beide miteinander verbunden sind.

PROBLEME MIT DEM PSOAS UND DEREN AUSWIRKUNGEN BEIM REITEN

Beim Reiten können folgende Symptome auftreten:

Steife Hüften
erschweren es, mit den Bewegungen des Pferdes zu fließen.

Hohlkreuz oder Rundrücken
durch eine unnatürliche Haltung des Beckens.

Schmerzen im unteren Rücken
durch einen verspannten Psoas. Dadurch wird die Lendenwirbelsäule belastet, was zu schmerzhaften Verspannungen führen kann.

Zu viel Druck in den Beinen
oft üben Reiter bei einem verspannten Psoas auch unbewusst Druck mit den Beinen aus, was das Pferd verwirrt oder stressen kann.

Sobald also ein angespannter oder verkürzter Psoas zu einer starreren Sitzhaltung führt, kann sich diese Starrheit auf das Pferd übertragen. Es bekommt dadurch selbst Schwierigkeiten, loszulassen und geschmeidig zu laufen. Wenn der Reiter spürt, dass das Pferd nicht vorwärts schwingt, versucht er möglicherweise, durch unbewusste Anspannung noch mehr Einfluss zu nehmen. Daraus folgt, dass er seinen eigenen Psoas zusätzlich belastet… Ein Teufelskreis entsteht.

Übrigens haben auch Pferde einen Psoas. Er ist zuständig für:

◎ die Rückenstabilität, indem er die Lendenwirbelsäule mit dem Becken verbindet,

◎ die Hinterhand-Aktivierung, er unterstützt die Flexibilität und Kraft der Hinterhand.

◎ die Vorwärtsbewegung: Indem die Kraft aus der Hinterhand nach vorne übertragen wird.

Ein angespannter Psoas beim Pferd kann zu Steifheit in dessen Rücken führen, was sich auf die gesamte Beweglichkeit auswirkt. Oft sehen wir eine verkürzte Schrittlänge und eingeschränkte Versammlung, viele Pferde können sich schlechter biegen oder versammeln, und weniger flexibel auf die Einwirkung des Reiters reagieren.

Wir wollen mit der Reiterklangmassage zur Entspannung des Psoas beim Menschen aus dem Teufelskreis hinaus führen und eine Art „Lösungsspirale nach oben" anregen: Denn ein entspannter und gleichzeitig aktiver Psoas unterstützt die subtilen Gewichtsverlagerungen und erleichtert uns, präzise Hilfen zu geben. Das Pferd kann dann sein eigenes Gleichgewicht besser halten und sich freier bewegen, wenn der Reiter zentriert und in Balance sitzt. Da Pferde so sensibel auf die Körpersprache und Energie des Reiters reagieren, ist die Arbeit am Psoas sehr effektiv! Letztlich lässt uns nur ein harmonisch arbeitender Psoas geschmeidig und von außen „unsichtbar" mit den Bewegungen mitgehen.

GRÜNDE FÜR EINEN VERKÜRZTEN /
VERSPANNTEN PSOAS

1. Langes Sitzen
Der Psoas ist ständig in einer verkürzten Position,
was zu chronischer Verspannung führen kann.

2. Stress
Der Psoas ist eng mit dem sympathischen
Nervensystem verbunden und reagiert auf
Stress, indem er sich anspannt („Fight-or-Flight-
Reaktion").

3. Einseitige Belastung
Ungleichmäßige Bewegungsmuster, z. B. beim
Sport oder Heben schwerer Lasten, können den
Psoas überfordern.

4. Schwache Bauchmuskulatur
Diese führt dazu, dass der Psoas für die Stabilisierung des Rumpfes übermäßig beansprucht
wird.

5. Fehlhaltungen
Ungünstige Körperhaltungen belasten den Psoas
zusätzlich.

PSOAS – DER SEELENMUSKEL

Der Psoas-Muskel wird oft auch als „Seele des Körpers" bezeichnet. Er ist eng mit unserem autonomen
Nervensystem und der Kampf- oder Flucht Reaktion
verbunden. Wenn wir gestresst sind, oder Angst haben, spannt sich der Psoas an. Dies geschieht in den
meisten Fällen völlig unbewusst. Über Jahre hinweg
kann das zu tief sitzenden Verspannungen führen.
Wenn wir diese Verspannungen lösen, führt dies oft
unvermittelt zu einem befreiten Gefühl. Ein entspannter Psoas vermittelt ein Gefühl von innerer Sicherheit, Stabilität und Leichtigkeit, als ob man buchstäblich loslassen kann.

ERWEITERTE ÜBUNG
Welle-Wind

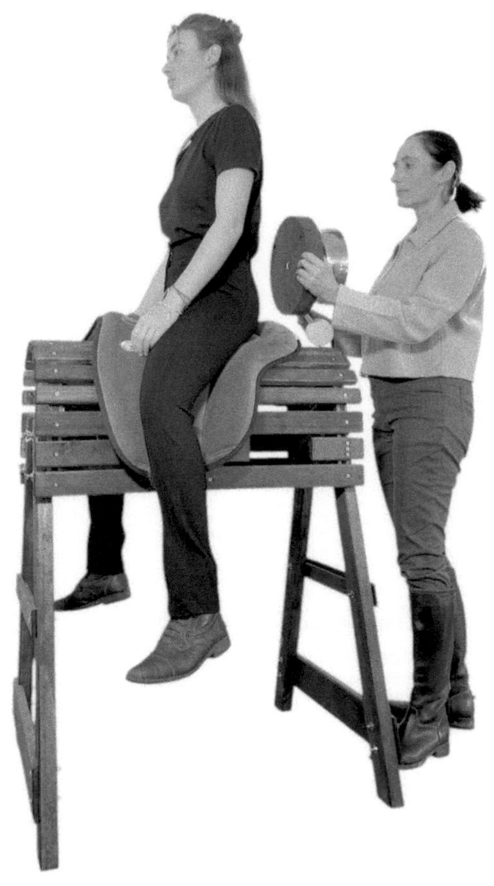

Hier sehen wir die spezielle Übung RISING STAR: Das Format „Welle & Wind". Hier wird die Schaki erst am unteren Rücken aufgesetzt und angespielt – die Vibrationen werden mit der Metapher einer warmen Welle verknüpft, die den Rücken umspült und gleichzeitig hält. Während der untere Rücken sich getragen von dieser „Welle" und den sehr angenehmen Vibrationen, Millimeter für Millimeter etwas mehr hinein entspannt, lässt der Psoas los. Tieferes Atmen beginnt. Tiefes Atmen löst Spannungen im Psoas, da dieser Muskel eng mit dem Zwerchfell zusammen arbeitet. Dann erweitern wir die Übung mit „Wind von vorne", so dass sich der Brustkorb weitet, Raum gibt für tiefes Atmen, und eine Befreiung der Schultern.

Diese Kombination aus Klang- und Vibrationswellen, dem langsamen und spürbaren Loslassen und sich vertiefenden Atmen führt dazu, dass sich der Reiter – nun auch äußerlich sichtbar" immer tiefer in den Sattel hinein setzt. Dieses o.g. Gefühl von innerer Sicherheit, Stabilität und Leichtigkeit kann er nun aktiv selbst fühlen, während er gleichzeitig nach oben „wächst", groß wird, sich aufrichtet und den Brustkorb öffnet.

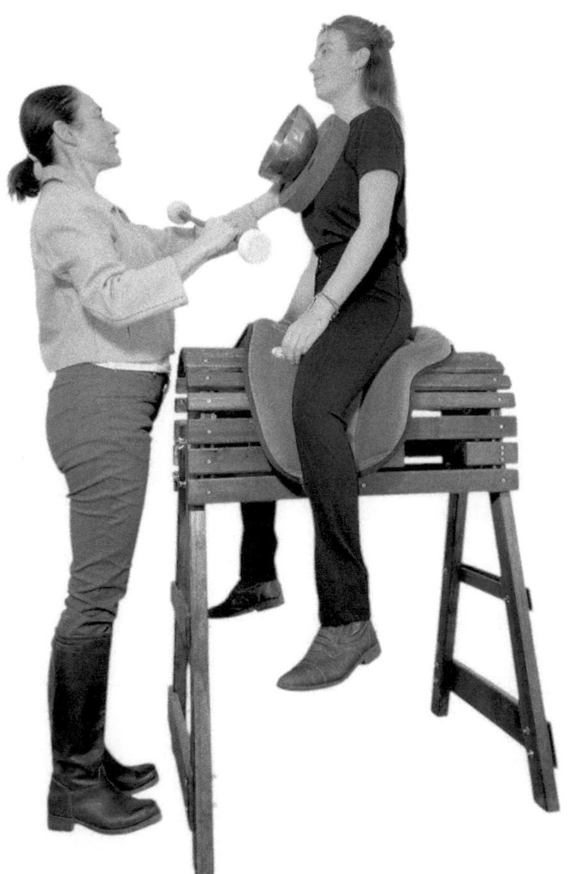

Das Interessante und gleichzeitig für uns jedes Mal aufs Neue Faszinierende ist, wie schnell sich der Sitz nur durch diese eine Übung positiv verändert! Wie nachhaltig diese Körpererfahrung für viele Reiter wirkt, zeigt sich darin, dass viele Reite oft noch Wochen, bis Monate später die Unterschiede zwischen dem „vorher und nachher"-Gefühl noch präsent haben. Es zeigt, wie sich diese tiefe und sichere Sitzhaltung im wahrsten Sinne des Wortes in ihrem Körpergedächtnis „eingeschwungen" und verinnerlicht hat. ∎

AFFIRMATIONEN

◎ *Ich lasse mich jetzt im Sattel nieder, gebe mein Gewicht ab – und lasse mich einfach tragen.*

◎ *Mein Beckenraum – und Bauchraum darf weich werden und im Einklang mit dem Pferd schwingen.*

◎ *Ich bin in meiner Mitte – und mein Körper darf sich elastisch und dabei frei bewegen.*

◎ *Ich darf mich niederlassen – und dabei tief ausatmen.*

10. Schultern und Nacken

Der Schultergürtel besteht aus Schlüsselbein, Schulterblatt und den dazugehörigen Gelenken. Er ist ein „freischwebendes System", das nicht fest mit dem Brustkorb verbunden ist, sondern von Muskeln und Faszien getragen wird.

Er erlaubt den Armen, sich unabhängig vom Rumpf zu bewegen, sorgt dafür, dass die Arme fein einwirken können, ohne dass der Reiter den Oberkörper verkrampft, und unterstützt die natürliche Aufrichtung, ohne dass der Reiter dafür die Schultern hoch ziehen muss.

Die Schulterblätter (Scapulae) sind dabei wie zwei kleine „Flügel" am Rücken. Sie bestimmen, ob der Brustkorb offen oder eingeknickt ist – und beeinflussen die Haltung der Arme. Dabei wird unsere Atmung direkt von den Schulterblättern beeinflusst:

Freie Schulterblätter + offener Brustkorb
▶ tiefe Atmung

Verspannte Schulterblätter + blockierter Brustkorb
▶ flache Atmung

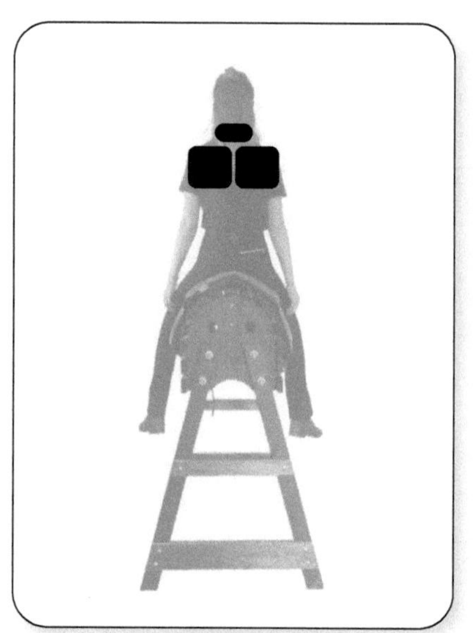

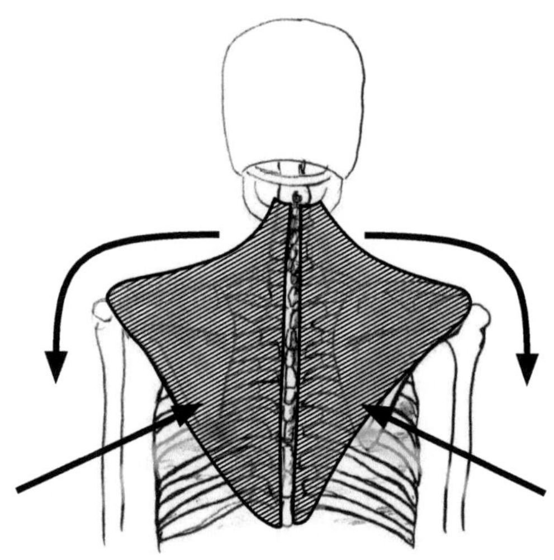

Die Stellung der Schulterblätter beeinflusst auch die gesamte Körperhaltung des Reiters. Ein gerader Schultergürtel hilft, den Oberkörper aufrecht und balanciert zu halten. Eine stabile, aber bewegliche Schulterblatt-Position ermöglicht eine ruhige und elastische Zügelführung, die essenziell für feine Kommunikation mit dem Pferdemaul ist.

Die Schulterblätter sollten mit den Bewegungen des Pferdes mitschwingen, insbesondere im Trab und Galopp. Dies fördert eine weiche, elastische Verbindung zum Pferdemaul und verhindert Spannung. Lockere und gut ausgerichtete Schulterblätter ermöglichen, dass die Hände unabhängig vom restlichen Körper arbeiten können, ohne das Pferdemaul zu stören. Auch die natürliche Aufrichtung wird durch sie stabilisiert.

**Eingezogene oder nach vorne
gekippte Schulterblätter**

führen zu einer runden Haltung (Rundrücken), die
die Balance und Bewegungsfreiheit einschränkt. Steife oder fixierte Schulterblätter führen oft zu harten
Armen und unruhigen Händen, sowie einem inkons-
tanten Zügelkontakt.

Zu hohe oder geklemmte Schulterblätter

erzeugen Verspannungen im Oberkörper, die sich auf
die Arme und Hände übertragen und das Pferd irritieren können.

Viele Reiter kommen mit typischen Schulterproble-
men in den Stall. Unsere Schultern tragen ja nicht
nur anatomisch, sondern auch sprichwörtlich oft eine
große Last. Lange Stunden am Schreibtisch, digitale
Arbeit, oder andere „Last auf den Schultern" durch
viel Verantwortung, Stress oder Themen, die es „zu
schultern" gilt. Der Schulterbereich ist daher oft auch
ein „Spiegel" unseres inneren Zustandes – hier zeigt
sich, ob wir verspannt, kontrollierend oder losgelassen
unterwegs sind.

Ein nach vorne gezogener Rund-Nacken oder kol-
labierter Oberkörper beeinträchtigen nicht nur die
Beweglichkeit, sondern auch die Feinfühligkeit im
Sattel. Die Arme werden steif, die Zügelführung wird
unruhig, und das Pferd reagiert entsprechend sensibel
auf diese Dysbalancen.

Einseitige Bewegungsmuster, die sich in Stallarbeit
oder Alltag eingeschlichen haben, strapazieren die

KAUGUMMI-ÜBUNG
Für mehr Weite, Leichtigkeit und Aufrichtung

Schulterpartie oft zusätzlich. Verspannte oder hochgezogene Schultern übertragen nicht nur Stress auf das Pferd, sondern verhindern auch, dass der Reiter locker und harmonisch mit dem Bewegungsfluss des Pferdes mitgehen kann. Genau hier setzen wir mit der Reiterklangmassage gezielt an.

Hier bietet die Schaki durch ihre runde Schaumstoff-Scheibe, die man über den Körper rollen kann, wunderbare Dienste. Der Nacken kann sanft massiert werden, und durch gezieltes Nachfahren der Schulterblätter wird die gesamte Region entspannt. Diese Kombination bewegender Vibration löst tiefe Verspannungen und führt zu einer aufrechteren Haltung.

Auf diese wohltuende Nacken- und Schultermassage baut die „Kaugummi-Übung" auf, eine Sitzschulungsübung für die Schulterpartie.

Diese Übung ist ein spielerischer Weg, um Verspannungen im Schultergürtel zu lösen, den Brustkorb zu öffnen und ein Gefühl von innerer Aufrichtung zu erzeugen, und das ganz ohne Anstrengung. Das Bild von „Kaugummis" macht die Bewegung nicht nur leicht verständlich, sondern aktiviert auch das Körpergedächtnis, so dass der Effekt nachhaltig spürbar bleibt und jederzeit beim Reiten wiederholt werden kann.

Der Reiter sitzt dazu entspannt auf dem (Klangholz)-Pferd, die Beine hängen dabei locker in der Luft. Der Rücken ist neutral ausgerichtet, ohne dass er aktiv gehalten wird.

Lege dann beide Hände locker auf deine Schultern. Stell dir vor, hier kleben zwei große zähe Kaugummis. Sie sind weich, elastisch und klebrig – und du willst sie jetzt langsam auseinander ziehen. Greife sie mit den Händen und beginne die Ellbogen seitlich anzuheben, als würdest du die Kaugummis von den Schultern weg ziehen. Die Arme strecken sich langsam nach oben, der „Kaugummi" zieht sich immer weiter in die Länge. Spüre dabei, wie sich der Brustkorb öff-

net und der Rücken lang wird. Wenn die Arme ganz oben sind, halte kurz inne. Spüre die Länge im Körper, von den Sitzbeinhöckern bis zu den Fingerspitzen. Stell dir vor, die Kaugummis sind jetzt maximal gedehnt. Lass dann die Ellbogen langsam wieder sinken, und danach auch die Unterarme. Achte darauf, dass du nicht einfach zusammen fällst, sondern die gewonnene Länge beibehältst. Nimm wahr, wie jetzt deine Schultern sich wie von selbst nach unten entspannen.

Spüre nach, und bemerke die Weite. Dein Brustkorb ist nun offener, deine Haltung aufrechter und du etwas gewachsen bist. Dies ist deine ganz natürliche Aufrichtung.

Diese Übung hilft Reitern auch zu einer verbesserten Zügelführung, weil die Arme aus einem entspannten Schultergürtel heraus agieren. Selbstverständlich wird sie auf RISING STAR mit einem schwingenden Holzkorpus und/oder einer unterstützenden Schaki durchgeführt. Entweder während der Übung, oder im vorher-nachher-Vergleich. ■

AFFIRMATIONEN

◎ *Ich reite nicht mit den Armen, sondern mit meinem ganzen Körper im Einklang mit dem Pferd.*

◎ *Meine Schulterblätter sind Engelsflügel – sie verankern die Zügelverbindung – und lassen meine Hände mit dem Pferd zusammen tanzen.*

◎ *Die Bewegung meines Pferdes fließt durch meine Schulterblätter in den Zügel, zum Maul und von dort wieder zurück in meine Schulterblätter. Ein Kreislauf entsteht.*

◎ *Ich fühle die Verbindung zu meinem Pferd leicht und fließend – niemals hart und unterbrochen.*

11. Die Arme, Hände und Handgelenke

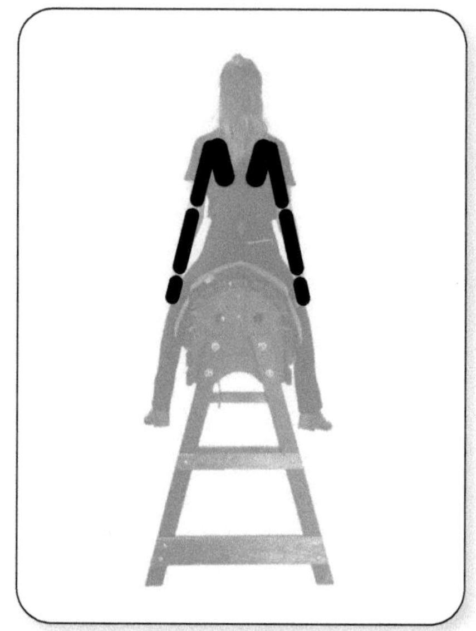

Die Hände werden oftmals unterschätzt beim Reiten. Sie sind ja nicht nur die „Zügelführer", sondern die Verlängerung des gesamten Reitersitzes. Die Art, wie wir unsere Hände halten, verrät viel über den inneren Zustand: Anspannung, Kontrolle, Loslassen oder Vertrauen.

Sie sind das letzte Glied einer feinen energetischen Kette, die vom Sitz über den Rücken und die Schultern, durch die Ellbogen und Handgelenke in die Fingerspitzen reicht. In den Händen zeigt sich oft, ob der Reiter wirklich im Gleichgewicht ist.

Weiche durchlässige Hände bedeuten, dass der Sitz stabil ist und das Pferd frei „atmen" kann. Feste, blockierte Hände sind oft ein Zeichen dafür, dass irgendwo im Körper Spannung kompensiert wird- meist im Becken, in den Schultern oder im Rücken. Hände sind dann oft ein „Abladeplatz" für innere Spannung. Wenn der Reiter sich unsicher fühlt, landet das meist als unsichtbarer Druck in den Händen.

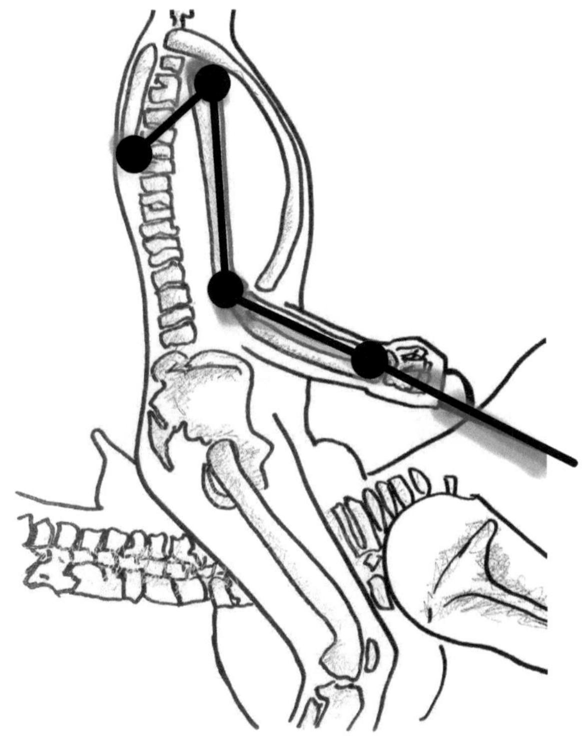

Die Hände sind nicht dafür da, um zu „halten", sondern um eine feine Verbindung zum Pferdemaul zu ermöglichen.

Doch die Zügelführung geht noch weiter. Der feine Bewegungsimpuls, der aus dem Nicken des Pferdekopfes in den verschiedenen Gangarten, Tempi und Versammlungsgraden entsteht, soll nicht in der Hand abgefedert oder blockiert werden. Stattdessen muss dieser Impuls durch die Zügel hindurchfließen, in die Hände, durch das Handgelenk, den Ellbogen, die Schultergelenke, bis hinein in die Schulterblätter, genauer gesagt bis zum untersten Teil, den sogenannten „Engelsflügeln". Von außen sieht dies fast still aus, doch in Wahrheit ist es die feine Schwingung, die durch den gesamten Oberkörper des Reiters bis in sensible Pferdemaul zurückschwingen darf.

Sally Swift beschreibt diese ideale Zügelführung mit dem Bild eines Gummibandes, das andauernd zwischen dem Pferdemaul & dem Pferdekörper – und den Händen & dem Reiterkörper fein gespannt ist. Es ermöglicht ein permanentes „Fragen" & „Empfangen" & „Geben" zwischen beiden Wesen. Achtsame Reiter neigen oft aus Angst dem Pferd im Maul zu ziehen und ihm weh zu tun dazu, die Zügel zu locker zu lassen. Dadurch verlieren sie die gleichmäßige Anlehnung, und die Zügel beginnen zu schlackern. Was für das Pferd unangenehmer ist, als eine sanfte, konstante Verbindung.

Wie können wir diese Idee des Gummibandes nun erlebbar machen?

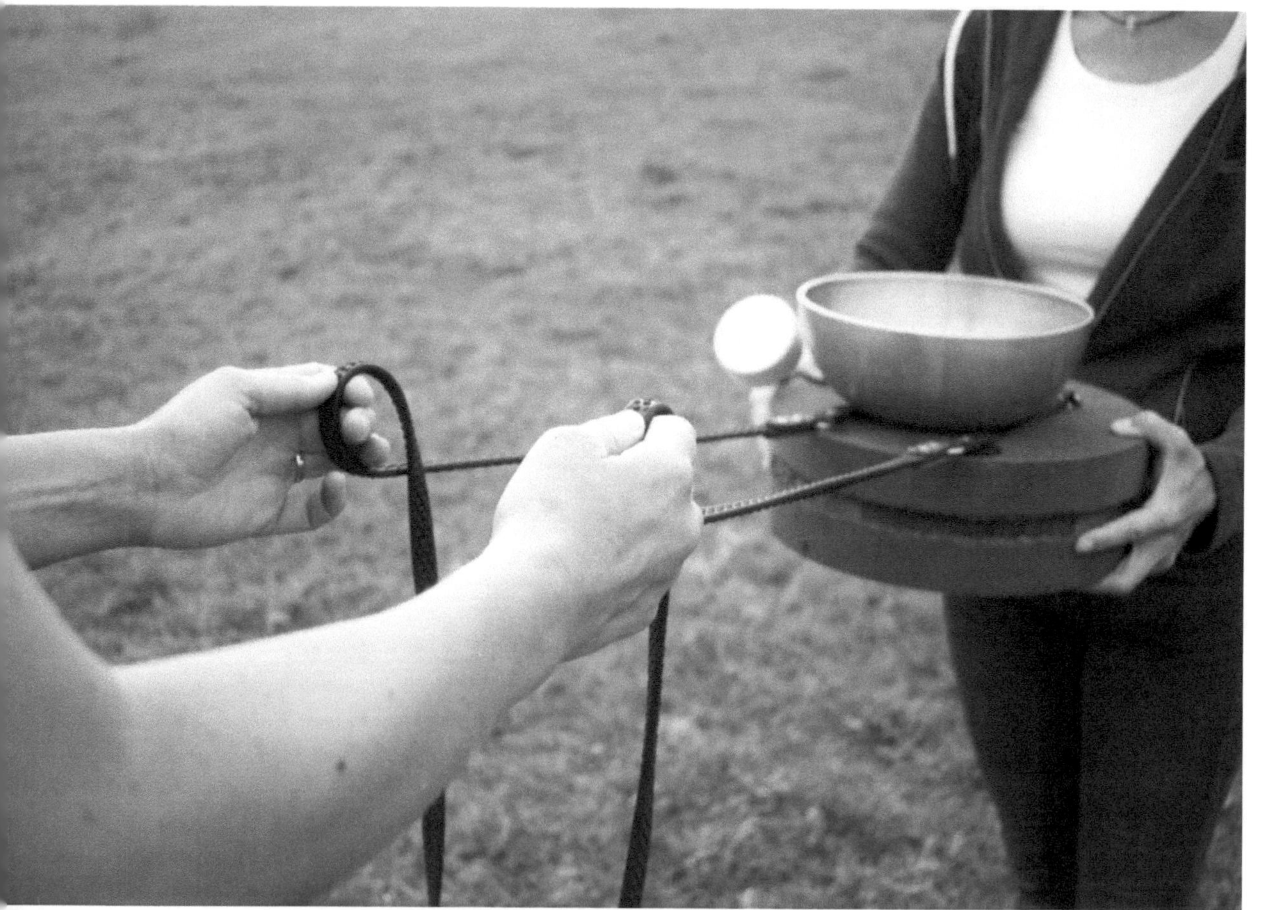

ÜBUNG 1

Mit Zügeln und Schaki

Hier repräsentiert die Schaki, mit ihrer Klangschale auf dem runden Schaumstoffkissen, das empfindsame Pferdemaul. Die Zügel werden passgenau um Klangschale gelegt, so dass sie den Kontakt repräsentieren, den der Reiter auch in der echten Verbindung mit dem Pferd hat.

Nun kann der Reiter die Zügel aufnehmen und durch leichtes Anspielen der Schaki die feinen Vibrationen spüren, die sich durch die Zügel bis in die Finger übertragen. Diese Vibrationen sind so fein wie die Signale, die das Pferd normalerweise sendet.

Diese Übung ist auch ohne Schaki, nur mit „Schwingen" der Zügel möglich, hierzu kann RISING STAR in Vibration gebracht werden, um die Wirkung lockerer Zügelführung im gesamten Körper zu erleben.

Nun folgt ein entscheidender Schritt: die Arme bewegen sich nicht aktiv, sondern der Reiter lässt sich vom Gegenüber passiv bewegen. Der Oberkörper bleibt aufrecht, während sich die Arme locker und unbeschwert den schwingenden Impulsen anpassen – vor und zurück – in einer elastischen, mühelosen Bewegung.

Dieses passive Mitgehen lockert nicht nur Hände und Arme, sondern den gesamten Schulterbereich bis zu den „Engelsflügeln" – also den unteren Spitzen der Schulterblätter. Die Vibrationen fließen nun ungehindert durch den Reiter, statt irgendwo blockiert oder festgehalten zu werden. Genau diese Durchlässigkeit führt zum großen Aha-Moment: Die Zügelführung ist kein Halten oder Festhalten mehr, sondern ein sanftes, elastisches und gleichzeitig stabiles Fließen von Impulsen zwischen Reiter und „Pferd".

So können wir das besagte Gummiband spannen und Kommunikation ermöglichen!

MUSKELKRAFT VS. FEINE VERBINDUNG – DIE WIRKUNG AUF DAS PFERDEMAUL

In der Zügelführung, der direkten Verbindung zwischen Reiterhand und Pferdemaul, entscheidet die Qualität dieser Verbindung darüber, ob sich das Pferd vertrauensvoll anlehnt oder gegen die Hand verspannt.

Hier sehen wir im Vorher-Nachher-Vergleich (bitte nur auf die Zügelführung achten, wir separieren auf RISING STAR manchmal Hilfe für Hilfe, um dem Körper Schritt für Schritt die verschiedenen Körperteile lösen zu lassen):

**Das Bild zeigt eine mit Muskelkraft
gehaltene Zügelführung: Halt durch Kraft**

Wenn der Reiter die Zügel nur durch seine Muskelkraft hält, passiert folgendes:

◎ Die Hände werden fest und statisch, weil der Reiter bewusst „halten" will.

◎ Das Pferd bekommt starre, unnachgiebige Signale, die es entweder zum Gegenspannen oder Meiden bringt.

◎ Ein festes Handgelenk verhindert feine Impulse – stattdessen wird die gesamte Hand zur starren Barriere.

◎ Die Verbindung ist mechanisch, nicht kommunikativ, das Pferd fühlt nur Druck aber keine feine Information.

Wenn das Handgelenk nicht nur fest ist, sondern auch noch einknickt, wird

◎ entweder die Zügellinie verkürzt.
Die Handrücken wölben sich nach außen,

◎ oder der Kontakt wird unterbrochen.
Die Hände kippen nach vorne und geben unkontrollierte Signale.

Hier die Zügelführung „Muskelkraft vs. feiner Verbindung" noch einmal im direkten Vergleich:

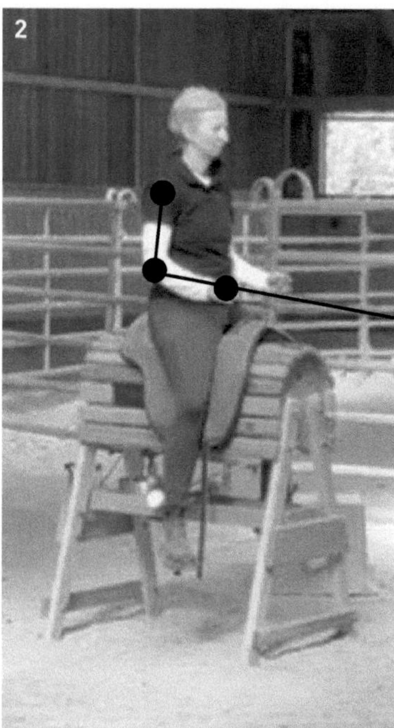

Bild 1: Fest

feste starre Hand durch von Muskelkraft in Unter- und Oberarm gehaltenen Zügeln. Eingeknicktes Handgelenk.

Bild 2: Beweglich

eine bewegliche, entspannte Linie durch eine lockere Hand, lockere Handgelenke, lockere Ellbogen, und lockere Schultern. Die Bewegungen dürfen durch die Zügel bis in die kugelförmigen Schultergelenke hindurch fließen, dafür ist kein zusätzlicher Muskelaufwand ist nötig. Der Schwung darf hindurch fließen.

Bild 3: Beide im Vergleich – Winkel sichtbar

die unterschiedlichen Winkel beider Haltungen, bei gleicher Höhe der Handgelenke.

Merke

Ein feines Handgelenk ist nicht schwach – es ist beweglich. Eine feine Verbindung entsteht nicht durch Kraft, sondern durch lockere Anlehnung. Durch das „Gummiband", das in den lockeren Schultern bis in den Engelsflügeln eingehängt ist.

Durch die Schaki und ihre Vibrationen kann der Reiter nicht nur die richtige Zugstärke erspüren, sondern auch die feinen Nuancen der Zügelführung wahrnehmen. Halbe Paraden werden nicht mehr mechanisch ausgeführt, sondern entstehen durch minimale Bewegungen aus dem Handgelenk, den Fingern, koordiniert mit dem gesamten Rest des Körpers und den Gedanken – quasi ein Dialog in Echtzeit. Die Vibrationen helfen, das Gefühl für eine kontinuierliche und geschmeidige Verbindung zu verfeinern, die nicht starr oder ruckartig ist, sondern wie ein lebendiges Band zwischen Reiterhand und Pferdemaul fließt.

Dieses „Fragen und Geben" wird auch in der akademischen Reitkunst betont, Bent Branderup beschreibt, dass die Reiterhand kein isoliertes Werkzeug, sondern ein verlängerter Ausdruck des Reitersitzes agieren sollte. „Die Hand sammelt in erster Linie Informationen aus der Wirbelsäule des Pferdes". Das Bedeutet, dass nicht nur die Hände führen, sondern die gesamte Körperbewegung des Reiters in der Zügelverbindung reflektiert wird. Die Hand wird so zum „Empfänger" für die Bewegungen des Pferdes, anstatt nur aktiv zu beeinflussen.

ÜBUNG 2

Schaki auf den geöffneten Händen

Wirkung: Neutralisierung der Hände und Spannung loslassen. Wir legen die Schaki gerne auf die geöffneten Hände. Die Hand-Innenflächen sind extrem sensibel. Sie sind ein Sensorenfeld für Berührung, Energie und Emotionen. Wenn die Hände sich öffnen und die schwingende Schaki aufliegt, passiert folgendes:

◎ Tiefenentspannung der Faszien und Muskeln in den Händen.

◎ Aktivierung des Parasympathischen Nervensystems.

◎ Durchlässigkeit bis zu den Schultern. Die Vibrationen „reisen" von den Händen, über die Unterarme, bis zum Schultergürtel und helfen, die gesamte Kette von Blockaden zu befreien und Verspannungen zu lösen. Die bewusste Wahrnehmung der Arme und ihrer Gelenke als geschmeidig mitschwingender Teil des Körpers unterstützt nicht nur eine feinere Zügelführung – sie lässt die Reiter auch spüren, dass wahre Stabilität aus der Körpermitte kommt, nicht aus den Händen. ■

AFFIRMATIONEN

◎ *Ich halte nicht fest, ich verbinde.*

◎ *Meine Arme sind wie Gummibänder, elastisch und weich mit dem Pferdemaul verbunden.*

◎ *Meine Hände sind weich – mein Herz ganz offen.*

◎ *Meine Hände halten die Hügel wie ein kleines Vögelchen, fest genug dass es nicht herunter fällt und weich genug dass ich ihm nicht weh tue.*

12. Die Adduktoren

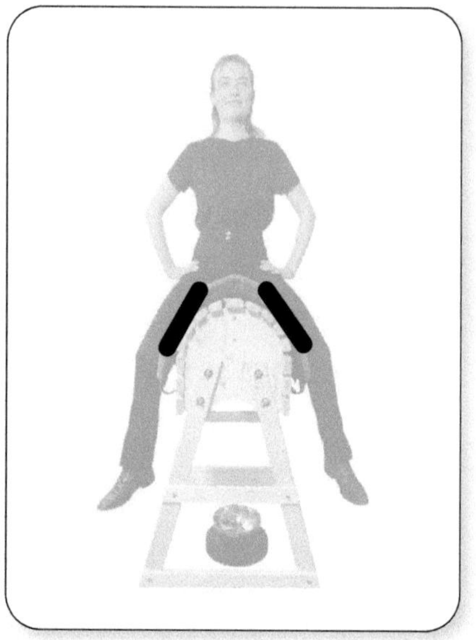

Die Adduktoren sind die Muskelgruppen an der Innenseite der Oberschenkel, die beim Reiten den Sattel berühren. Sie sorgen dafür, dass die Beine an den Sattel angelegt werden können und gehören zu den meist beanspruchten Muskelgruppen beim Reiten. Sie sind ständig aktiv, egal ob du das Bein ruhig am Pferd hältst, eine feine Schenkellage anstrebst, oder dich in den leichten Sitz begibst.

Weil sie oft unbewusst angespannt werden, können sie zu einer der größten Blockaden für einen losgelassenen unabhängigen Sitz werden. Sie haben einen direkten Einfluss auf die Beweglichkeit der Hüfte, und die gesamte myofasziale Kette des Oberschenkel-Innenseite-Hüftbereichs.

VERSPANNTE ADDUKTOREN FÜHREN ZU

◎ **einem starren Sitz** – Dein Bein kann sich nicht flexibel anpassen, damit „klemmst" du unbewusst und gibst zu viel Druck in die Kniegelenke.

◎ **Verlust von Balance** – das Becken kann nicht mehr frei mit den Bewegungen mitschwingen.

◎ **Rückenschmerzen** – weil der Körper versucht, die mangelnde Bewegung der Adduktoren an anderer Stelle zu kompensieren.

◎ **Unruhiger Zügelführung** – wenn das Becken blockiert ist, kann die Hand sich nicht mehr unabhängig bewegen.

DIE VERBORGENE VERBINDUNG ZWI-
SCHEN ADDUKTOREN UND PSOAS

Die Adduktoren und der Psoas arbeiten funktionell zusammen, um die Beweglichkeit der Hüfte, die Stabilität des Beckens und die Elastizität des Sitzes zu steuern. Wenn die Adduktoren durch -Druck, Klammern, oder zu viel Muskelspannung blockiert sind, passiert folgendes:

Der Psoas gerät unter Zug, weil er mit den Adduktoren funktionell verknüpft ist. Das Becken wird in eine ungünstige Position gezogen – oft zu viel Vorkippung (Hohlkreuz), die Hüfte verliert ihre natürliche Beweglichkeit, das Reiten fühlt sich dadurch „steif" an. Das Ergebnis: Der Reiter kann nicht mehr losgelassen sitzen, weil die gesamte Becken- und Rumpfmechanik aus dem Gleichgewicht gerät.

Mit gelösten Adduktoren kann sich die Hüfte besser öffnen und das Bein freier strecken, was den Eindruck von „längeren Beinen" verstärkt.

KLASSISCHE ÜBUNGEN ZUR LOCKERUNG
DER ADDUKTOREN

◎ **Der Schmetterlingssitz** – klassische Dehnung für die Adduktoren und Hüfte.
Setze dich auf den Boden, bringe die Fußsohlen zusammen. Lasse die Knie sanft nach außen fallen, ohne nachzudrücken. Atme tief ein und dehne sie Richtung Boden beim Ausatmen. Spüre die Dehnung an der Oberschenkel-Innenseite.

◎ **Gewichtsverlagerung im Stehen** – Sanfte Mobilisation für Adduktoren und Becken.
Stelle dich breitbeinig hin. Verlagere dein Gewicht langsam von einem Bein auf das andere, spüre die Bewegung in der Innenseite deiner Oberschenkel. Dies Verbessert die Gleitfähigkeit der Faszien in den Adduktoren.

Diese beiden Übungen sind grundsätzlich ein guter Ansatz, sie arbeiten allerdings nur an der Oberfläche. Denn Adduktoren und Psoas sind so tief mit dem Becken und der gesamten Rumpfmechanik verbunden, dass reine Dehnübungen nicht ausreichen. Selbst wenn du aktiv dehnst oder massierst, bleibt die Grundspannung bestehen.

Hier, an dieser Muskelgruppe, haben wir mit RISING STAR die offensichtlich beste und schnellste Wirkung: Die Vibrationen dringen über die gesamte Auflagefläche in die tiefen Muskelschichten ein, die du mit keiner Übung erreichen kannst.
Dein Körper beginnt, die Spannung ohne aktive Gegenkraft zu lösen – du kannst passiv los lassen. Die Oberschenkel-Innenseiten werden besser durchblutet, es lösen sich die Faszienverklebungen, die Adduktoren entspannen.

Das hat unmittelbare Auswirkung auf die Haltung:

◎ Die Sitzsymmetrie wird verbessert, da ein ausbalancierteres Becken längere und gleichmäßig erscheinende Beine unterstützt.

◎ Die Hüfte kann sich öffnen, was zu einem geschmeidigeren Sitz und besseren Kontakt zum Sattel und zum Pferdekörper führt.

◎ Muskuläre Verspannungen und der entspanntere Unterschied danach hilft, muskuläre Dysbalancen in Zukunft früher zu erkennen. Das Körperbewusstsein entwickelt sich.

Wer kein Klangholzpferd hat, kann auch nur mit der SCHAKI schon wunderbar lösende Klangwellen produzieren, um seine Adduktoren zu lockern und zu lösen. ■

AFFIRMATIONEN

◎ *Meine Beine ruhen schwer und entspannt, ich lasse sie sanft nach unten sinken.*

◎ *Ich lasse jetzt jede Spannung in meinen Hüften los – sie sind stabil und frei zugleich.*

◎ *Meine Beine umarmen das Pferd, ohne Druck, ohne Zwang.*

◎ *Meine Beine schmelzen nach unten, und verbinden mich sanft mit meinem Pferd.*

◎ *Meine Hüfte und Beine sind entspannt, ich bin sicher und getragen.*

◎ *Ich finde Halt durchs Loslassen. Das Pferd unter mir spürt meine Ruhe und Gelassenheit.*

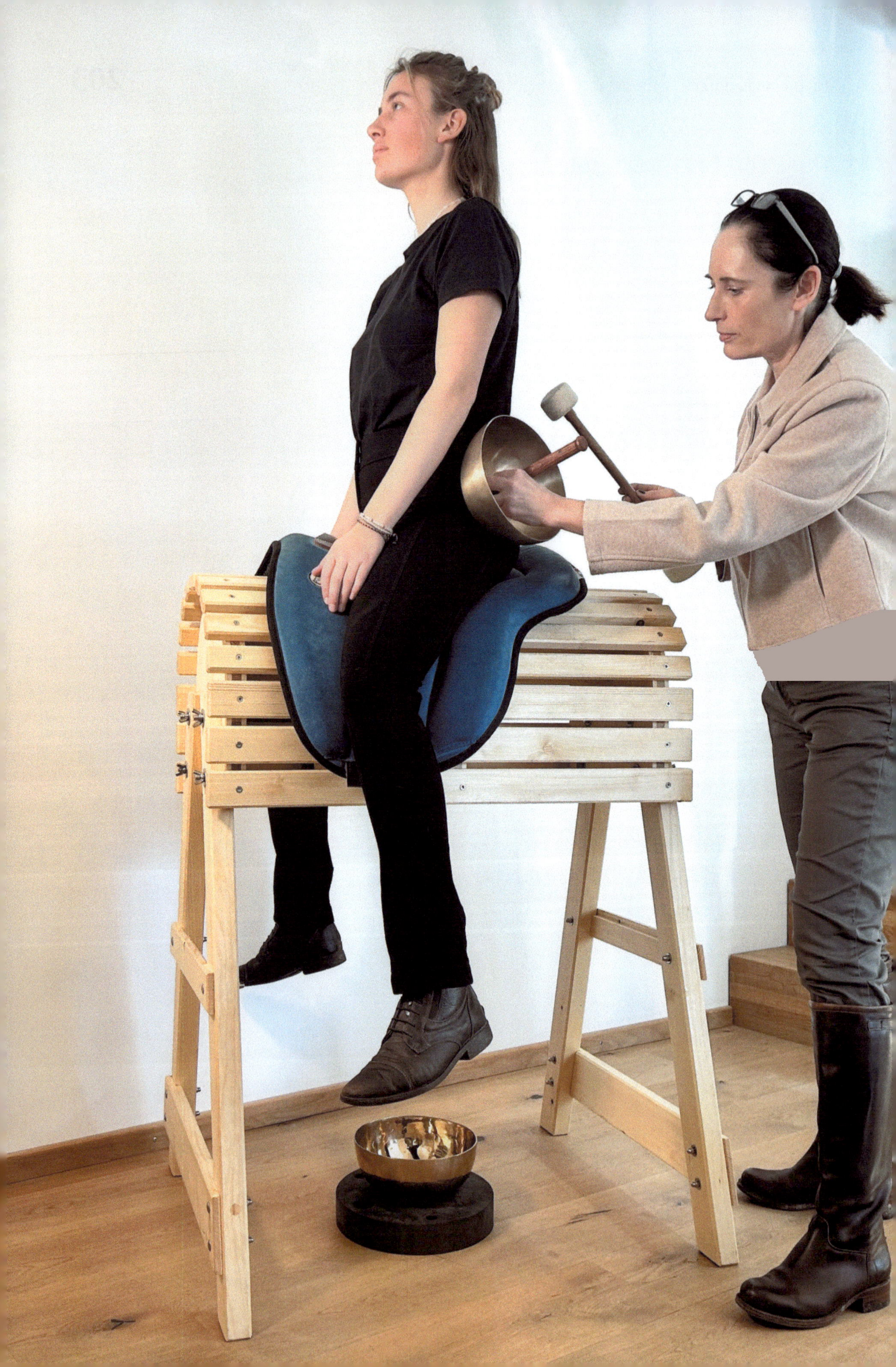

6. DIE FASZIEN-REITERKLANGMASSAGE AUF RISING STAR

Faszienklangmassage – eine neue Dimension der Körperarbeit für Reiter

Faszien sind in den letzten Jahren in der Bewegungswissenschaft, der Physiotherapie und im Sporttraining in den Fokus gerückt – und das aus gutem Grund. Sie durchziehen den gesamten Körper als feines aber enorm kraftvolles Gewebenetzwerk, das Muskeln, Organe und Strukturen miteinander verbindet, Stabilität verleiht und gleichzeitig Beweglichkeit ermöglicht. Faszien spielen eine zentrale Rolle für unsere Körperhaltung, Koordination und Elastizität – und genau deshalb sind sie für Reiter von besonderer Bedeutung.

Ein geschmeidiges, elastisches Fasziennetz erlaubt harmonische Bewegungsabläufe, während verklebte oder verspannte Faszien zu Steifheit, Unbeweglichkeit und Verspannungen führen können. Das wiederum beeinflusst den Sitz, die Balance und die feine Hilfengebung des Reiters.

Doch wie kann man Faszien gezielt lösen, ohne dabei mit intensivem Druck oder mechanische Techniken zu arbeiten? Genau hier setzt die Faszienklangmassage an. Während herkömmliche Faszienbehandlungen oft mit tiefem Druck, Rollen oder Dehnen arbeiten, nutzt die Faszienklangmassage einen ganz anderen Weg: die Kraft der Vibrationen und Klangwellen.

Im folgenden Abschnitt werden wir uns zunächst genauer anschauen, was Faszien eigentlich sind, wie sie funktionieren und warum sie für Reiter eine so große Rolle spielen. Anschließend gehen wir darauf ein, was eine Faszienklangmassage bewirken kann, wie sie sich von anderen Faszienbehandlungen unterscheidet und warum sie besonders für Reiter auf unserem Holzklangpferd RISING STAR eine wertvolle Ergänzung zu all den bisher vorgestellten Formaten ist. ■

WICHTIGE HINWEISE ZUM KAPITEL FASZIEN & REITERKLANGMASSAGE

Die Faszien-Klangmassage für Reiter ist ein innovativer Ansatz, der verschiedene bewährte Prinzipien vereint. Die Wirkung von Klangmassage auf den Körper, die Bedeutung des Fasziennetzwerks für Bewegung und Haltung, sowie die einzigartige Reiterklangmassage & Sitzschulung auf RISING STAR. Diese Kombination ermöglicht eine völlig neue Form der Körperwahrnehmung – für Reiter und Pferd.

Da es sich um einen jungen Bereich handelt, in dem Wissenschaft & Praxis noch viele Fragen offen lassen, basiert dieser Ansatz nicht nur auf theoretischen Konzepten, sondern vor allem auf jahrelanger Praxiserfahrung. Seit sieben Jahren erlebe ich es in der Arbeit mit Reitern, Pferden & Klangmassage, wie sich Sitzmuster verändern, Spannungen lösen und neue Bewegungsmöglichkeiten entstehen.

TRANSPARENZ & ABGRENZUNG

Die hier beschriebenen Methoden dienen der Förderung von Körperbewusstsein, Balance und Entspannung. Sie sind keine medizinische, physiotherapeutische oder osteopathische Behandlung und ersetzen keine professionelle Gesundheitsberatung. Alle beschriebenen Beobachtungen beruhen auf praktischer Erfahrung mit Reitern und Pferden und können individuell unterschiedlich wahrgenommen werden.

Die Einladung ist, diese Ansätze nicht nur zu lesen, sondern selbst zu erleben. Denn erst im eigenen Körper wird spürbar, was meine Worte oft nur unzureichend beschreiben können.
Da dieser Bereich noch jung und wenig erforscht ist, freue ich mich über den Austausch mit Fachleuten, Wissenschaftlern und Interessierten, die diesen Ansatz interdisziplinär weiterdenken oder vertiefen möchten. Jede neue Perspektive trägt dazu bei, Klangmassage, Faszien und Bewegung noch besser zu verstehen – und vielleicht gemeinsam neue Erkenntnisse zu gewinnen.

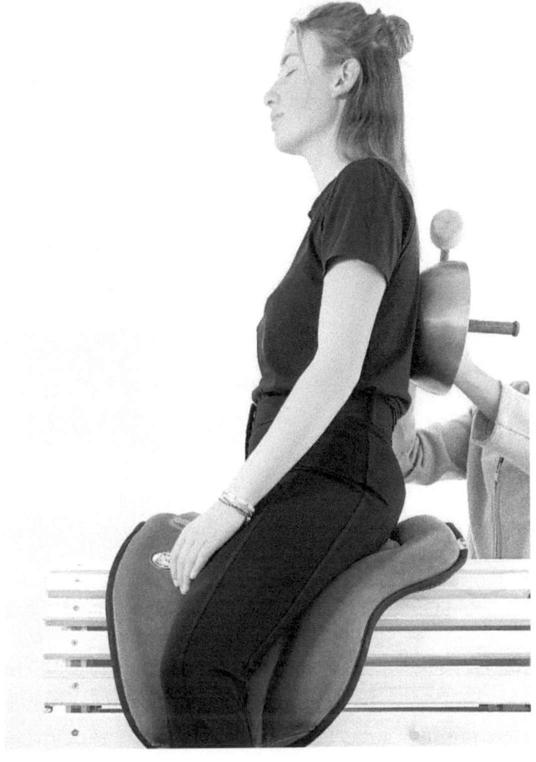

DIE HERKUNFT DER FASZIEN-KLANGMASSAGE

Die Faszien-Klangmassage wurde **von Maria Schmidt-Fieber entwickelt**. Sie bietet Weiterbildungen in Faszien-Klangmassage an, in der sie die Theorie und Praxis dieser Methode vermitteln.

Die große Besonderheit dieser Technik zur Faszien-Lösung: Die in rhythmischen Schlägeln angeschwungene Schale wird direkt am Körper vibrierend entlang gebahnt. Mit ihrem wohltuenden Effekt vermeidet sie jeglichen muskulären Widerstand, und bietet eine behutsame Möglichkeit, das Fasziengewebe und dessen Elastizität zu steigern. Ähnlich wie in der klassischen PHI Klangmassage für Menschen: Diese findet im Liegen statt.

Bei KPC haben wir das Prinzip aus dem passiv im Liegen durchgeführte Faszienklangmassage wieder ins vertikale Sitzen gehoben. Zusätzlich nutzen wir dabei auch die Klangschale im Inneren des RISING STARs als Basis-Klang, um Veränderungen der Durchlässigkeit zu überprüfen. (Wie weit gehen die Vibrationen durch den Körper? Gibt es Unterschiede vor – während – und nach der Faszienklangmassage?) Die daraus entstehende elastizierende Wirkung können wir dazu auch noch wunderbar mit der Sitzschulung, gezielter Lockerung von Körper-Regionen für das Reiten – oder auch für Coaching-Elemente auf RISING STAR verbinden.

WAS SIND FASZIEN?

Faszien sind ein faszinierendes und oft unterschätztes Gewebe im Körper. Früher wurden sie schlicht als „Bindegewebe" bezeichnet und in anatomischen Zeichnungen oder Präparationen oft ignoriert. Man hielt diese „weißen Lappen" als eine Art Füllmaterial ohne besondere Funktion. Erst in den letzten Jahrzehnten hat die Wissenschaft begonnen, die entscheidende Rolle der Faszien für Gesundheit, Beweglichkeit und Körperwahrnehmung zu erkennen. Heute weiß man:

Faszien sind kollagenhaltige, halbflüssige, dehnbare Gewebestrukturen, die den gesamten Körper durchziehen und ein engmaschiges Netzwerk bilden. Sie bestehen aus:

◎ **Elastischen Kollagenfasern**, die dem Körper Stabilität und Zugfestigkeit verleihen

◎ **Elastin**, das für Flexibilität und Beweglichkeit sorgt

◎ **Einer gelartigen Matrix**, bestehend aus Wasser und Proteinen, die die Gleitfähigkeit ermöglicht und biochemische Signale speichert sowie weiterleitet

◎ **Nervenrezeptoren**, die für Wahrnehmung, Schmerzempfinden und propriozeptives Feedback verantwortlich sind.

Faszien umhüllen und verbinden mit ihren semiliquiden Fasern Muskeln, Knochen, Organe, Nerven und Blutgefäße. Sie sorgen für strukturellen Halt, ermöglichen fließende Bewegungen und transportieren Flüssigkeiten sowie Nährstoffe.

WARUM SIND FASZIEN SO ENTSCHEIDEND?

Das Besondere an Faszien ist, dass sie nicht isoliert arbeiten, sondern ein zusammenhängendes Netzwerk im Körper bilden. Spannungen und Blockaden an einer Stelle können sich über die Faszienbahnen auf andere Bereiche auswirken. So kann beispielsweise eine Fehlstellung des Fußes langfristig zu Verspannungen im Rücken oder Nacken führen. Faszien erfüllen mehrere essenzielle Funktionen:

1. Strukturelle Unterstützung

Sie stabilisieren den Körper und halten Muskeln, Gelenke und Organe an ihrem Platz.

2. Bewegungskoordination

Sie übertragen Kräfte zwischen Muskeln und Gelenken und wirken wie eine elastische Feder, die Energie speichert und freisetzt.

3. Schutzfunktion

Sie schützen empfindliche Strukturen wie Nerven und Blutgefäße vor Druck und Überlastung.

4. Kommunikationsnetzwerk

Sie sind mit zahlreichen Nervenden durchsetzt und spielen eine wichtige Rolle in der Wahrnehmung von Druck, Schmerz und Bewegung.

5. Speicherung und Transport von Flüssigkeit

Sie sorgen für den Flüssigkeitsaustausch im Gewebe, der Beweglichkeit und unterstützen die Regeneration.

Blockaden im Fasziensystem – Ursachen und Folgen

Faszien neigen dazu, durch Bewegungsmangel, Stress oder Überbelastung zu verkleben oder zu verhärten. Dadurch kann die Elastizität verloren gehen, was zu eingeschränkter Beweglichkeit, Verspannungen oder Schmerzen führt. Besonders relevant für Reiter sind sogenannte myofasziale Blockaden: Verklebungen zwischen Muskeln und Faszien. Diese können über Jahre unbemerkt entstehen, da Faszien auch emotionale Spannungen speichern. Traumata oder Stress hinterlassen buchstäblich Spuren im Gewebe und können zu chronischen Verspannungen führen.

Die moderne Faszienforschung hat hier mit dem Konzept der Biotensegrität eine neue Sichtweise auf den Bewegungsapparat eröffnet. Während früher Muskeln und Knochen als die primären Träger von Stabilität galten, weiß man heute, dass Faszien eine zentrale Rolle spielen, indem sie Spannungen im Körper ausgleichen und eine flexible, dynamische Struktur schaffen. Der Körper ist dabei kein starres Konstrukt, sondern ein fein ausbalanciertes, elastisches Netzwerk, das durch komplexes Zusammenspiel von Zug- und Druck-Kräften aufrecht erhalten wird.

Die Faszienklangmassage arbeitet genau mit diesem System: Die sanften, vibrierenden Bewegungen lösen nicht nur die Verklebungen in den Faszien, sondern helfen den Faszienlinien und tiefenfaszialen Strukturen des Körpers, sich neu zu organisieren.

GRÜNDE FÜR VERSPANNUNGEN
IM MYOFASZIALEN GEBE BEI REITERN

1. Einseitige Belastung & Asymmetrien

Ein überlastetes Bein oder eine bevorzugte Körperseite führt zu einem Ungleichgewicht im Gewebe. Häufig ist eine Spirallinien-Verspannung die Folge, der Reiter sitzt „schief" und belastet eine Seite stärker.

2. Dauerhafte Fehlhaltung

Rundrücken oder Hohlkreuz können die Faszien verhärten, sodass die natürliche Aufrichtung erschwert wird. Das Fasziennetz „merkt sich" die Haltung und macht sie zur neuen Norm.

3. Zu viel Muskelspannung ohne Losgelassenheit

Ein fester Sitz oder ständiges Anspannen der Muskulatur blockiert das Fasziennetz.

Das Becken verliert an Flexibilität, was sich negativ auf das Mitschwingen mit dem Pferd auswirkt.

4. Stress & emotionale Anspannung

Faszien reagieren direkt auf das Nervensystem. Stress kann zu einer reflexartigen Verhärtung führen. Viele Reiter haben unbewusst gespeicherte Spannungen in Schultern, Rücken oder Hüfte, die die Sitzqualität mindern. Verklebte oder verhärtete Faszien sind oft der unsichtbare Grund für einen unbeweglichen oder verkrampften Sitz.

Die Lösung liegt in der Kombination

Die Arbeit an den Faszien und Sitzschulung mit der Reiterklangmassage auf RISING STAR erweisen sich als besonders wirkungsvolle Kombination. Denn Faszienverklebungen entstehen nicht nur durch Bewegungsmangel oder Überbelastung, auch ein fehlerhafter Sitz kann sie begünstigen.

RISING STAR SETZT GENAU HIER AN

Die Reiter-Faszienklangmassage im Sitzen löst sanft verklebte und verspannte Gewebestrukturen, ohne durch zu viel Druck Schmerzen zu verursachen. Im Gegenteil: Sie erzeugt Wohlgefühl. Viele klassische Massage-Techniken versuchen, verspannte Muskeln „aufzulockern". Doch Spannung ist oft nicht das Problem – sondern eine Art Schutzreaktion des Körpers. Die Klangmassage ist so sanft und angenehm, dass der Körper keine Schutzfunktion gegen den Schmerz aufbauen muss – wie das beispielsweise bei der Arbeit mit der Faszienrolle der Fall ist. Die Faszienklangmassage gibt dem Körper Raum zur Selbstregulation, statt ihn von außen zu korrigieren.

Die vertikale Faszien-Klangmassage wirkt gleichzeitig auf mehreren Ebenen

◎ **Faszienstruktur**
Verklemmungen und Spannungen lösen sich durch bahnende Vibration

◎ **Nervensystem**
der Körper gelangt in einen tiefen, aber gleichzeitig aufragenden Entspannungszustand

◎ **Körperbewusstsein**
Durch die Schwingungen erwachen Körperbereiche, die vorher fest oder taub waren

◎ **Energiekreislauf**
Die Arbeit im vertikalen Sitzen, in dem die Beine herunter hängen dürfen, und wir auch an die Fußsohlen kommen, fördert den freien Energiefluss von Kopf bis Fuß

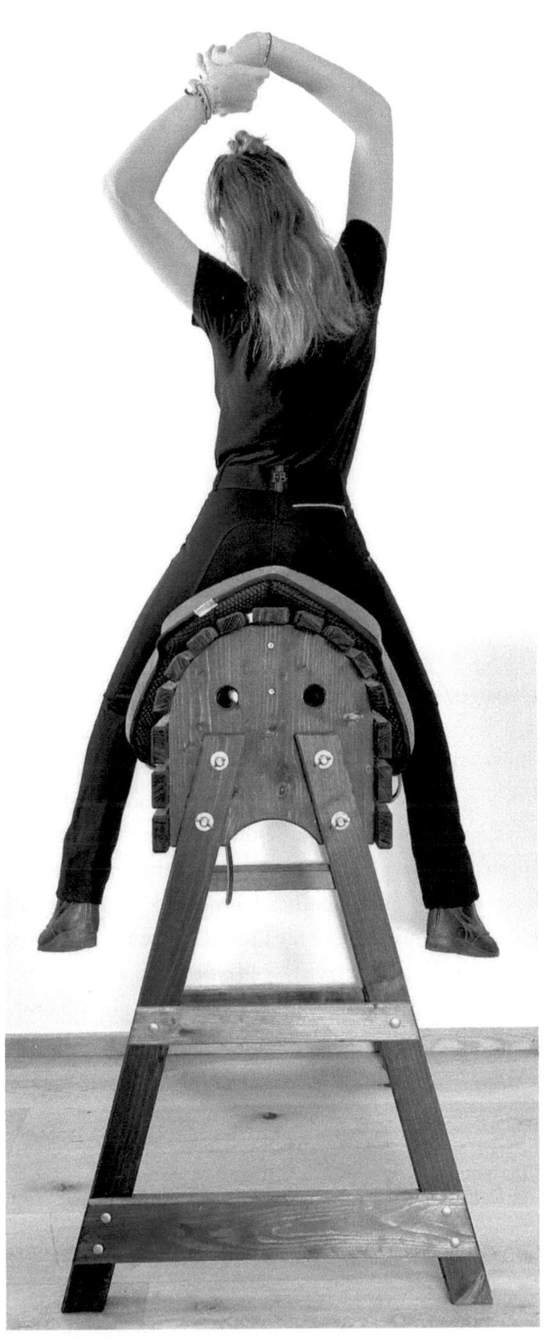

Viele Reiter spüren nach einer vertikalen Faszienklangmassage, dass sich ihr Körper leichter, freier, lebendiger und aufgerichteter anfühlt – nicht weil sie sich bewusst „gerade halten", sondern weil sich die natürliche Bewegungsfreiheit und Balance von selbst einstellt. Denn gelöste Faszien ermöglichen eine natürlichere Haltung, und der Körper ist nicht mehr durch Spannungsmuster blockiert. Verklebte Faszien entspannen sich, wodurch die Beweglichkeit verbessert wird, die umliegenden Muskeln können sich entspannen, was den Druck und die Schmerzen lindert. Deshalb verschwinden manchmal sogar chronische Schmerzen, die durch Faszienblockaden verursacht wurden, oder reduzieren sich deutlich. Das Gewebe wird wieder elastischer und durchlässiger. Die Flüssigkeitsdynamik verbessert sich, was die Versorgung der Zellen und die Entgiftung unterstützt. ■

Die wichtigsten Faszienlinien für den Reitersitz

Faszien sind für den Reiter

◎ sowohl für seine Bewegungskoordination über die Muskelketten,

◎ als Sinnesorgan für ein gutes Körpergefühl

◎ und mit der Geschmeidigkeit im Gewebe für die Beweglichkeit sehr wichtig.

Sie sind also nicht einfach nur ein „Verpackungsmaterial", sondern essenzielle Strukturen für den Sitz. Wenn sie verkleben, verliert der Reiter Bewegungsfreiheit und kann sich nicht mehr geschmeidig dem Pferd anpassen.

Das Konzept der myofaszialen Leitbahnen, entwickelt von Thomas W. Myers („anatomy trains!") beschreibt zusammenhängende Faszienzüge, die den Körper in funktionelle Bewegungsmuster aufteilen. Während dieses Modell in der Praxis vielfach angewendet wird – gibt es wissenschaftliche Diskussionen darüber, ob Faszien wirklich in klar definierten „Leitbahnen" verlaufen, oder ob sie vielmehr ein ganzes dreidimensionales, kontinuierliches Netzwerk bilden, das individuell auf Belastungen reagiert. Unabhängig von dieser

Debatte zeigt sich in der Praxis, dass sich das Konzept der vier zentralen Faszienketten oder -bereiche für die Faszienklangmassage besonders gut eignen. Das Entlang-Bahnen einer schwingenden Therapie-Klangschale auf ihnen sorgt für einen geschmeidigeren und ausbalancierten Sitz mit starkem vorher-nachher-Effekt: Es sind die Superficial Line (SBL), die Spirale Line (SL) und die Lateral Line (LL), und zudem das Trapezio Fasziennetzwerk. (Trapezmuskel und Nacken), die uns als „Bahnungs-Landkarte" gute Dienste erweisen.

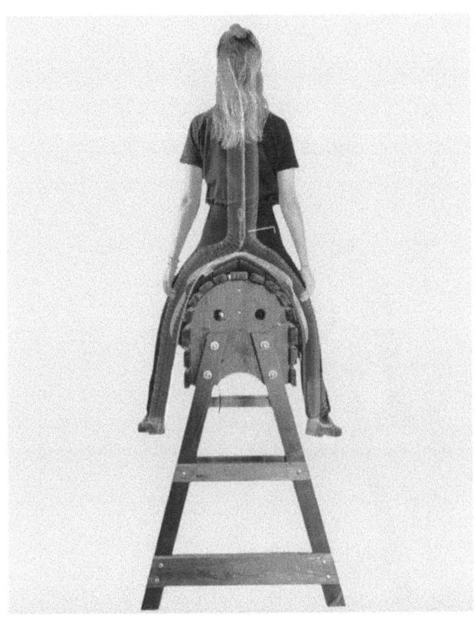

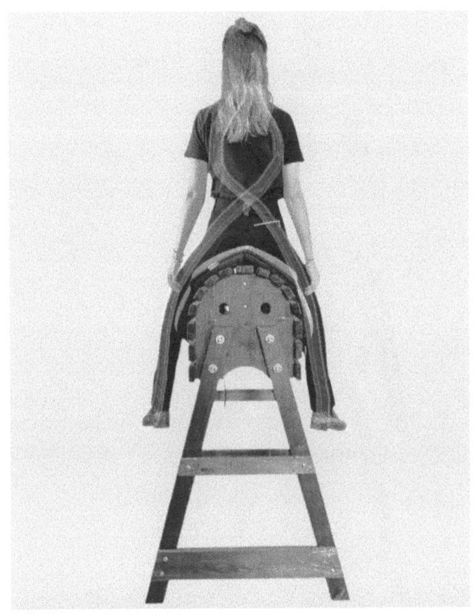

1. DIE OBERFLÄCHLICHE RÜCKENBAHN (SUPERFICIAL BACK LINE – SBL)

Diese Faszienlinie verläuft von der Fußsohle, Fersen, Waden Knie zu den Oberschenkelrückseiten, über das Kreuz- und Steißbein in die Rückenmuskulatur, bis zum Kopf und entlang der Arm-Außenseite bis in die Handrücken und Fingerrückseiten.

Bedeutung für den Sitz

◎ Sie sorgt für eine aufrechte Haltung und Balance im Sattel.

◎ Verklemmungen in dieser Linie können das Mitschwingen des Beckens erschweren und zu einem steifen Oberkörper oder Hohlkreuz führen.

2. DIE SPIRALLINIE (SPIRAL LINE – SL)

Sie verbindet Schulter, Rumpf und Beine diagonal über den Körper hinweg.

Bedeutung für den Sitz

◎ Sie ermöglicht Rotationen und eine gleichmäßige Rechts-Links-Balance.

◎ Ist diese Line verspannt, kann das zu einer schiefen Sitzhaltung oder einem verdrehten Oberkörper führen.

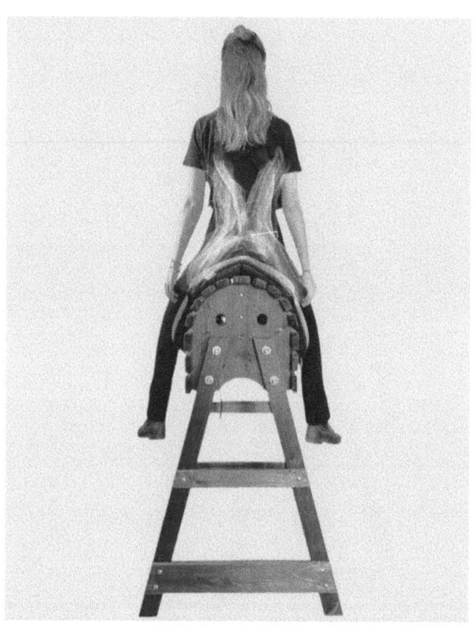

3. DIE LATERALLINIEN (LL) SEITLICHE FASZIENBAHNEN

Diese Linie verläuft von den Fuß-Außenkanten über die Beine, Gesäß, Becken und kreuzt sich innerlich über die schrägen Bauchmuskeln über die Rippenbögen, vorn über die Brustmuskulatur zum Schlüsselbein dann nach hinten zum Kopfwendemuskel und Hinterhaupt, sowie entlang der Arm-Außenseite bis in die Handrücken.

- ◎ Sie steuert die Seitwärtsbewegung und Gewichtsverlagerung im Sitz
- ◎ Wenn eine Seite verkürzt ist, sitzt der Reiter oft asymmetrisch oder kippt zur Seite.
- ◎ Ein zu fester seitlicher Rumpf hingegen verhindert eine harmonische Bewegung im Oberkörper.

4. DAS TRAPEZIO FASZIENNETZ

Das lokale Fasziennetz des Trapezmuskels und Nackenbereichs. Hier spielen mehrere Faszienlinien zusammen:

- ◎ Die Superficial Black line (SBL), die von der Schädelbasis über den Rücken bis zu den Fersen verläuft und für Aufrichtung und Spannungsausgleich sorgt.

- ◎ Die Arm Lines (AL) die Schultern und Arme verbinden und eine unverkrampfte Zügelführung ermöglichen.

- ◎ Die funktional Back line (FBL) die überkreuz von Schulter und Hüfte verläuft und Rotationsbewegungen stabilisiert.

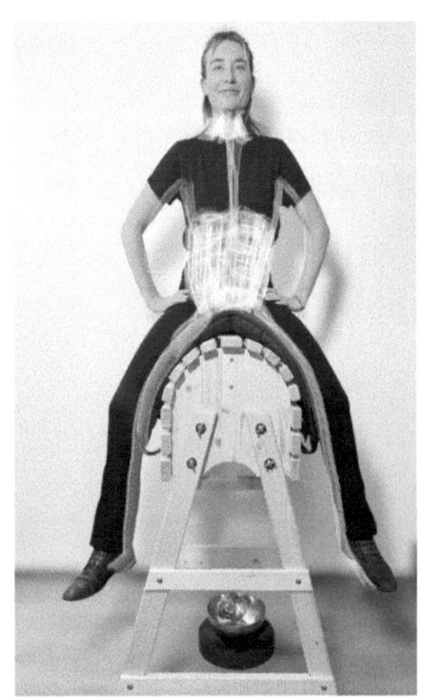

5. DIE OBERFLÄCHLICHE FRONTALLINIE (SUPERFICIAL FRONT LINE – SFL)

⊚ Das Trapezio Fasziennetz, das sich über den Trapezmuskel und den oberen Nackenbereich spannt – ein Bereich, der bei vielen Reitern unter Stress „zu macht" und für viele Reiter ein zentraler Spannungsort ist. Besonders, wenn sie unbewusst die Zügel „halten" oder den Oberkörper fest machen. Ein verspannter Nacken verändert die Kopfhaltung. Blockierte Schultern stören die Zügelführung, und ein fester oberer Rücken nimmt dem Reiter die Elastizität, die er für feines Mitschwingen benötigt.

Und dann gibt es noch die vordere oberflächliche Linie: Sie verläuft von den Zehenspitzen über die Vorderseite des Körpers bis zum Kopf.

Bedeutung für den Sitz

⊚ Sie beeinflusst die Beckenstabilität und die Möglichkeit, das Becken präzise zu kippen.

⊚ Ist sie verkürzt, neigt der Reiter dazu, ins Hohlkreuz zu fallen oder nach hinten zu kippen.

Es hat sich herausgestellt, dass die Faszienklangmassage im Vertikalen im vorderen Bereich des Körpers von den meisten Reitern als wenig angenehm empfunden wird. Deshalb bleiben wir grundsätzlich lieber im Rücken- und Seitlichen Bereich und bahnen die Klangschale dort, wo es dem Reiter am angenehmsten ist: Auf der Rückseite und seitlich des Körpers. ■

Warum die Vorderseite des Körpers für viele Reiter sensibler ist – und wie wir in der Faszien-Reiterklangmassage damit umgehen

Während die Faszien-Reiterklangmassage entlang der Rückenlinie und Seiten von den allermeisten Reitern als angenehm und befreiend empfunden wird, zeigt sich im vorderen Bereich oft eine höhere Empfindlichkeit. Wir gehen davon aus, dass es biomechanisch, neurologisch und emotional erklärbar ist:

Schutzmechanismus und Nervensystem

Die Vorderseite schützt lebenswichtige Organe wie Herz, Lunge und Verdauungstrakt. Unser autonomes Nervensystem reagiert besonders sensibel auf Berührungen in dieser Region.

Faszienspannung und emotionale Verbindung

Die SFL (Superficial Front Line) speichert unbewusste Schutzspannungen. Eine Klangmassage in diesem Bereich könnte deshalb intensiver wahrgenommen werden als am Rücken.

Haltungsmuster von Reitern

Viele Reiter stabilisieren ihren Sitz über eine leicht angespannte Vorderseite. Wird dieser Bereich gelockert, kann sich das ungewohnt „offen" anfühlen.

Die Grundprinzipien der Klangmassage: Gesundes stärken & Schmerzfrei arbeiten

Gerade weil die vordere Körperseite empfindlicher ist, erinnern wir uns auch hier in der Faszien Klangmassage an unsere zentralen Prinzipien.

Wir müssen nicht immer dort arbeiten, wo wir Entspannung wünschen. Faszien sind ein vernetztes System, in dem alles mit allem verbunden ist. Indem wir Spannungen auf der Rückseite lösen, verändert sich oft auch die vordere Körperseite -ohne sie direkt zu bearbeiten.

Wir stärken das Gesunde, statt Blockaden „weg zu massieren"

Klangmassage kann das verstärken, was bereits durchlässig und entspannt ist – das bringt den Körper sanft in Balance.

Wohlfühlen steht an erster Stelle.
Sobald eine Behandlung unangenehm wird, stoppen
wir sofort oder wenden uns anderen Bereichen zu.
Hier kann der Reiter mitentscheiden, was ihm gerade gut tut! Die Klangmassage sollte immer angenehm
und wohltuend empfunden werden und das Gesunde
stärken!

Klangmassage nur auf gesunden Körperstellen.
Bei akuten Entzündungen, frischen Wunden oder
verletztem Gewebe wird keine direkte Klangmassage-
Arbeit auf dem Körper durchgeführt!

Entspannung geschieht im ganzen Körper,
nicht nur an der Stelle, an der wir arbeiten. Wer
sich auf diese vernetzte Wirkung der Klangmassage
einlässt, spürt oft, wie sich durch die Lockerung im
Rücken plötzlich auch die Brust öffnet, die Atmung
tiefer wird und sich der gesamte Sitz leichter anfühlt.

Das macht die Faszien-Klangmassage so besonders:
Sie arbeitet mit dem Menschen, nicht gegen ihn. ∎

Die Wirkung der bahnenden KPC Faszienklangmassage auf das Bewegungsgefühl

Die Faszienklangmassage wirkt – im Gegensatz zur Reiterklangmassage, bei der wir die Schwingungen mit der Schaki verfeinern – mit dem direkten Kontakt der puren Klangschale, unmittelbar auf das myofasziale Gewebe. Am Körper entlang gebahnt, simuliert und glättet es dieses sanft. Ganz ähnlich einer Faszienrolle, jedoch völlig schmerzfrei, erzeugen sie ein wohltuendes Körpergefühl. Dabei werden die Faszien durch feine Schwingungen und einer über den Körper streichenden schwingenden Schale „ausgestrichen."

Die gezielten, langsamen Bewegungen entlang der unterschiedlichen Faszienstränge lassen die Vibrationen wellenförmig im Gewebe ausbreiten. Verklebungen lösen sich, die Faszien werden fühlbar geschmeidiger. Neben den vertikalen Fasziensträngen können auch die quer verlaufenden und seitlichen Faszienbahnen gebahnt werden. Diese Querverbindungen spielen eine Schlüsselrolle für die Rechts-Links-Koordination und damit für das feine Zusammenspiel von Oberkörper, Becken und Beinen beim Reiten. Die Arbeit an diesen Bahnen kann dazu führen, dass der Reiter plötzlich völlig neue Bewegungsmöglichkeiten entdeckt, wie eine Neuordnung des Körpers auf tiefster Ebene. Dadurch entsteht eine weitreichende Locke-rung, die nicht nur die Beweglichkeit und Balance verbessert, sondern auch das Gefühl intensiviert von Frei-Raum für den gesamten Körper. Die einzelnen Körper-Regionen „erobern" sich während der Massage immer mehr neue Bewegungsräume. Der Körper beginnt, sich intuitiv neu auszubalancieren und sich mühelos weiter aufzurichten – ohne starre Spannung.

EIN HÄUFIGER IRRTUM: ENTSPANNUNG BEDEUTET HIER NICHT PASSIVITÄT!

Die Vibrationen machen den Körper weich, ohne dass er „zusammen fällt". Wir ermutigen den Reiter, die Schwingungen bewusst und ganz wach wahrzunehmen, und sich während der Massage zu bewegen, wenn Bewegungsimpulse auftauchen! Diese verstärkte Körperwahrnehmung und Aufmerksamkeit-Fokussierung auf das innere Faszien-Netz intensiviert wiederum auch die Wirkung der Vibrationswellen auf die Faszien und das Bewegungsgefühl.

Viele Reiter berichten:

◎ dass sie während und nach der ReiterFaszienklangmassage das Bedürfnis verspüren, sich mehr, freier und geschmeidiger bewegen zu wollen. Sie beginnen automatisch, aktiv auszutesten, und ausprobieren, was alles mehr an Bewegung möglich ist: Und dies ist für viele oft überraschend viel mehr als vorher! Ganz ohne bewusste Anstrengung oder Anleitung, dafür mit viel neuer Leichtigkeit und Freude.

◎ dass sich das Fasziennetz komplett neu aufspannt. Viele Reiter erleben nach der Klangmassage Momente großer Überraschung: Bewegungen, die vorher blockiert waren, werden plötzlich leicht und fließend. Manche berichten von einem intensiven Gefühl der Aufrichtung, andere von einer unerwarteten Weite in ihren Bewegungen. Diese neue Bewegungsfreiheit führt zu einer natürlichen Anpassung im Sitz und einem verbesserten Körpergefühl, ohne dass gezielte Korrekturen von außen nötig sind.

Diese Form der Faszienglättung ermöglicht eine sanfte, aber tiefgehende Regulation des Gewebes, ohne Druck, ohne Schmerz und ohne mechanische Belastung. Statt Dehnung und manuellen Druck nutzt diese Art der Reiter-Faszienklangmassage die bewegte Schwingungen, um den natürlichen Gleitmechanismus der Faszien zu unterstützen und das gesamte Gewebe in einen Zustand freier Beweglichkeit zu versetzen.

**Warum Faszienklangmassage mehr ist
als klassische Faszienarbeit**

Bisherige Methoden zur Faszienlockerung setzen meist auf Druck, Reibung oder mechanische Stimulation, sei es durch Faszienrollen, Massagen oder aktive Dehnung. Doch die Faszienklangmassage geht einen anderen Weg: Schmerzfrei & tiefenwirksam.

Anstatt Verklebungen mit Druck „aufzubrechen", nutzt sie sanfte, tief eindringende Klangwellen, die die Faszienstrukturen von innen heraus entspannen. Dadurch kann eine ganzheitliche Neuordnung entstehen. Nicht einzelne Verspannungen werden gelöst, sondern die gesamten Bewegungsketten und Faszienverbindungen des Körpers werden dabei geglättet. Das bringt nicht nur kurzfristige Erleichterung, sondern bewirkt langfristige Veränderungen in der Körperorganisation.

Hier die Unterschiede zwischen Faszienrolle und Faszienklangmassage im Überblick:

	Faszienrolle (mechanisch)	Faszienklangmassage (schwingend)
Wirkweise	Direkter Druck auf Faszien und Muskeln	Tiefenwirksame Schwingung, Vibration und obertonreiche Klänge
Intensität	Oft punktuell und schmerzhaft	Den gesamten Körper einbeziehend. Dabei sanft und entspannend
Zielbereich	Lokale Faszienbereiche	Ganzheitliche Wirkung auf Gewebe, Faszienbahnen und Energiefluss
Nervensystem	Kann Sympathikus (Stressmodus) aktivieren	Aktiviert den Parasympathikus (Entspannungsmodus)
Geeignet für	Akute Verklebungen, tiefe Triggerpunkte	Chronische Spannungen, Stress, Haltungsthemen
Risiken	Überreizung, Schmerzen, Schutzspannung, Kontraindikatoren: Personen die Schmerzen schlecht tolerieren	Kontraindikatoren: bis 3. Monat Schwangerschaft, Herzschrittmacher, Herzkreislauf & neurologische akute Entzündungen, frische OP, Gleichgewichtsstörung
Geeignet für	Sportliche Menschen, die gezielt an Verklebungen und Triggerpunkten arbeiten wollen.	Reiter & Menschen die eine sanfte ganzheitliche Methode suchen. Besonders für stressbedingte Verspannungen, um das Nervensystem zu beruhigen und die Faszien auf sanfte Weise zu lockern.

Die Wirkung der bahnenden Faszienklangmassage auf das Nervensystem

Obwohl der Körper während der Faszienklangmassage aktiv aufrecht sitzen bleibt, erleben einige Reiter bereits in den ersten Minuten der Einheit einen unerwartet tiefen Zustand des Loslassen und der Tiefenentspannung, bis hin zu bleierner Müdigkeit danach. Wie ist dieses Phänomen zu erklären?

Viele Menschen leben in einer chronischen Grundanspannung, die sie gar nicht mehr bewusst wahrnehmen. Ein verspannter, gestresster Körper kann allerdings nicht wirklich los lassen. Denn wenn das Nervensystem im Kampf- oder Flucht-Modus (Sympathikus-Aktivierung) feststeckt, bleiben Muskeln unbewusst angespannt. Der Körper kann dann keine feinen Bewegungen mehr wahrnehmen oder flexibel auf das Pferd reagieren. Statt mit fließender Leichtigkeit zu sitzen, entstehen steife Schultern, blockierte Hüften oder ein harter unruhiger Sitz.

Viele Reiter versuchen, diese Verspannungen aktiv zu korrigieren, indem sie probieren, „gerade zu sitzen", „weicher zu werden", oder „loszulassen". Doch Entspannung kann man nicht erzwingen – sie geschieht nur dann, wenn das Nervensystem sich sicher fühlt.

Die vertikale Faszienklangmassage wirkt durch ihre rhythmisch bahnenden vibrierenden Bewegungen und vermittelt durch den – einem Herzschlag ähnelnden – Rhythmus tiefe Sicherheit. Auch die angenehmen Obertöne der Klangschale erinnern an die „Womb Sounds" im Mutterleib und erzeugen einen angenehmen Zustand von (Ur-)Vertrauen. Und nur in diesem Gefühl von tiefer Sicherheit kann der Körper wirklich loslassen. Dieses Erleben von Sicherheit bringt das Nervensystems dem Stress-Modul heraus. Oft geschieht dies so schnell und unerwartet, dass es manche anfangs etwas erschreckt. Denn viele fühlen nach einer solchen Massage-Einheit eine Art bleierne Müdigkeit, und schlafen in der Nacht danach so tief und fest wie schon lange nicht mehr.

DIE ROLLE DES VAGUS-NERVS

Weshalb? Weil die Klangschwingungen wohl direkt den Vagusnerv ansprechen! Durch die rhythmische Stimulation kann der Körper alte Spannungsmuster loslassen – und das Nervensystem vom ersten Moment an entspannen. Dabei wird das parasympathische System angeregt, also jenes Teils des Nervensystems, der für Entspannung, Regeneration und Heilung sorgt. Hier kommt jetzt der Vagusnerv ins Spiel. Der Vagusnerv (Nervus vagus) ist der längste und vielseitigste Nerv des autonomen Nervensystems. Sein Name bedeutet

„der Umherschweifende", weil er vom Gehirn über den Hals bis in fast alle inneren Organe verläuft – einschließlich Herz, Lunge, Verdauung, Zwerchfell, Kehlkopf und Darm.

Der Vagusnerv gilt als Hauptschalter des parasympathischen Nervensystems. Wenn er aktiv ist, beruhigt sich der Herzschlag, wird die Atmung tiefer und gleichmäßiger, die Verdauung angeregt, das Immunsystem gestärkt und Stresshormone wie Cortisol und Adrenalin abgebaut. Dann fühlen wir uns sicher, entspannt und ausgeglichen.

Menschen, die unter chronischem Stress stehen, haben oft einen überaktiven Sympathikus – ihr Nervensystem befindet sich dauerhaft in einer Art Kampf- oder Flucht-Modus. Was passiert, wenn sie eine Faszienklangmassage im Sitzen erleben?
Der Körper empfängt Schwingungen direkt über das Fasziennetz. Die Faszien als hochsensibles Wahrnehmungsorgan reagieren auf die Vibrationen sofort. Die Klangschwingungen breiten sich durch das Gewebe aus und lösen tief liegende Spannungsmuster. Dies führt zu einer unwillkürlichen Vertiefung der Atmung. Die Kehlkopfmuskulatur und das Zwerchfell geraten in Schwingung. Diese Reaktion sendet eine direkte Entspannungsbotschaft an das Gehirn.

Ein sogenannter „vagaler Reset" kann beginnen: Die Klangmassage gibt dem Nervensystem das Gefühl von Sicherheit – der Körper darf loslassen. Jetzt werden Müdigkeit und tiefer Schlaf ausgelöst: Denn sobald das Nervensystem aus dem Stressmodus heraus kommt, kann es in den parasympathischen Modus umschalten. Viele Menschen erleben daraufhin eine plötzliche Müdigkeit oder tiefe Erschöpfung. Das ist kein Zufall – es ist der Körper, der endlich loslassen darf. Diese tiefe, fast bleierne Müdigkeit ist eine natürliche Folge der vagalen Entladung – der Körper nutzt diesen Moment, um sich auf tiefster Ebene zu regenerieren.

Klangmassage ist hier dann nicht nur ein angenehmes Gefühl, es ist eine direkte Brücke auch zur Tiefenentspannung. Und manchmal ist genau das, was der Körper am meisten braucht, um wirklich loszulassen.

Im übrigen ist es exakt der gleiche Prozess, wie wir ihn in der Klangmassage für Pferde erleben. Auch sie tauchen manchmal sehr tief und sehr lange in eine Art „Tiefen-Trance". Gefolgt von einer langen Nachwirkphase. Wird ihnen diese gewährt, so tauchen sie danach erfrischt und munter wieder auf und sind danach voll Energie und Vitalkraft. Menschen, die sich auf diese tiefe Regeneration einlassen, erleben das Gleiche.

Unsere Erfahrung in unseren Kombi-Kursen (Reiterklangmassage & Reiten) bestätigt dies:
Erst, wenn das Nervensystem nicht mehr im Dauermodus auf „Volldampf" im Stress-Modus läuft, sondern sich regulieren darf, wird oft erst am nächsten Tag nach ausgiebigem Schlaf und Regeneration ein feines, müheloses Reiten wirklich möglich. Wirklich gutes Reiten beginnt nicht mit Technik – sondern mit freien Bewegungen, die sich gründen in tiefer Selbstwahrnehmung und vor allem: Mit einem entspannten Nervensystem. ■

Die Auswirkungen auf das Reiten

Nach einer Faszienklangmassage berichten Reiter häufig von:

◎ Verbesserter Beweglichkeit und neu-Ausrichtung
Der Reiter beginnt, sich neu auszurichten und nimmt bisher blockierte Bewegungsmöglichkeiten wahr – Die Hüften, Schultern und der Rücken fühlen sich freier und wie „neu geordnet" an.

◎ Feinfühligere Koordination: Hilfen können präziser und sanfter gegeben werden.

◎ Leichterem Mitschwingen mit dem Pferd: Die Bewegung des Pferdes wird klarer wahrgenommen.

◎ Verbesserter Symmetrie: Rechts-Links-Dominanzen gleichen sich aus.

INTEGRATION
IN DEN REIT-ALLTAG DURCH
NACHHALTIGE SITZVERBESSERUNG

Nach einer Faszien-Reiter-Klangmassage ist es wichtig, das neue Bewegungsgefühl bewusst zu integrieren:

◎ Falls Müdigkeit auftritt: Dem Bedürfnis des Körpers nach Ruhe und Erholung nachgeben. Loslassen. Sich sein lassen. Und erst am nächsten Tag in den Sattel steigen.

◎ Vor dem Aufsetzen den Körper bewusst wahrnehmen:
Wie fühlt sich das Becken heute an?
Wie verteilt sich das Gewicht?
Was ist anders als vorher?
Wie hat sich die rechts-links-Koordination verändert?
Welche Bewegungen sind elastischer und freier geworden?

◎ Beim Reiten darauf achten, welche Bewegungen leichter geworden sind, und wie das Pferd darauf reagiert!

◎ Lockerungsübungen der Sitzschulung einbauen, um die neu gewonnene Elastizität zu erhalten.

Schon nach einer Anwendung berichten bisher alle Reiter von großen Unterschieden in ihrer gefühlten und tatsächlichen Beweglichkeit, Geschmeidigkeit, ihrem neu ausgerichteten Gleichgewichtssinn und einem neuem Gefühl des „gerade-gerichtet" Seins. Auch so manche Schmerzen „verschwinden" oder verringern sich nach einer Faszien-Klangmassage, wenn sich Spannungsfelder lösen. Wichtig ist, die neuen Bewegungsmuster im Alltag zu etablieren und gezielt den neu gefundenen vergrößerten Bewegungsradius aktiv und bewusst zu üben. Begleitet mit einigen weitere Faszienklang-Massagen können diese Effekte nachhaltig verankert werden.

Die Faszien-Klangmassage ist weit mehr als eine reine Technik zur Lockerung des Gewebes für Reiter. Sie kann ein Element in einem größeren Prozess werden, eingebettet in die Sitzschulung mit Körperbewusstsein. Oft führt sie unerwartet tief in die eigene Wahrnehmung und Tiefen-Entspannung, und bringt die Reiter in Kontakt mit ihren bisher verborgenen Spannungen, Erschöpfung oder unterdrückten Bedürfnissen.

Dieser Weg kann sehr intensiv sein. Daher braucht es eine achtsame und kompetente Begleitung, um die auftauchenden Prozesse gut und professionell auffangen zu können. Und es ist wichtig, dass Therapeuten, Coaches oder speziell ausgebildete Reiter-Klangmassage-Practitioner damit vertraut sind, und auch ihre Grenzen kennen und wahren. Nur dann schaffen sie den sicheren Rahmen, den es braucht, damit sich

Spannungen nicht nur körperlich, sondern auch auf mentaler Ebene lösen können. Immer mit der Haltung, dass wir das Gesunde stärken und der Mensch jederzeit selbst entscheiden kann, wie weit und tief er in seinem Selbstgewahrsein gehen kann und möchte. Hier setzt das Coaching an. Wenn der Körper lernt, loszulassen, wird es möglich, sich auch innerlich neu auszurichten. Welche meiner Muster beeinflussen den Sitz? Welche Emotionen sind mit festgehaltenen Spannungen beim Reiten verbunden? Wie kann ich die neue Leichtigkeit langfristig im Reiten und im Alltag integrieren? Und so fort.

Das nächste Kapitel widmet sich all diesen Fragen. Es zeigt die systemischen Coaching Elemente und -Dimensionen auf, die die RISING STAR Reiterklangmassage, Sitzschulung, Lockerung unterschiedlicher Körperbereiche, und der vertikalen Faszienklangmassage zu einem durchgängigen Prozess machen. Einem Weg, der nicht nur die körperliche Durchlässigkeit schafft, sondern den Reiter auf allen Ebenen darauf vorbereitet: Das zu erleben, wonach wir alle im Sattel suchen: die echte, spürbare Einheit mit dem Pferd. ■

7. COACHING METHODEN

Der Schlüssel zur Tiefe der Reiterklangmassage

Nachdem wir uns in den bisherigen Kapiteln intensiv mit der Klangmassage für Mensch, Pferd und Reiter, der Sitzschulung, der Lockerung verschiedener Körperbereiche und der Faszienklangmassage beschäftigt haben, widmen wir uns nun einem Bereich, der die Reiterklangmassage erst richtig kraftvoll und nachhaltig macht: den systemischen Coaching-Methoden.

Denn so entspannend und wohltuend der Klang an sich auch ist, ohne das passende Coaching bleibt er oft nur ein schönes und kurzzeitiges Erlebnis. Erst durch die in die RISING STAR Reiterklangmassage gezielt integrierten Methoden wie Achtsamkeit, Anwendung der systemischen Schleife, hypnosystemische Fragetechniken, Mentaltraining und lösungsorientiertes Arbeiten entfaltet die Klangmassage ihre volle Wirkung. Sie bekommt eine Tiefe, die weit über die körperliche Ebene hinausgeht, hin zu mentaler Klarheit, emotionaler Balance und persönlichem Wachstum. Hier beginnt der Teil, der nicht nur das Reiten verbessert, sondern den Reiter auch als Mensch wachsen lässt.

WARUM COACHING EIN FESTER BESTANDTEIL VON RISING STAR IST

In der Reiterklangmassage nach KPC geht es nicht nur um lockere Muskeln und einen entspannten Sitz. Der Körper drückt immer auch aus, was Worte oft verbergen. Wenn wir lernen, diesen Ausdruck bewusst wahrzunehmen, können wir daraus echte, nachhaltige Veränderungen entwickeln. Denn Körper, Geist und Emotionen sind untrennbar miteinander verbunden, und genau an dieser Schnittstelle setzt das Coaching an.

◎ **Achtsamkeit**
schärft das Bewusstsein für den gegenwärtigen Moment. Sie hilft nicht nur dem Körper, sondern auch dabei, die feinen inneren Reaktionen, Gedanken, Gefühle und Spannungen bewusster wahrzunehmen

◎ **Hypnosystemische Fragen**
öffnen Türen zu unbewussten Mustern, die oft unbemerkt das Reiten beeinflussen. Sie fördern innere Klarheit und schaffen Raum für neue Perspektiven.

◎ **Ressourcen- und Lösungsorientierung**
lenkt den Fokus weg von Problemen hin zu Möglichkeiten. Anstatt zu fragen „Warum klappt das nicht?“, geht es darum zu entdecken: "Was könnte funktionieren?“

◎ **Mentaltraining und Methoden zur Angstauflösung**
unterstützen gezielt, Ängste zu bewältigen lösen mentale Blockaden oder alte Glaubenssätze auf, die den nächsten Entwicklungsschritt verhindern könnten.

◎ **Systemische Haltung & tools**
ergänzt all diese Methoden, indem sie die Menschen nicht isoliert betrachtet, sondern im Kontext seiner Beziehungen, Muster und Wechselwirkungen. Jeder Mensch erschafft seine eigene Realität. Damit eröffnen wir Reitern die Möglichkeit, die eigenen Denkmuster zu hinterfragen und neue Perspektiven zu entwickeln. Wir arbeiten hierbei mit guter Hypothesen-Arbeit, anstatt mit Diagnosen.

◎ **Neurowissenschaft**
zeigt, dass unser Nervensystem durch gezielte Sinnenreize – wie Klang, Vibrationen und bewusste Aufmerksamkeitsfokussierung neue neuronale Verknüpfungen aufbauen kann. Wir unterstützen das Gehirn dabei, alte Muster zu überschreiben und neue förderliche Zustände nachhaltig zu verankern.

Diese Werkzeuge setzen wir nicht zufällig oder „nebenbei" ein. Sie sind tief in die Formate der Reiterklangmassage eingewoben, vor, während und nach der Arbeit auf dem RISING STAR. Sie helfen uns, das Körpergefühl mit inneren Prozessen zu verbinden. Ohne sie bleibt die Klangmassage ein angenehmes körperliches Erlebnis. Mit ihnen wird sie zu einem kraftvollen Werkzeug für die persönliche und reiterliche Entwicklung.

WAS DU AUS DIESEM KAPITEL MITNEHMEN KANNST

Egal ob du Reiter, Reitlehrer oder einfach ein neugieriger Mensch bist, dieses Kapitel ist ein Werkzeugkasten voller wertvoller Methoden, die du in den unterschiedlichsten Situationen anwenden kannst:

Für dich selbst

Wenn du als Reiter bewusster, gelassener und klarer werden möchtest, um deine Balance, deinen Sitz und dein inneres Gleichgewicht zu verbessern.

Für Reitlehrer

Als Inspiration für den eigenen Unterricht. Viele der hier vorgestellten Coaching-Methoden können Reitlehrern helfen, ihre Schüler individueller zu begleiten, gerade dann, wenn klassische Korrekturen nicht den gewünschten Effekt bringen. Vielleicht entdeckst du den einen oder anderen Impuls, den du direkt in deine Praxis integrieren möchtest.

Für neue Perspektiven

Auch wenn du nicht alles eins zu eins übernehmen willst, manchmal reicht ein einziger Gedanke, eine gezielte Frage oder eine Achtsamkeitsübung, um einen entscheidenden Unterschied zu machen.

Du musst nicht alles anwenden. Nimm dir, was für dich passt. Vielleicht ist es eine einfache Reflexionsfrage, ein Bild, das dich inspiriert, oder eine Übung, die dich im Sattel gelassener macht. Lass das sein, was nicht zu dir passt. Die vorgestellten Übungen sind Ideen. Sie werden zu Tools, indem du sie ausprobierst. Diese können dann wertvolle Begleiter werden, wenn sie dir hilfreich und nützlich erscheinen.

COACHING ALS INSPIRATIONSQUELLE FÜR REITLEHRER

Gerade für Reitlehrer kann das systemische Coaching als wertvolle Ergänzung dienen. Vielleicht kennst du das aus deiner Unterrichtspraxis: Der Reitschüler versteht deine Anweisungen, aber sein Körper setzt sie nicht um. Oder: Du erklärst, demonstrierst, korrigierst, doch der „Aha-Moment" bleibt aus. Oder: Irgendetwas blockiert den Lernprozess, aber klassische Methoden greifen nicht.

Genau hier setzen die Coaching-Methoden an. Sie bieten keine Patentrezepte, aber sie eröffnen neue Wege, um Zugang zum inneren Erleben des Reiters zu finden. Oft sind es nicht die großen Worte, sondern kleine Impulse, die Blockaden lösen können:

◎ Eine einfache Frage, die den Fokus oder die Perspektive verändert.

◎ Eine kurze Visualisierung, die den Körper in die richtige Balance bringt.

◎ Eine achtsame Pause, die mehr bewirkt als zehn Minuten intensives Üben.

Du musst kein „Coach" im klassischen Sinne sein, um von diesen Ansätzen zu profitieren. Sie sollen dich inspirieren, vielleicht nimmst du den einen oder anderen Gedanken mit in deinen Reitunterricht, probierst eine Methode aus oder entwickelst daraus deine eigenen Ideen.

Bereit für den nächsten Schritt? In den folgenden Abschnitten beschäftigen wir uns mit der Welt des systemischen Coachings, der achtsamen Wahrnehmung, der lösungsorientierten hypnosystemischen Fragetechniken, des Mentaltrainings und der unbewussten Muster. Lass dich inspirieren. Lass dich herausfordern. Und vielleicht entdeckst du dabei nicht nur neue Wege für dein Reiten, sondern auch für dich selbst. Los geht`s! ■

Zwei Holzpferde – viele Anwendungsfelder

Die Arbeit mit dem Rising Star eröffnet zwei verschiedene, aber miteinander verbundene Wege, die sich an unterschiedliche Bedürfnisse anpassen lassen:

1 RISING STAR – OHNE KLANGSCHALE

Hier nutzen wir die Schaki sowohl am Körper, als auch unter dem Holzpferd, um ein sanftes Schwingungsfeld in dessen Holz zu erzeugen. Das Ergebnis ist subtil, aber wirkungsvoll:

- Ideal für alle, die sich auf Sitzschulung, Entspannung und Faszienklangmassage konzentrieren möchten.
- Perfekt, um den eigenen Körper bewusster wahrzunehmen und zu spüren, wie kleine Veränderungen im Sitz große Effekte haben können.
- Für Reiter aller Levels geeignet, die ein feines Körpergefühl entwickeln wollen, ohne sich von zu intensiven Reizen ablenken zu lassen.

2. RISING STAR SOLUTION –
MIT EINGEBAUTER KLANGSCHALE

In dieser Version ist eine Universal-Therapie-Klangschale direkt im Inneren des Holzkorpus befestigt, was ein tiefergehendes Schwingungsfeld erzeugt.

◎ Das macht den Rising Star zu einem Tool für vertikale Klangwellentherapie.
◎ Für alle, die mehr wollen: nicht nur körperliche, sondern auch emotionale und mentale Blockaden erkennen und auflösen.
◎ Diese Form eignet sich besonders für Coaching, Therapie und tiefere Selbsterfahrung.
◎ Hier geht es nicht nur um den Sitz, sondern um den Menschen im Ganzen.

FLEXIBLE ANWENDUNG DER
COACHING-ANSÄTZE

Die Coaching-Methoden, die ich dir in den folgenden Kapiteln vorstelle, können mit beiden Varianten des RISING STAR kombiniert werden:

◎ Auf dem schwingenden Holzpferd mit der Schaki profitierst du von feiner Körperarbeit und einer Sensibilisierung für deinen Sitz und deine Balance.

◎ Mit der Klangschale im Bauch des Holzpferdes bekommst du die Möglichkeit, zusätzlich noch tiefer in emotionale und mentale Prozesse einzutauchen, unterstützt von den Klangwellen, die tief ins System wirken.

Ob du dich mehr auf die körperliche Dimension konzentrierst, oder ob du tiefer in mentale und emotionale Themen eintauchen möchtest: Beide Wege ergänzen sich und können flexibel je nach Reiter und Situation eingesetzt werden. Im nächsten Kapitel stelle ich dir die 5 Ebenen der Einsatzbereiche vor, um dir danach einen Überblick über die verschiedenen methodischen Ansätze und Konzepte des Coachings-Hintergrunds zu liefern.

Du wirst sehen: Es ist kein festes System, sondern ein flexibler Werkzeugkasten, aus dem du dir das herausnehmen kannst, was für dich oder deine Schüler gerade am besten passt. ■

Die 5 Ebenen von RISING STAR

VOM KÖRPERGEFÜHL ZUR INNEREN ENTWICKLUNG

Die Arbeit mit RISING STAR und dem RISING STAR solution ermöglicht es, auf unterschiedlichen Ebenen zu arbeiten. Von reiner Entspannung bis hin zu tiefer gehendem Coaching-Prozessen. Diese Ebenen bauen aufeinander auf, können aber auch je nach Bedarf flexibel kombiniert werden. Um den Überblick zu behalten, habe ich die Anwendungsbereiche in 5 Ebenen unterteilt:

EBENEN 1-4
ARBEIT MIT DEM RISING STAR

1. Entspannung, Stressabbau, Wellness, wohltuende Auszeit

Fokus: Loslassen, zur Ruhe kommen.

◎ Ideal für Reiter die aus dem Alltag abschalten oder sich einfach einmal Re-setten wollen.
◎ Zur Stärkung von Wohlbefinden und Gesundheit
◎ Für Pausen im Reit-Alltag oder auf Turnieren.

Wirkung: Mehr Gelassenheit, Ausgeglichenheit, den Kopf frei bekommen – für einen entspannten, ruhigeren und präsenteren Umgang mit sich selbst und dem Pferd.

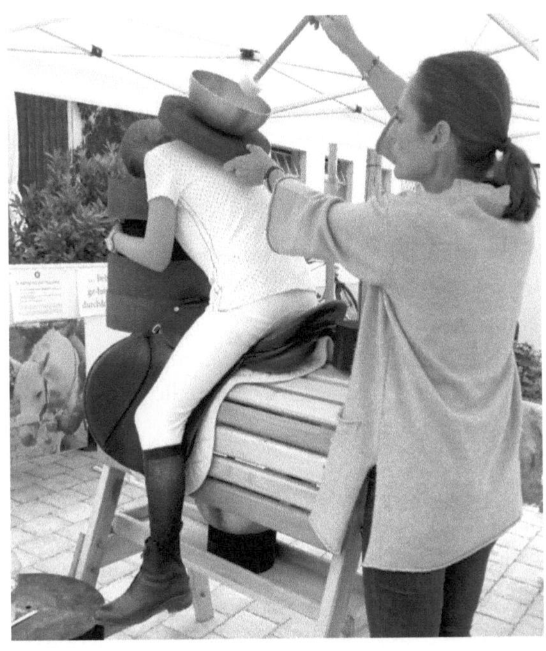

2. Lockerung von Gelenken, Lösung von Verspannungen, Verbesserung der Körperhaltung fürs Reiten

Sanfte Schwingungen lockern den Körper und helfen, Verspannungen zu lösen. Die Beweglichkeit fördern, besonders in Becken, Schultern und Rücken, Optimierung der Körperhaltung für ein besseres Sitzgefühl

3. Sitzschulung mit Elementen der vertikalen Klangwellentherapie

Verknüpfung von Klangmassage, Körperwahrnehmung und Sitzschulung

Feinabstimmung des Sitzes durch vertikale Klangwellen, die Blockaden im Bewegungsfluss sichtbar machen, oder als „Trockenübung", die bestimmte Hilfen besser im Körper spüren lässt.

Ideal für Reiter, die ihre Balance, Losgelassenheit und Hilfengebung verbessern möchten.

4. Faszienklangmassage

In dieser Form der Klangmassage arbeiten wir direkt am Körper des Reiters: Eine schwingende Klangschale wird in langsamen streichenden Bewegungen gezielt entlang der faszialen Bahnen entlang geführt. Nicht punktuell, sondern in klaren Bahnen. Die tiergehenden Vibrationen, gepaart mit den Streich-Bewegungen erreichen nicht nur das oberflächliche Gewebe, sondern wirken bis in die myofaszialen Tiefen. So werden die Faszienbahnen wohltuend glatt gestrichen. Das Bindegewebe kann sich im Körper neu aufspannen, was Stabilität, Aufrichtung und eine verbesserte innere Balance zur Folge hat.

EBENEN 5-6
VERTIEFUNG MIT DEM
RISING STAR SOLUTION

5. Systemisches Coaching

Einsatz von tiefer gehenden hypnosystemischen Fragetechniken, Achtsamkeit und Mentalstrategien, Unterstützung bei Thema wie Selbstvertrauen, innerer Klarheit, mentalen Blockaden, oder Angstbewältigung. Ziel: Neue Perspektiven entwickeln und persönliche Entwicklung fördern.

6. Vertikale Klangwellentherapie für tiefere Prozesse

Nutzung der Klangwellen für tiefergehende therapeutische Prozesse und Selbstwahrnehmung
Anwendung im Bereich der Persönlichkeitsentwicklung und mentalen Transformation.

Diese Tabelle beschreibt die verschiedenen Ebenen der Arbeit mit RISING STAR, abgestimmt auf unterschiedliche Bedürfnisse, Ziele und professionelle Qualifikationen. Jede Ebene baut auf der vorherigen auf, wobei der Fokus, die Inhalte und die notwendigen Kompetenzen klar definiert sind. Diese Abstufung ermöglicht es, RISING STAR flexibel einzusetzen, und den Fokus bewusst zu setzen. Dann können die Wellen ihre optimale Wirkung entfalten und werden in einem klar definierten Rahmen nutzbar gemacht. ■

Ebene	Inhalte	Fokus	Professionalität
	RISING STAR Für Reitunterricht und Sitzschulung		
1	Entspannung, Stress-relief, wohltuende Auszeit	**Wohltuendes Wellness**	RISING STAR Sitzschulung
2	Lockerung Gelenke, Verspannungen und Verbesserung der Körperhaltung	**Lockerung des Körpers**	
3	Sitzschulung mit Elementen der vertikalen Klangwellentherapie	**Sitzschulung**	
4	Faszienklangmassage	**Faszien Lockerung & Spannkraft**	
	RISING STAR solution Für Coaching & Therapie		
5	Systemisches Coaching	**Lösungsorientierte Verbesserung der Selbststeuerung**	& Systemisches Coaching
5	Vertikale Klangwellentherapie	**Therapeutische Intervention**	& Physiotherapie Psychotherapie

WICHTIGER HINWEIS FÜR DIE PRAXIS!

Obwohl der Begriff „Therapie" verwendet wird, geht es hier nicht um medizinische Behandlungen sondern um die Unterstützung der Selbstregulation und innerem Wachstum. In der RISING STAR Reiterklangmassage arbeiten wir ausschließlich im Bereich der Prävention, Entspannung, Coaching, Körperwahrnehmung und Ausbildung. Unser Ansatz dient der Förderung von Wohlbefinden, mentaler Stärke und Körperbewusstsein.

Wichtig: Die Reiterklangmassage ist keine medizinische Therapie und ersetzt keine ärztliche Behandlung, Physiotherapie oder Psychotherapie. Bei körperlichen Beschwerden oder psychischen Erkrankungen ist immer ein Facharzt, Therapeut oder eine medizinische Fachkraft hinzuziehen. Unsere Arbeit versteht sich als unterstützendes Angebot, nicht als Heilbehandlung.
Die Methoden können jedoch, in Absprache mit Fachpersonal, ergänzend zu therapeutischen Prozessen eingesetzt werden, beispielsweise als begleitendes Tool in der Psychotherapie.

Systemisches Coaching –
ein Schlüsselbaustein von RISING STAR

Die Verbindung von RISING STAR mit systemischen Coaching ist kein Zufall und auch kein „nettes add on" – sie ist ein zentraler Bestandteil des gesamten Konzepts. Dieser Ansatz basiert auf fundiertem Wissen und vor allem auf meiner eigenen langjährigen Erfahrung in Coaching und Prozessbegleitung.

Über 25 Jahre hinweg habe ich systemische Coaching Methoden in der Praxis angewandt und erprobt, in unzähligen Coachings mit Menschen auf allen Hierarchiestufen, in großen Unternehmen, in Change Prozessen und bei der Begleitung individueller Entwicklungswege.
Ein wichtiger Fokus war der Umgang mit sich selbst, um Burnout zu vermeiden. Schon früh habe ich dabei auch pferdegestützte Coaching-Elemente integriert, was mich noch tiefer in die faszinierende Welt der nonverbalen Kommunikation, Körperwahrnehmung und auch in das feine pferdegerechte Reiten geführt hat. Irgendwann kam dann auch die Klangarbeit hinzu, die ich ebenfalls in mein Wirken sowohl in der organisationalen, als auch in der Pferde-Welt integriert habe.

Aus all diesen Erfahrungen ist ein einzigartiger Ansatz gewachsen. Ich weiß, welche systemischen Methoden wirklich wirksam sind, wenn es darum geht, Blockaden zu lösen, Selbstwahrnehmung zu schärfen und Veränderungsprozesse nachhaltig zu gestalten. Die Methoden, die ich ausgewählt, verfeinert und erweitert habe, sind Ergebnis von Jahrzehnten praktischer Arbeit mit Menschen in den unterschiedlichsten Kontexten. Im folgenden erfährst du die theoretischen Hintergründe und einige ausgewählte Tools, die du auch ohne Klangmassage für dich anwenden kannst. Dies soll dir die Tiefendimension und Vielfalt der Möglichkeiten aufzeigen, die wir mit RISING STAR anbieten.

„Von Pferden Lernen"
KPC Teambuilding mit dem Partner Pferd

DIE SYSTEMISCHE HALTUNG

Ein zentrales Element der systemischen Arbeit ist nicht nur die Methodik, sondern in erster Linie eine grundsätzliche Haltung. Sie prägt, wie wir auf den Menschen, seine Bewegungsmuster, seine Reitweise und seine Entwicklung blicken. Dabei stehen für uns nicht Defizite oder Fehler im Vordergrund, sondern das, was bereits vorhanden ist: Ressourcen, Stärken und Potenziale, die nur darauf warten, aktiviert zu werden.

1. RESSOURCEN-ORIENTIERUNG – STÄRKEN STATT SCHWÄCHEN IM FOKUS

In der Ressourcen-Orientierung konzentrieren wir uns darauf, die bereits vorhandenen Kompetenzen, Fähigkeiten und inneren Kraftquellen eines Menschen zu erkennen und zu fördern. In der Arbeit mit RISING STAR geht es nicht darum, Schwächen zu bekämpfen, oder Defizite zu analysieren, sondern die Stärken zu stärken. Jeder Reiter bringt individuelle Ressourcen mit – sei es eine besondere Körperwahrnehmung, emotionale Intelligenz, die Fähigkeit, feine Signale der Umwelt intuitiv zu spüren, oder auch Humor bis hin zu der Bereitschaft, seine Kraft und Energie für andere einzusetzen.

Anstatt sich zu fragen: „Was läuft hier falsch?" Lautet eine zentrale Frage: „Was läuft bereits gut? Und wie können wir es so kultivieren, würdigen und wertschätzen, dass diese Qualität bleiben darf, auch wenn der Mensch neues dazu lernt?"

HINTERGRUND

Der ressourcenorientierte Ansatz hat seine Wurzeln in der humanistischen Psychologie, insbesondere in den Arbeiten von Carl Rogers (personenzentrierte Therapie), der den Fokus auf individuelles Wachstum und die Selbstverwirklichung des Menschen legte. Ergänzt wurde dieser Ansatz durch die lösungsorientierte Kurzzeittherapie von Steve de Shazer und Insoo Kim Berg, die den Blick gezielt auf vorhandene Stärken und erfolgreiche Erfahrungen lenkten. Auch das systematische Coaching, das die Wechselwirkungen von Individuen in ihren sozialen Systemen betrachtet, hat diesen Ansatz weiter geprägt. Ein weiterer wichtiger Impuls stammt aus der positiven Psychologie, die von Martin Seligmann maßgeblich entwickelt wurde. Sie betont, wie wichtig es ist, nicht nur Defizite zu beheben, sondern gezielt positive Emotionen, Stärken und Potenziale zu fördern, um Resilienz und Wohlbefinden zu steigern.

In der Reitpädagogik finden wir diese Haltung zum Beispiel auch

◎ **Im Centered Riding.** Hier geht es ebenfalls darum, das Körpergefühl zu verbessern und das, was schon gut funktioniert, weiter zu entwickeln. Der Reiter wird ermutigt, die eigene Balance und Mitte zu finden.

◎ **In der Akademische Reitkunst (Bent Branderup, Annika Keller und andere):**
Hier wird der Reiter als denkender, fühlender und reflektierender Partner des Pferdes betrachtet, der seine eigenen Fähigkeiten bewusst wahrnehmen und verfeinern kann.

◎ **In Reittherapie und Heilpädagogischem Reiten**
Hier steht die Förderung von Ressourcen im Vordergrund. Der Kontakt mit dem Pferd wird hier genutzt, um emotionale, kognitive und körperliche Stärken zu aktivieren. Selbstbewusstsein, Selbstwirksamkeit und emotionale Stabilität sind hier ein wichtiger Fokus.

◎ **In der School of Légèrté**

Auch in der klassischen französischen Reitweise wird viel Wert darauf gelegt, das Pferd durch leichte, feine Hilfen zu motivieren. Auch hier ist Gedanke der Kooperation zentral: Der Reiter arbeitet mit dem Pferd, nicht gegen es. Die Schulung von Leichtigkeit und Harmonie baut auf dem, was das Pferd bereits anbietet und fördert dessen natürliche Bewegung.

◎ **In der Freiarbeit und Natural Horsemanship**

Auch wenn dieser Begriff oft mit klassischer Konditionierung und „Dressieren" vermischt wurde, geht es im besten Fall bei Natural Horsemanship darum, die Stärken des Pferdes zu erkennen und in den Trainingsprozess einzubinden. Frederik Pignon verfolgt diesen Weg sehr konsequent, bei ihm sind Freude und ein positiver emotionaler Zustand des Pferdes Grundlage und Ziel zugleich.

◎ **In der Franklin-Methode**

Ebenfalls als Sitzschulung für Reiter, in der die Körperwahrnehmung verbessert, ebenfalls mit inneren Bildern gearbeitet, und die Selbstregulation gefördert wird. Auch hier liegt der Fokus nicht darauf, Fehler „zu beseitigen", sondern neue Bewegungsmöglichkeiten zu eröffnen – ähnlich wie bei RISING STAR, eben nur mit Bällen und ohne Klangholzpferd: Veränderung passiert nicht durch Druck, sondern durch feine Impulse, die den Körper an seine eigene Weisheit erinnern.

In der Arbeit mit RISING STAR

Diese Haltung spiegelt sich auch in der Reiterklangmassage wider. Hier geht es nicht darum, den Körper oder Menschen zu „reparieren", sondern ihn in seiner Selbstregulation zu stärken und darin zu unterstützen. Wir aktivieren kraftvolle innere Zustände, motivierende innere Bilder und positive Erlebnisse, die den Reiter mental und emotional aufrichten. Ohne ihn durch falsch verstandene „Manifestations- und Affirmationstechnik" in Zielvision-Fantasien zu stupsen, die ihn am eigenen Anspruch im Alltag doch wieder scheitern lassen. Visionär und realistisch zugleich schauen wir, wo stärkende Ressourcen gefunden, erinnert und integriert werden können.

2. LÖSUNGSORIENTIERUNG – DER WEG VOM PROBLEM ZUR MÖGLICHKEIT

Die systemische Haltung geht über die Ressourcen-Aktivierung weiter hinaus. Ein zentrales Element ist die Lösungsorientierung. Diese geht davon aus, dass Veränderungen oft dort beginnen, wo wir nicht mehr nach dem „Warum" eines Problems suchen, sondern nach dem „Wie" einer Lösung.

Der Satz *„die Lösung liegt im Lösen"* beschreibt dies treffend. Sowohl im wörtlichen als auch im übertragenen Sinne: Wir lösen Verspannungen im Körper, aber ebenso mentale Blockaden und emotionale Verstrickungen UND sorgen damit für Losgelassenheit bei Reiter und Pferd.

Dabei geht es im Prozess nicht um spektakuläre Durchbrüche (die wir gleichwohl nicht selten auch erleben dürfen), sondern um die Kraft der kleinen, nachhaltigen Veränderungen. Oft sind es minimale, kaum sichtbare Mikrobewegungen, oder kleine mentale Impulse, die einen entscheidenden Unterschied

machen und dabei sowohl den Körper, als auch den Geist in eine neue Balance bringen.

Im Coaching mit RISING STAR richten wir den Blick nicht starr auf ein Ideal, das verbissen angestrebt wird. Stattdessen öffnen wir den Raum für das, was sich auf dem Weg dahin von selbst entfalten darf. Natürlich braucht es ein klares Ziel, das positiv formuliert, eigenverantwortlich, realistisch und spezifisch ist. Doch ebenso wichtig ist es, die Reise dorthin als dynamischen Prozess zu verstehen – offen für alles, was sich zeigt: Bedürfnisse, Wünsche, Ängste, Emotionen, oder bisher unerkannte Ressourcen.
Widerstand (geistig, emotional oder körperlich) wird dabei nicht als Störfaktor betrachtet, sondern als wertvolles Feedback. Oft steckt dahinter ein Bedürfnis, oder eine Kompetenz, die zu einer bestimmten anderen Zeit hilfreich war. Indem wir diese anerkennen und den dahinter liegenden Bedürfnissen Raum geben, kann der Widerstand sich in einen Entwicklungsschritt verwandeln. So wird aus einer vermeintlichen „Schwäche" eine Ressource, die in einer neuen freieren Form wirksam werden darf.

HINTERGRUND

Die Lösungsorientierung speist sich vor allem aus dem solution focused Ansatz von Steve de Shazer und Insoo Kim Berg und setzt auf einen einfachen, aber revolutionären Ansatz: Statt Probleme endlos zu analysieren, liegt der Fokus auf Lösungen. Das Motto lautet: „Finde, was funktioniert – und mache mehr davon." Diese Haltung wurde von Gunther Schmidt in der hypnosystemischen Arbeit aufgegriffen und weiterentwickelt. Schmidt verbindet die lösungsorientierte Sichtweise mit einem tiefen Verständnis für innere Prozesse, Emotionen und Systeme. Seine Arbeit zeigt, dass Veränderung nicht nur durch bewusstes Denken, sondern auch durch die unbewusste Aktivierung von Ressourcen geschehen kann. Diese beiden „Lehrväter" meiner eigenen Entwicklung prägen nicht nur meine Herangehensweise, sondern inspirieren auch den Weg, wie ich die Klangmassage in der Reiterwelt einsetze.

IN DER ARBEIT MIT RISING STAR

Genau hier knüpft auch die Arbeit mit RISING STAR an. Die Klangschwingungen wirken nicht primär über den Verstand, sondern tief in den Körper hinein und erreichen damit auch unbewusste Ebenen. Durch die Verbindung von Körperwahrnehmung, inneren Bildern und hypnosystemischen Fokussierungen entstehen Lösungen oft wie von selbst – ohne dass sie erzwungen werden müssen. Es ist das Zusammenspiel von Klang, Vibration, Körper und mentaler Ausrichtung, das eine neue Form von Loslassen und Selbstregulation ermöglicht.

Statt sich also darauf zu konzentrieren, „warum" ein Reiter verspannt oder blockiert ist, fragen wir lieber:

◎ *Was wäre, wenn es heute einfach ein kleines bisschen besser laufen würde?*

◎ *Auf einer Sakai von 0-10: Wie durchlässig fühlst du dich gerade?*

◎ *Und was bräuchtest du, um ein oder zwei Punkte höher zu kommen?*

Solche Fragen stärken die innere Selbstwahrnehmung des Reiters, öffnen den Raum für Veränderung und unterstützen dabei, dass Lösungen nicht „von außen gemacht", sondern innerlich erforscht, gefunden und gefühlt werden. Das ist der Kern der lösungsorientierten und hypnosystemischen Elemente in der Reiterklangmassage auf RISING STAR.

VON DER SACKGASSE ZUR MÖGLICHKEIT

Im Reitsport ist es leicht, in einer Problemspirale stecken zu bleiben. Gunther Schmid nennt dies auch „Problem-Trance": Die Anlehnung passt nicht, der Takt stimmt nicht, das Pferd wirkt verspannt – und plötzlich steht man vor einer scheinbaren Sackgasse. Im Zweifel muss das Pferd sich ändern. Doch genau hier zeigt sich die Kraft der lösungsorientierten Haltung: Weg vom Problemdenken, hin zu den Möglichkeiten. Und den eigenen Optionen, die ich als Reiter an mir selbst entdecken und ändern kann.

Die Frage lautet nicht: „Was ist falsch?", sondern: „Was funktioniert bereits? Wofür steht das Problem? Was fehlt? Was braucht das Pferd? Was braucht der Mensch? Wo ist Raum für Veränderung?" Durch diesen Perspektiv-Wechsel wird Energie freigesetzt, die zuvor durch die Fixierung auf Probleme blockiert war.

WIE KLANGMASSAGE DAS LÖSEN UNTERSTÜTZT

Die Klangmassage passt perfekt zu diesem Ansatz, denn die Schwingungen der Klangschalen wirken hier wie ein Schlüssel, der Spannungen löst und gleichzeitig Ressourcen aktiviert. Während Verspannungen sich sanft lösen und der Geist zur Ruhe kommt, wird der Reiter eingeladen, seine Bewegungen bewusst zu spüren – und sich wieder auf das Positive, Gesunde, Funktionierende zu fokussieren.

Ein Beispiel: Ein Reiter, der sich in Gedanken wie „Mein Pferd ist so steif, ich schaffe das nie" verliert, projiziert diese innere Anspannung auf seinen Körper – und überträgt sie direkt auf sein Pferd. Die Klangmassage unterbricht diesen Kreislauf. Sie öffnet den Raum für die Frage: „Was fühlt sich denn – jetzt – gerade leicht im Körper an? Sei es auch noch so ein kleiner Bereich: Wo im Körper spüre ich das? Was funktioniert jetzt schon gut?"

Mit diesen Perspektivwechseln entsteht eine gewisse Leichtigkeit und Freude, sich einen neuen Zugang zu sich selbst und zum Pferd zu erobern!

DIE MAGIE DER KLEINEN SCHRITTE

Ein wichtiger Aspekt von Steve de Shazers und Gunther Schmidts Arbeit ist dabei die Erkenntnis, dass große Veränderungen oft aus vielen kleinen Schritten entstehen. Dieses Prinzip lässt sich wunderbar in der Reiterwelt umsetzen: Statt sofort die „perfekte" Leistung zu erwarten, geht es darum, die oftmals sehr kleinen Fortschritte wahrzunehmen und zu feiern – sei es ein Moment der Losgelassenheit, ein fließender Übergang oder ein tiefer Atemzug. Für die Ausbildung von Pferden ist dieser Ansatz sehr hilfreich, und ist für uns Menschen, die wir oft sehr streng zu uns selbst sind, sehr wichtig.

Die Klangmassage hilft dabei, diese kleinen Schritte bewusst wahrzunehmen und zu verstärken. Jede Schwingung, jeder Klang ist eine Einladung, im Hier und Jetzt zu sein und zu spüren, was möglich – was gerade schon richtig gut ist – und was mehr werden darf…

EINE HALTUNG FÜR REITER, PFERDE UND DAS LEBEN

Die lösungsorientierte Grundhaltung ist dabei mehr als nur eine Methode – sie ist eine Art Lebenshaltung, eine Lebensweise. Sie hilft Reitern, mit Gelassenheit und Zuversicht an Herausforderungen heranzugehen und immer wieder ihre eigenen Ressourcen und die ihres Pferdes zu erkennen und zu stärken.

Hier wirkt die Klangmassage wie ein großer Verstärker, der diesen feinen Prozess unterstützt: Sie schafft Raum für die Veränderung, für Leichtigkeit und für die Freude an der gemeinsamen Arbeit mit dem Pferd. Durch die Schwingungen „beschwingt" fällt es leichter, Potenziale und neue Möglichkeitsräume zu entdecken, anstatt mürrisch und angespannt in bekannte Fehlern zu tauchen und in ihrer Analyse zu versinken.

Steve de Shazer drückte es sinngemäß so aus: Manchmal reicht es, nur zu wissen, in welche Richtung man gehen muss." Dann löst sich etwas – und der Lösungsraum ist eröffnet! Also: Locker bleiben. Es löst sich – Schritt für Schritt.

3. WIRKLICHKEITSKONSTRUKTION

Der dritte Grundpfeiler der systemischen Haltung ist das Konzept der Wirklichkeitskonstruktion. Es beschreibt die einfache, aber tiefgreifende Erkenntnis, dass wir Menschen die Welt „nicht objektiv" wahrnehmen, sondern unsere eigene, individuelle Wirklichkeit erschaffen – basierend auf unseren persönlichen Erfahrungen, Prägungen, Emotionen, Projektionen, inneren Überzeugungen und den kulturellen Kontexten, in denen wir aufgewachsen sind und leben. Unser Gehirn filtert und interpretiert ständig Informationen, um aus der Komplexität der Welt ein „stimmiges" Bild für uns selbst zu erschaffen. Diese Interpretationen sind geprägt von unseren Erlebnissen, Erinnerungen, unserem Wissen und den Bedeutungen, die wir den Dingen beimessen.

Es gibt also keine absolute, universelle Wirklichkeit. Oder, wie Gunther Schmid, einer der prägenden Vordenker des hypnosystemischen Ansatzes formuliert: „Wir leben in Wahr-Gebungen." Jeder Mensch trägt eine ganz persönliche „innere Landkarte" der Welt in sich, die niemals das komplette „Gebiet" abbildet, sondern immer nur eine subjektive Konstruktion davon ist. Wir alle schauen durch unsere eigenen „inneren Brillen", die bestimmen, was wir wahrnehmen und wie wir es bewerten.

Gerade im Reitsport wird dieses Phänomen besonders deutlich: Was für den einen Reiter als Maß der Dinge gilt – sei es eine spezielle Reitweise, ein bestimmter Sitzstil, eine Haltungsform oder eine Methode der Pferdeausbildung – wird von einem anderen als ineffektiv oder sogar problematisch betrachtet. Aussagen wie „Nur so ist es richtig!" Oder „Das funktioniert nie!" Sind Ausdruck dieser individuell konstruierten Wirklichkeiten. Oft entstehen daraus hitzige Debatten, oder heftige Konflikte, weil viele Menschen unbewusst den Anspruch erheben, dass ihre Sichtweise DIE Wahrheit sei. Das führt nicht nur zu Missverständnissen, sondern auch zu vorschnellen Bewertungen, Abwertungen und der Einschränkung von Entwicklungs- und Lernmöglichkeiten – sowohl im Umgang mit Menschen als auch mit Pferden.

HINTERGRUND

Die Wirklichkeitskonstruktion lässt sich auf mehrere bedeutende Theoretiker zurückführen. Die Konstruktivismus-Theorie hat ihre philosophischen Wurzeln bei Immanuel Kant, George Berkeley, und wurde von Piaget, Ernst von Glasersfeld und Niklas Luhmann in der Psychologie und Systemtheorie behandelt, wobei Paul Watzlawick und der radikale Konstruktivismus darin eine zentrale Rollen spielen.

Paul Watzlawick war einer der führenden Vertreter des Palo-Alto-Instituts und Mitbegründer der modernen Kommunikations- und Systemtheorie und prägte den Begriff „Wirklichkeits-konstruktion" maßgeblich. In seinem bekannten Werk „wie wirklich ist die Wirklichkeit?" beschreibt er, dass unsere Wahrnehmung der Welt nicht objektiv ist, sondern dass wir immer unsere eigenen Wirklichkeit konstruieren. Für ihn ist Wirklichkeit kein festes, objektives Konzept, sondern ein Produkt sozialer Interaktion und individueller Interpretation. Der Radikale Konstruktivismus, geprägt von Ernst von Glasersfeld, geht noch einen Schritte weiter: Er behauptet, dass es keine objektive Realität gibt, die wir jemals „neutral" erfassen könnten. Alles was wir wahrnehmen, ist ein individuelles Konstrukt, das unser Gehirn erschafft, um die Welt für uns „brauchbar" zu machen.

Zwei weitere prägende Schulen sind Neuwaldegg und Königswieser, die die subjektive Wirklichkeit in ihrer Beratungspraxis explizit nutzen. Aus ihrem Ansatz entstammt eine sehr wirkungsvolle Methode, die ein wichtiger Bestandteil meiner Coaching-Arbeit und darin auch mit RISING STAR geworden ist: Die sogenannte „systemische Schleife". Sie beschreibt den dynamischen Prozess aus individueller Wahrnehmung, Verstehen, Handeln und Reflektieren, der immer wieder als Coach, Klangmassage Praktiker, oder Reitlehrer durchlaufen wird. In der Praxis bedeutet das: Jede Beobachtung oder Veränderung wird nicht als Endpunkt betrachtet, sondern ist immer auch Teil eines sich fortlaufenden anpassenden Prozesses.

IN DER ARBEIT MIT RISING STAR

Bei der Reiterklangmassage zeigt sich dieser Ansatz ganz praktisch: Was ein Reiter als „gerade" oder „balanciert" empfindet, kann objektiv betrachtet vollkommen asymmetrisch sein. Die Klangschwingungen und Körperübungen helfen dabei, die eigene Konstruktion von Körpergefühl zu hinterfragen, und neue, hilfreichere Körperwahrnehmungen zu entwickeln.

Wir brechen auch mit einem starren „richtig-falsch" Denken. Denn RISING STAR ist kein dogmatisches Konzept, sondern ein offenes Erfahrungsfeld. Er ist einfach ein vibrierendes Holzpferd – nicht mehr und nicht weniger. Was daraus entsteht, ist vollkommen individuell: Für den einen Reiter wird es ein AHA Erlebnis im eigenen Körpergefühl, für den anderen ein Moment tiefer Entspannung oder die Entdeckung eines inneren Bildes, das seine Reitweise verändert oder vertieft. Die Klangschwingungen bieten einen Raum, der frei ist von Bewertungen. Sie wirken, ohne zu urteilen. Sie laden ein, zu spüren, zu Beobachten und zu forschen, ohne den Anspruch eine bestimmte „Wahrheit" zu liefern.

RISING STAR ist damit in seiner Essenz kompatibel zu vielen unterschiedlichen Reitansätzen, sei es in der akademischen Reitkunst, im Dressursport, im Working Equitation, im Springen, Vielseitigkeit, und jeder Art der Freizeit-Reiterei, von der Légèrté bis zu den Islandpferden.

Er passt sich nicht an eine Methode an, sondern ist ein Werkzeug, das den Zugang zum eigenen Körper, zur Wahrnehmung und zur Selbstregulation eröffnet. Es gibt keine „richtige" Art ihn zu nutzen, nur das, was für den jeweiligen Menschen und das Pferd hilfreich und nützlich ist.

Das ist der Zauber der systemischen Haltung: Sie eröffnet einen Raum, in dem Vielfalt nicht als Bedrohung, sondern als Bereicherung erlebt werden kann. RISING STAR lädt dazu ein, die eigene innere Landkarte zu erkunden – neugierig, offen und ohne den Druck „richtig" sein zu müssen. Denn letztlich ist es nicht wichtig, ob wir etwas als „wahr" identifizieren. Entscheidend ist, ob es uns hilft, uns selbst und unser Pferd besser zu verstehen und uns mit ihm freier und geschmeidiger mit viel Freude gesund, glücklich und schmerzfrei im Sattel und am Boden zu bewegen.

Damit kommen wir zu einem weiteren Prinzip, das in o.g. Ansätzen ebenfalls enthalten ist:

4. „HILFREICH UND NÜTZLICH" STATT „FALSCH ODER RICHTIG"

Wir Menschen neigen dazu, Dinge schnell zu bewerten, in Kategorien einzuordnen und unser eigenes Verhalten oder das von anderen in „richtig" oder „falsch" zu verorten. Diese Tendenz ist ein natürlicher Mechanismus unseres Gehirns, der Orientierung geben soll. Doch gerade im Reitsport, wo es um komplexe lebendige Interaktionen zwischen Menschen und Pferden geht, kann dieses Schwarz-Weiß-Denken zu unnötigen Blockierungen führen. Sowohl mental, wie auch körperlich und sozial im Miteinander.

Denn das, was in einem Kontext als „richtig" gilt, kann einem anderen vollkommen „falsch" sein. Nehmen wir ein Beispiel aus der Reitpraxis. Eine Reiterin ist überzeugt, dass ihr Pferd immer in perfekter Anlehnung am Zügel laufen muss, weil sie das als Maßstab für gute Reitkunst verinnerlicht hat. Sie urteilt streng: „Wer sein Pferd nicht in korrekter Anlehnung reitet, schadet ihm". Dabei übersieht sie, dass ihr eigenes Pferd vielleicht gerade jung und unerfahren ist, gesundheitliche Probleme hat oder einfach gerade einen anderen Trainingsansatz bräuchte, als diesen Einen. Sie betrachtet andere Reiter, die flexibler mit ihren Methoden umgehen, oder zum Beispiel ihr Pferd eine Weile „nur" Spazieren führen, als „falsch", „unfähig" ohne den individuellen Kontext zu berücksichtigen.

Doch der Reitsport ist kein statisches Konstrukt, sondern ein dynamisches Zusammenspiel von unzähligen Faktoren: der körperlichen, emotionalen und mentalen Verfassung des Reiters, der Tagesform und des Entwicklungsstand des Pferdes, der Umgebung, der Trainingsziele, und vielem mehr. Was in einer Situation funktioniert, kann in einer anderen kontra-

produktiv sein. Genau hier setzt die systemische Haltung an: Sie lädt dazu ein, sich von starren Kategorien zu lösen und sich statt dessen zu fragen:

„Ist das, was ich gerade denke und tue, jetzt gerade auch hilfreich und nützlich für mein Pferd und für mich?"

Diese Perspektive öffnet den Raum für individuelle Lösungen im Kontext und im gegenwärtigen Augenblick, anstatt sich in der Suche nach dem „einen richtigen Weg" ohne Kontextbezug zu verlieren.

Auf RISING STAR wird dieser Ansatz besonders greifbar. Die Klangschwingungen geben dem Körper direkte Rückmeldungen, die weder „richtig" noch „falsch" sind, sie sind einfach jetzt da. Der Körper zeigt, wo Spannungen sitzen, wo Blockaden gelöst werden können und wo mehr Balance möglich ist.

Schauen wir dazu zwei Reiter an:

Reiter A

ist ehrgeizig und möchte bei Turnieren glänzen. Er merkt, dass er immer wieder mit verspannten Schultern und Rückenschmerzen kämpft, besonders vor Prüfungssituationen. Seine innere Stimme kritisiert ihn ständig: „Das ist falsch, das solltest du längst im Griff haben". Also übt er härter, macht mehr Krafttraining und versucht, die Blockade zu ignorieren oder sie durch Disziplin zu „besiegen". Das Ergebnis? Die Verspannung wird schlimmer, weil er gegen seinen eigenen Körper arbeitet, statt mit ihm. Er ignoriert die Signale des Körpers, wertet sich selbst ab und gerät in einen Teufelskreis aus Anspannung und Frustration.

Reiterin B

erlebt ebenfalls die gleichen Verspannungen: verspannte Schultern und Rücken-schmerzen. Sie betrachtet dies nun nicht als Schwäche, gegen die sie ankämpfen muss, sondern als anerkennungswürdiges wertvolles Feedback des Organismus. Sie fragt sich: Wofür könnte diese Wahrnehmung jetzt hilfreich und nützlich sein? Was will mir diese Verspannung sagen?" Vielleicht erkennt sie, dass sie sich zu sehr unter Leistungsdruck setzt oder dass ihr Atem flach wird, wenn sie nervös ist. Anstatt gegen ihren Körper zu kämpfen, nutzt sie die Reiter-Klangmassage, um hinein zu spüren, loszulassen und sanfte Veränderungen zuzulassen. Sie erkennt: Die Verspannung ist kein Feind, den man ignorieren oder „weg-trainieren" kann, sondern ein Hinweis. Die Müdigkeit, die sie nach der Klangmassage spürt, interpretiert sie nicht als Schwäche, sondern als Zeichen, dass ihr Körper gerade wichtige Regenerationsarbeit leistet.

Beide Reiter haben mit derselben Herausforderung zu tun. Der Unterschied liegt in ihrer Haltung: Der eine kämpft gegen das Problem – die andere arbeitet mit sich selbst.
Diese Haltung macht den entscheidenden Unterschied im Lernprozess und der Entwicklung von Körperbewusstsein und mentaler Stärke.

In der systemischen Arbeit – und besonders in der Reiterklangmassage geht es also nicht darum, „Fehler zu korrigieren", sondern darum, Körper und Geist in einen Zustand zu bringen, in dem Veränderung von innen heraus geschehen. Fehler bedeutet bei uns nicht „falsch", sondern: „es fehlt etwas „ – und der Mensch kann neugierig erkunden, was „fehlt" und daraus

Neues lernen, ausprobieren – und sich und das Pferd dabei entwickeln. Das bedeutet:

◎ **Fehler sind keine Defizite.**
Sondern sie zeigen mir auf, „was fehlt". Sie sind ein Feedback und liefern Chancen zur Selbst-Reflexion und zum Lernen.

◎ **Blockaden sind keine Hindernisse,**
sondern Wegweiser für innere Prozesse.

◎ **Verspannungen sind keine Schwächen,**
sondern Signale des Körpers, die gehört werden wollen.

Diese Haltung führt zu einer tiefen inneren Gelassenheit. Anstatt sich und andere ständig zu bewerten, zu vergleichen und zu kontrollieren (was im übrigen auch sehr anstrengend ist), kann der Reiter sich auf das Wesentliche konzentrieren. Das Spüren, das Wahrnehmen und liebevolle Annehmen, was gerade da ist. Aus dieser Akzeptanz heraus kann funktionaleres Verhalten entspringen. „Funktional" im Sinne von „hilfreich und nützlich für den eigenen Organismus in dem Kontext in dem er gerade ist". Hier wird Entwicklung möglich, ganz ohne Druck, sondern mit Leichtigkeit, Neugier und Selbstverantwortung. Und genau das ist es, was wir mit RISING STAR fördern: ein Reiten, das nicht auf Perfektion, sondern auf lebendiger Verbindung mit sich und dem Pferd basiert.

5. VERSTÄNDNIS FÜR WECHSELWIRKUNGEN UND MUSTER

Auch dieses Prinzip findet sich im Ursprung des systemischen Denkens wieder.

Im Kern des systemischen Coachings steht die Erkenntnis, dass Verhalten nie isoliert betrachtet werden kann – weder beim Menschen, noch beim Pferd. Alles ist miteinander vernetzt, und oft sind es feine Wechselwirkungen, die unsere Erlebnisse prägen. Wenn Reiter beginnen, ihre eigenen Gedanken-, Gefühls- und Verhaltensmuster zu erkennen, entsteht ein faszinierender Raum: Sie verstehen nicht nur sich selbst besser, sondern können auch die Kommunikation mit ihrem Pferd – am Boden und im Sattel – gezielt verbessern.

Pferde sind hochsensible Wesen, die als Fluchttiere unsere Körpersprache, Emotionen und innere Haltung oft viel klarer und schneller wahrnehmen, als wir selbst. Sie spiegeln nicht nur unsere „Fehler", sondern reagieren einfach auf das, was ist. In dieser ehrlichen Reaktion liegt eine enorme Kraft für die persönliche Entwicklung. Pferde werden also zu Spiegeln unserer oft unbewussten oder vorbewussten Muster.

Stell dir vor, ein Reiter hat ein Pferd, das immer wieder an derselben Stelle der Reitbahn scheut. Der erste Gedanke ist meist. „Dort muss etwas sein – ein Geräusch, ein Schatten, ein angsteinflößendes Objekt". Vielleicht stimmt das auch. Pferde sind schließlich Fluchttiere und erinnern sich an beängstigende Erlebnisse oder scannen die Umgebung nach solchen ab.

Doch hier öffnet sich ein spannender systemischer Blickwinkel: Könnte dieses wiederkehrende Scheuen auch etwas mit dem Reiter zu tun haben? Das heißt

nicht, dass das Pferd „die Angst des Reiters übernimmt" oder wir es vermenschlichen. Es geht vielmehr um die Frage:

Welche Muster erkenne ich in dieser Situation – bei meinem Pferd – aber auch bei mir selbst?

Vielleicht merkt der Reiter, dass er in völlig anderen Lebenssituationen ähnliche „Ausweichmuster" zeigt: Er fühlt sich zum Beispiel jedes mal unwohl, wenn er im Mob ein Meeting mit seinem Chef hat. Er bekommt Herzklopfen, wenn er einen Vortrag in einer Fremdsprache halten muss. Oder er vermeidet bestimmte Konfliktsituationen im Alltag, (er „scheut" sich vor ihnen).

„Immer wenn … dann…"

DIESE MUSTER ZU ERKENNEN, IST DER ERSTE SCHRITT

Nun wird es spannend: Der Reiter beginnt, nicht nur das Verhalten des Pferdes zu reflektieren, sondern auch sein eigenes. Vielleicht merkt er: „Ich reagiere in Stressmomenten mit Anspannung, Unsicherheit und innerem Rückzug – genau wie mein Pferd in dieser Ecke".

Was passiert, wenn er das nächste Mal mit diesem Gedanken reitet? Vielleicht gelingt es ihm, die Situation mit mehr Gelassenheit und Mitgefühl zu betrachten. Er denkt „aha, mein Pferd und ich sind gerade mal wieder beide mit unseren Unsicherheiten konfrontiert. Lustig eigentlich!"
Humor, Wohlwollen und ein Perspektivwechsel verändern augenblicklich die innere Haltung – und diese spürt das Pferd. Aus dem Frust „Warum scheust du schon wieder?!" Wird ein fast kameradschaftliches „Na, mein Freund, das kenne wir doch beide – mal sehen wie wir da gemeinsam heute besser durch kommen"

VOM PROBLEM ZUR GEMEINSAMEN ENTWICKLUNG

Der Reiter erkennt vielleicht, dass es ihm in herausfordernden Momenten an bestimmten inneren Ressourcen fehlt – zum Beispiel an Selbstvertrauen, innerer Ruhe, oder Klarheit – oder einfach ganz banal an Vokabeln in der Fremdsprache. Genau diese Qualitäten kann er nun gezielt entwickeln. Ebenso kann er dies beim Pferd als Entwicklungsziel erkennen und daran mit ihm arbeiten. Mensch und Pferd werden an dieser Stelle zu Verbündeten, die am gleichen Thema lernen.

Das Faszinierende: In dem Moment, in dem der Reiter beginnt, diese Haltung einzunehmen, das „Problem" umzudrehen und zu einem Entwicklungsziel zu machen, verändert sich oft auch das Verhalten des Pferdes! Durch die Akzeptanz und Einsicht und der Umwandlung des Problems zu einem attraktiven Ziel, ändert sich Körperspannung, Atmung, Stimme, Verhalten, also alles. Darauf wird das Pferd natürlich reagieren. Und: das Entwicklungsziel kann der Reiter natürlich auch auf sein Pferd übertragen. Also Selbstvertrauen, innere Ruhe, Klarheit und „Vokabeln" auf den Reitplatz übertragen. Es könnte sein, dass er es das nächste Mal erst noch einmal in Ruhe zu der Grasfläche führt, es Schnuppern und sein Selbstvertrauen erleben lässt – um dann von dort aus wieder neu aufzusteigen.

Und für beide einen Neuanfang in diesem Thema zu starten.

◎ Statt Problem: ein neues Ziel
◎ Statt Kontrolle: mehr Vertrauen
◎ Statt Anspannung: mehr Akzeptanz
◎ Statt „der Gaul
muss da jetzt durch": mehr echtes Miteinander.

MEHR VERSTÄNDNIS FÜR WECHSELWIRKUNGEN UND MUSTER

Wenn Reiter sich ihrer eigenen Gedanken-, Gefühls- und Verhaltensmuster bewusst werden, können sie ihr Verhalten anpassen, um die Kommunikation am Boden und im Sattel mit ihrem Pferd zu verbessern. Denn systemisches Coaching hilft, die Beziehung zwischen sich selbst und dem Pferd zu betrachten. Da Pferde sehr sensibel auf die Körpersprache und die (oft vor- und unterbewussten) Emotionen reagieren, können sie immer auch eine Art Spiegel oder Hinweis für den Reiter sein, sich selbst zu reflektieren. Die eigenen Anteile zu erkennen, weshalb eine bestimmte Situation ist wie sie ist.

EINLADUNG ZUM GEDANKENEXPERIMENT

Nicht immer klappt die Analogie, aber es ist immer einen Versuch wert, diesen Perspektivwechsel als eine Art Gedanken-Experiment einzunehmen, wenn wir „Probleme" mit dem Pferd im Reiten, am Boden oder im Umgang haben. Oft haben dann schwierige Momente eine Botschaft, die wir heraus arbeiten können. Manchmal passt es auch nicht, aber lohnend ist es auf jeden Fall, die sieben Schritte des Gedankenexperiments einmal zu reflektieren. Probiere es ruhig einmal bei dir und deinem Pferd aus! ■

COACHING ÜBUNG:
GEDANKENEXPERIMENT & REFLEXION – „MEIN PFERD UND ICH"

1. Um welche problematische Situation geht es?

2. Welches konkrete Verhalten zeigt das Pferd? Welche konkrete beobachtbare Reaktion zeige ich? Alle Gedanken – Gefühle – Verhaltensweisen

3. Wie reagiert dann das Pferd? Wie reagiere ich? (wenn es beim Reiten ist: wie reagiert mein Körper im Sattel?)

4. Wenn ich das Muster oder das Thema, um das es geht, in einen Satz fassen sollte, wäre das:

5. Übertragung des Musters auf mein Leben: Kenne ich dieses Muster irgendwo oder irgendwie auch an mir selbst / in meinem Leben?

6. Was könnte ich eigentlich in meinem Leben in diesen Situationen am meisten brauchen / was fehlt mir? Welche Ressource bräuchte ich am meisten, wenn ich sie mir wünschen dürfte?

7. Und wie könnte ich genau diese Ressource mit meinem Pferd aufbauen? Was könnte ich tun, damit wir, mein Pferd und ich, an diesem Thema zusammen arbeiten und uns diese Ressource gemeinsam erobern? Wie lautet vielleicht unser gemeinsames Entwicklungsziel?

8. Und angenommen, ich hätte – für mich – dieses Entwicklungsziel schon erreicht. Was wäre dann anders? Wie würde es sich anfühlen? Wo im Körper? Und welche Haltung würde ich einnehmen? Setze oder stelle dich dann so hin, als ob du diesen Zustand schon erreicht hättest. Merke dir diesen Zustand. Nimm ihn das nächste Mal mit auf dein Pferd und lass dich überraschen, was sich verändert!

9. Reflektion: Was habe ich erkannt? Was habe ich gelernt? Was hat sich verändert?

10. Was ist mein nächster Schritt?

Die systemische Haltung in der KPC Reiterklangmassage

BEOBACHTEN STATT DIAGNOSTIZIEREN

In der KPC Reiterklangmassage und im Coaching geht es nicht darum, Diagnosen zu stellen oder Symptome zu therapieren. Stattdessen basiert unsere Arbeit auf einer präzisen, wertfreien Beobachtung des Reiters und seines Bewegungsmusters. Jeder Reiter bringt seine eigene Geschichte, seine individuellen Muster und sein persönliches Körpergefühl mit. Diese sind nicht per se „falsch" oder „problematisch", sondern sie erzählen uns etwas über die Art, wie sich dieser Mensch in der Bewegung organisiert.

Wir arbeiten hier nach einem systemischen Ansatz, wie er u. a. im Neuwaldegger Modell (Königswieser & Exner) oder im ISB Wiesloch (Bernd Schmid) vermittelt wird. Dieser Ansatz geht davon aus, dass Veränderung nicht durch „richtige"oder „falsche" Lösungen von außen kommt, sondern durch das gezielte Einnehmen unterschiedlicher Perspektiven, dem Schaffen neuer Erfahrungsräume, dem bewussten Setzen von Impulsen und dem Reflektieren der Interaktion-Muster mit dem Umfeld. Wir nehmen dabei nicht nur den Reiter, sondern das gesamte System wahr: seine Bewegungsmuster, seine Emotionen, sein Pferd, seine innere Haltung und den Kontext, in dem er reitet.

1. BEOBACHTEN STATT BEWERTEN – DIE BASIS FÜR WIRKSAME HYPOTHESEN

Ein zentrales Element der systemischen Haltung ist die Fähigkeit, wertfrei zu beobachten. Dies klingt einfach, ist aber eine echte Kunst, da unser Gehirn dazu neigt, schnell Bewertungen vorzunehmen „Der Reiter sitzt schief", „Das Pferd geht nicht am Zügel", etc. sind Bewertungen, keine Beobachtungen! Statt diese zu formulieren – oder gar einer Diagnose zu stellen, wie es in mancher Therapie oder Korrekturarbeit üblich wäre, stellen wir uns zunächst ganz andere, neugierige, offene und wertfreie Fragen. Im Sinne von:

Was fällt mir generell gerade auf?

Beispiel: *Ein Reiter kippt in der Hüfte nach vorne und zieht die Schultern hoch.*

◎ **Was könnte das bedeuten?**
Vielleicht liegt es an einer muskulären Anspannung, vielleicht aber auch an einer unbewussten inneren Haltung, die mit Kontrolle oder Angst verbunden ist.

◎ **Was passiert, wenn ich einen kleinen Impuls setze?**
Anstatt den Reiter aufrecht hinzusetzen, könnte ich ihn auf den RISING STAR setzen, damit er durch die Vibrationen in Kontakt mit seiner Körpermitte kommt. Ich könnte eine kleine Klangmassage am Rücken geben, um zu sehen, ob sich dadurch seine Schultern von selbst senken.

Hier zeigt sich der Unterschied: Ich vermute nicht sofort eine Ursache, sondern beobachte, wie der Reiter auf eine kleine Intervention reagiert. Diese Rückmeldung fließt dann in meine nächste Hypothese ein. Hypothesen sind also keine fertigen Lösungen, sondern gut abgeleitete Annahmen, die überprüft und angepasst werden.

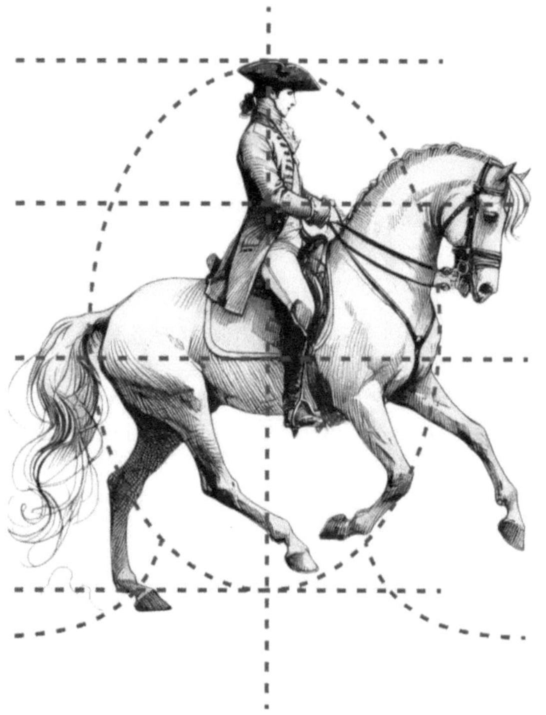

2. DIE KUNST DER HYPOTHESENBILDUNG – EIN SYSTEMISCHER BLICK AUF BEWEGUNG

Laut Königswieser & Exner (Neuwaldegger Ansatz) besteht eine gute systemische Hypothese aus drei Elementen:

Sie ist prozessorientiert

Sie bezieht sich nicht nur auf ein statisches Problem, sondern auf die Dynamik eines Bewegungsmusters.

Sie ist mehrperspektivisch

Sie bezieht innere und äußere Faktoren ein, also sowohl körperliche, emotionale und kontextbezogene Einflüsse.

Sie bleibt offen für Veränderung

Eine gute Hypothese wird überprüft und kann sich mit jeder neuen Beobachtung weiterentwickeln.

Beispiel:

Wahrnehmung

Ein Reiter hat Schwierigkeiten, sein Pferd im Trab leicht und locker zu sitzen.

Eine rein biomechanische Betrachtung und Diagnose könnte sagen:

„Er muss seine Rumpfstabilität verbessern.“

EIN SYSTEMISCHER BLICK HINGEGEN KÖNNTE MEHRERE HYPOTHESEN AUFSTELLEN

Körperlich

Vielleicht sind seine Adduktoren zu angespannt, sodass sein Becken nicht frei mitschwingen kann.

Emotional

Vielleicht hat er unbewusst das Gefühl, sich „festhalten" zu müssen, um Kontrolle zu behalten.

Kontextuell

Vielleicht wurde ihm früher beigebracht, dass „guter Sitz" bedeutet, absolut still zu bleiben, und er hält sich deswegen unbewusst zurück.

Nun müssen wir nicht eine dieser Hypothesen als „wahr" ansehen, sondern können verschiedene kleine Interventionen ausprobieren, um zu sehen, wo welche Veränderung passiert:

▶ z.B. RISING STAR & Vibration: Wenn er auf dem RISING STAR sitzt und die Schwingungen spürt, beginnt sein Becken sich von selbst zu entspannen.

▶ z.B. Schaki-Massage: Durch eine sanfte Vibration an den Adduktoren und den Füssen bemerkt er, wie viel Spannung er dort unbewusst hält und welche Unterschiede sich einstellen, wenn Spannung abfließt. In der Reflexion kann heraus kommen, ob es in der Vergangenheit gelernt wurde, oder ob es eher ein Schutz-Instinkt oder auch eine unbewusstes lange aufgebautes Stress-Muster ist. Oder... (vielleicht auch etwas ganz anderes!)

▶ z.B. Sitzschulungs-„Kaugummi-Übung": Wenn er vor dem Reiten seine Schultern lockert, verbessert sich plötzlich auch sein Becken.

Diese Rückmeldungen helfen, die Hypothese weiter zu verfeinern. Statt sich also an einer fixen „richtigen" Lösung zu orientieren, wird Veränderung zu einem gemeinsamen Prozess zwischen dem Reiter und mir als Coach/Reitlehrer/Klangmassagepracitioner einem co-Kreativen Tanz zwischen Beobachten, Hypothesen bilden, kleinen Impulse setzen und die Reaktion wahrnehmen.

3. PRAXISBEISPIEL: DIE SYSTEMISCHE SCHLEIFE IN DER KPC REITERKLANGMASSAGE

Wenn wir das Prinzip der Systemischen Schleife auf die Reiterklangmassage übertragen, können wir Veränderung in vier Schritten entstehen lassen:

Wahrnehmung

Der Reiter spürt durch die Vibrationen eine Verspannung in der Schulter, die ihm vorher nicht bewusst war.

Hypothesen

im gemeinsamen Dialog während der Reiterklangmassage taucht ein Gefühl von „Festhalten müssen" auf, und eine Erinnerung an eine frühere Reiterfahrung kommt hoch. Womöglich reagiert der Körper aus seinem Körpergedächtnis „von damals" heraus. Im weiteren Dialog kommt heraus, dass Druck, Festhalten „müssen" und sich „durchbeißen" perfekt die Haltung beschreibt, mit der der Reiter nicht nur auf dem Pferd sitzt, sondern generell durchs Leben geht. Dies zeigt sich auch durch „feste Kieferknochen", einen steifen Nacken, feste Adduktoren und einen verspannten Rücken.

Handeln

Durch eine sanfte Klangmassage und neue Bewegungsmuster für Schultern, Zügelhaltung, Erdung der Füße und Sitz verändert sich der Schwerpunkt des Körpers, der Reiter „lässt" sich mehr nieder, die Flexibilität der Schulter, die Kieferknochen lockern sich, ein befreites, sattes Lächeln taucht auf… ah…. Nicht mehr „müssen" sondern „sich tragen lassen und geerdet sein" kommt dem Reiter wie von alleine als neues Bild ins Bewusstsein. Erst durch die tief im Inneren gefühlte Stabilität kann lockeres Mitschwingen beginnen. Stabilität nicht mehr durch „festhalten", sondern durch das innere Lot!

Resultat auf dem Pferd

Der Reiter sitzt nun lockerer und spürt den Rhythmus des Pferdes besser. Wendungen, die nie funktionierten, klappen jetzt ohne äußerlich sichtbare Einwirkung! Nicht durch bewusste Korrektur, sondern durch eine neu gewonnene Körpererfahrung.

Diese „Schleife" ist kein einmaliger Vorgang, sondern ein zyklischer Prozess, der sich durch das gesamte Lernen zieht. Die Rolle des Coachs in der KPC Reiterklangmassage ist also nicht die eines Reparateurs, sondern die eines Prozessbegleiters, der Erfahrungs- und Selbstreflektions-Räume zur Erweiterung des Bewusstseins und der Körpererfahrung öffnet. Warum ist diese Haltung so entscheidend?

◎ **Reiter bleiben in ihrer Eigenverantwortung.**
Sie lernen durch eigene Erfahrung, nicht nur durch äußere Korrektur.

◎ **Veränderung geschieht nachhaltig.**
Weil sie nicht „von außen aufgesetzt" ist, sondern im Prozess entsteht – und im Körper verankert wird.

◎ **Der Reiter wird nicht zum „Problemträger".**
Niemand wird in eine defizitorientierte Sichtweise gedrängt („Du musst an deinem Sitz arbeiten"), sondern es entstehen natürliche Entwicklungsräume.

FAZIT

HYPOTHESEN SIND TORE ZUR
VERÄNDERUNG

In der KPC Reiterklangmassage folgen wir keinem
festen Plan, sondern einer neugierigen Haltung:

◎ Was passiert gerade wirklich?
◎ Welche Impulse könnten eine Veränderung ermöglichen? Welche neue Erfahrung kann hier entstehen?

Dies ist der Schlüssel zu einem ganzheitlichen, systemischen Reit-Coaching, das nicht therapiert, sondern die Selbstverantwortung des Reiters stärkt und die Weisheit des Körpers wieder zugänglich macht. ■

DIE SYSTEMISCHE SCHLEIFE

Die klassische „systemische Schleife"
beinhaltet 4 Schritte:

1. Wahrnehmen
Was passiert gerade?
Wie fühlt sich der Körper an?
Welche Signale gibt das Pferd?
Welche Emotionen tauchen auf?
Wie reagiert der Körper?
Wie ist das Umfeld?

2. Hypothesen bilden
Was könnten diese Signale bedeuten?
Welche Muster oder Dynamiken erkenne ich?

3. Handeln
Welche Interventionen sind jetzt sinnvoll?
Welche kleinen Veränderungen führen zu einer
neuen Resonanz?

4. Reflektieren
Welche Wirkung hatte mein Handeln?
Was hat sich verändert?
Was kann ich neu wahrnehmen?

Die Gretchenfrage:
Beherrschung oder Entfaltung

Sobald ein Mensch auf einem Pferd Platz nimmt, überträgt sich weit mehr als nur sein Körpergewicht auf das Pferd. Er bringt seine gesamte Lebensgeschichte mit, also alle Erfahrungen, Erinnerungen, Verdrängtes, Unverarbeitetes, und Verarbeitetes. Alles, was ihn ausmacht, ist Teil der Verbindung zwischen Reiter und Pferd. Und auch das Pferd hat seine Lebensgeschichte, seine Erinnerungen, Eigenheiten, und Charaktereigenschaften als Lebewesen.

Hier stellt sich die zentrale Frage: Will ich das Pferd beherrschen? Möchte ich es kontrollieren, so wie ich vielleicht auch meinen eigenen Körper kontrolliere – als etwas, das funktionieren muss? Diese Herangehensweise mag technisch korrekt wirken, aber sie hat ihren Preis: Schönheit, Ausdruck, Stolz, geschmeidige Bewegungen und Freude gehen oft verloren, wenn Kontrolle und Beherrschung im Vordergrund stehen.

Oder aber ich entscheide mich für einen anderen Weg – für die Anerkennung, dass hier zwei lebendige Wesen aufeinander treffen. Zwei fühlende, erinnernde, kommunizierende Individuen, die sich in ihrer Unterschiedlichkeit begegnen und einen gemeinsamen Ausdruck finden können.
Mit dieser Perspektive entsteht die Möglichkeit, den natürlichen Stolz, die volle Lebendigkeit und Freude des Pferdes wieder zu erwecken und sich selbst gleichzeitig in seiner Bewegung freier und geschmeidiger zu erleben.

Genau hier setzt RISING STAR an. Es bietet uns die Chance, diese Entfaltung zu gestalten und bewusst zurück zu erobern. Wahre Schönheit entsteht, wenn ein Lebewesen sich frei von Spannungen ausdrücken kann. „Frei von Spannungen" bedeutet beim Menschen:

◎ Die unterdrückten Emotionen, die als Energien im Körper festgehalten und durch zu viel Impulskontrolle gebunden werden sind e-moviert (e-movere, lat.: „hinaus bewegen") und gelöst.

◎ Kein innerer Druck zwingt mehr dazu, anders zu sein, als man gerade ist und fühlt

◎ Körperliche Verspannungen in den Schultern, im Kiefer, in der Hüfte oder in den Gelenken lösen sich.

◎ Alte Verletzungen, die unaufgearbeitet blieben, können integriert werden und damit zu einer Ressource transformieren.

Mit RISING STAR lenken wir die Aufmerksamkeit bewusst auf diese Spannungsfelder und die Frage, welche Ebenen der Entfaltung gerade Priorität haben soll. Dabei ist wichtig zu betonen: Nicht jeder Reiter möchte, kann oder muss sofort eine vollkommene körperliche Durchlässigkeit und mentale Präsenz erreichen. Es braucht Zeit, Geduld und kontinuierliche Arbeit – an Körper, Geist und Bewusstsein – um dadurch die Harmonie mit den Bewegungen des Pferdes weiter entwickeln und ins Gestalten zu kommen.

REALISMUS IST DABEI ESSENZIELL

RISING STAR Reiterklangmassage ist keine universelle Heilmethode, sondern ein Werkzeug, mit dem gezielt Lösungen angesteuert werden können.

Vor jeder Anwendung sollte daher klar definiert sein, auf welcher Ebene der Reiter eine Veränderung anstrebt. Gleichzeitig ist es in der Verantwortung des Reiterklang-Masseurs, ehrlich zu prüfen, ob er oder sie über die notwendige Kompetenz und Sensibilität verfügt, um den Raum für solche Prozesse zu halten – oder ob er sich auf eine weniger tiefgehende Ebene beschränken sollte. Diese Reflexion und Professionalität ist entscheidend, um sicher zu stellen, dass die Schwingungen keinen Schaden anrichten. Mangelnde Sensibilität, fehlendes Wissen über systemische Hintergründe, mangelnde Kompetenz in der Klangmassage und traumsensibler Arbeit, oder auch ein unreflektierter Umgang mit Klangschwingungen und der Beziehungsgestaltung können Risiken bergen.

Die Grenze zwischen der RISING STAR Reiterklangmassage und einer vertikalen Klangwellen-therapie muss daher klar definiert sein. Wer über die Kompetenz und Erfahrung verfügt, darf tiefer gehen. Wer diese noch nicht hat, sollte seine eigenen Grenzen respektieren – denn wahre Entfaltung geschieht nur in einem Raum von Achtsamkeit, Sicherheit und Respekt.

Dann bietet uns RISING STAR die Möglichkeit, Kontrolle durch Bewusstsein zu ersetzen – und dadurch neue Bereiche von Schönheit, Ausdruck und Freude zu entfalten.

Allein die Frage, welche Gedanken, Gefühle oder Empfindungen jetzt gerade präsent sind, lassen den Reiter den Fokus nach innen richten.

◎ *„Wie fühlt sich das gerade in deinem Körper an?"*

◎ *"Was nimmst du wahr, wenn du für einen kleinen Moment innehältst?"*

◎ *"Wenn du das mal kurz sacken lässt und einfach nachspürst, was es mit dir macht... gibt es da einen Gedanken, eine Empfindung, ein Gefühl?"*

Wer sich hier „sich selbst" zuwendet, kann sich mit dem verbinden, was gerade wichtig ist, im Alltag jedoch weg gedrängt oder unterdrückt wird.

Die tieferen Empfindungen, Gefühle und Glaubenssätze, die zunächst meist verborgen bleiben. Du schaffst damit Achtsamkeit und hilfst, die Verbindung mit dem Hier und Jetzt zu üben.

Oft erleben wir, dass dir Reiter bei dieser Frage sehr berührt sind, manchmal auch Tränen folgen. Das passiert manchmal, wenn etwas Wesentliches ins Bewusstsein tritt. Meistens braucht es dann keinen Trost, sondern einfach ein Würdigen dessen, was sich zeigt und auf dem Holzpferd Zeit für eine bewusste Verlangsamung. „Dieser heißen Spur" können Coach und Reiter dann behutsam weiter nachgehen. ■

KPC REITERKLANGMASSAGE
IST KEINE THERAPIE!

Merke:
Sie ersetzt keine medizinische oder therapeutische Behandlung. Sie kann aber medizinische oder therapeutische Behandlungen ergänzen. Durch diesen ganzheitlichen Ansatz zur Förderung der Achtsamkeit und Entspannung. So schaffen wir einen Raum, in dem Menschen ihren Körper bewusster wahrnehmen und neue Perspektiven für Entspannung und Leichtigkeit finden können.

Aufmerksamkeitsfokussierung und Gewahrsein

Über die drei Ebenen Selbstbewusstsein – Selbstwahrnehmung und Selbstgewahrsein haben wir an anderer Stelle schon gesprochen. Im Coaching der Reiterklangmassage kommt eine weitere hinzu. Die Kunst der Aufmerksamkeits-Fokussierung.

Die **Aufmerksamkeitsfokussierung** kommt aus der hypnotherapeutischen Tradition. Es ist eine Fähigkeit, die uns nicht nur in der Klangmassage selbst hilft, sondern vor allem auch jederzeit im Umgang mit unserem Pferd am Boden und im Sattel sehr nützlich sein kann.

Hier noch mal die Erinnerung an das Gewahrsein:

GEWAHRSEIN

Dies ist ein umfassendes, präsentes Bewusstsein für den eigenen Körper, die Emotionen und die Umgebung, ohne zu bewerten. Solch ein Gewahrsein schafft eine tiefere Verbindung zu sich selbst, zum Pferd und gleichzeitig auch zur Umgebung. Oft wird dieses Gewahrsein auch als „weicher Blick" bezeichnet. In einer Haltung von Gewahrsein, entsteht eine Grund-Gelassenheit, die sich auf das Pferd überträgt..

Wir nehmen hier noch Fähigkeit hinzu, unsere Aufmerksamkeit fokussieren zu können.

DIE AUFMERKSAMKEITSFOKUSSIERUNG

Das ist die Fähigkeit, bewusst einen bestimmten Aspekt der Wahrnehmung oder Bewegung zu steuern (z. B. den Atem, den Sitz oder die Bewegung des Pferdes). Dadurch stärken wir unser bewusstes Handeln – und unbewusste oder impulsive Reaktionen, die das Pferd irritieren könnten, werden dadurch mehr und mehr reduziert. Reiter, die gezielt auf feine Signale des Pferdes achten, können besser auf sie eingehen und dann die eigene Aufmerksamkeit und die des Pferdes bewusst auf den positiven nächsten Schritt lenken.

SELBSTGEWAHRSEIN &
AUFMERKSAMKEITSFOKUSSIERUNG
– ein Sicherheitsfaktor im Sattel

Neben den positiven Auswirkungen von Selbstgewahrsein auf den Sitz des Reiters ist sie auch für die Sicherheit im Sattel nicht unerheblich! Gerade in unerwarteten Situationen, wenn einem beispielsweise plötzlich ein lauter Traktor beim Ausreiten entgegenkommt, zeigt sich, wie wichtig diese Kompetenz ist. Ein Pferd reagiert auf potenzielle Gefahren instinktiv mit erhöhter Anspannung: Der Muskeltonus steigt, das Pferd wird wacher, vielleicht auch nervöser. Die Gefahr besteht darin, schnell davon „angesteckt" zu werden. Gerade wenn ich schon einmal eine schlechte Erfahrung im Leben mit einer ähnlichen Situation gemacht habe. Wer in dieses unbewusste „Angst-Gedankenkarussell" eintritt, erhöht unterbewusst natürlich unwillkürlich auch die eigene Körperspannung sofort – was dem Pferd vermittelt, dass auch der Reiter unter Spannung oder gar Strom steht. Ein Teufelskreis könnte entstehen.

Reiter, die jedoch das Selbstgewahrsein gelernt haben, werden einerseits so präsent und wach in der Situation sein, dass sie blitzschnell bemerken, wie die Angstreaktion gerade im Körper abläuft. Sie werden diese Spannkraft wahrnehmen – und ihre Gedanken dazu – und sich (wenn sie gut geübt darin sind) sich gleichzeitig nicht aus der Ruhe bringen lassen! Weil

sie neben der Angst, auch noch den eigenen Körper in dieser Situation beobachten können:

◎ *Was macht die Anspannung des Pferdes gerade mit mir?*

◎ *Wo überträgt sich Spannung in meinen Körper und erhöht damit auch meine eigene Muskelspannung?*

◎ *Ziehe ich die Schultern unbewusst hoch oder halte ich die Luft an?*

◎ *Wie geht mein Atem und der des Pferdes?*

Um dann – und das ist der Punkt, der mit Aufmerksamkeitsfokussierung funktioniert: ganz gezielt auszuatmen, das Gesäß bewusst locker zu lassen, sich tief in den Sattel zu setzen, und Ruhe in seinen Sitz und seine Beine zu bringen. Damit signalisier man dem Pferd: ***„Ich bin bei dir, du bist sicher. Alles ist gut"*** Gleichzeitig bleibt der Reiter in der vollen Präsenz, um blitzschnell und präzise auf Seitensprünge oder unkontrollierte Bewegungen reagieren zu können, sollte es dazu kommen.

ES IST DIE KUNST, GLEICHZEITIG
WACHSAM UND TIEF ENTSPANNT ZU SEIN.

Gleichzeitig gelassen, und fähig, die Energie rasant von 0 auf 100 hochfahren – und auch wieder hinunter fahren zu können. Also die Fähigkeiten eines Fluchttiers Pferd anwenden zu können! Das Pferd da abholen können wo die Angst beginnt, um dann das Pferd und sich selbst wieder in die Entspannung einzuladen. Dieses lernen und üben wir in der Reiterklangmassage!

Die wirklich angenehmen und entspannenden Reiterklangmassagen erzeugen Momente von Vertrauen und Sicherheit. Diese Ressourcen werden mit der Klangmassage nicht nur aufgebaut, sondern auch fest in den neuronalen Verschaltungen des Gehirns verankert. Das bedeutet, dass in stressigen oder herausfordernden Situationen diese inneren Zustände blitzschnell und unwillkürlich aktiviert werden können – selbst dann, wenn man nur an „Klangmassage" denkt. Dieser Effekt beruht auf der starken Verbindung zwischen Körpergedächtnis, Emotionen und Sinneseindrücken. Die tiefe Erfahrung von Entspannung, Geborgenheit und Gelassenheit während einer Klangmassage im Sitzen hinterlässt eine tiefgreifende Spur in den neuronalen Netzwerken. Mit der Zeit wird allein der Gedanke an die Klangmassage zu einem Trigger, der diese gespeicherten Zustände re-aktiviert. Ähnlich wie ein vertrauter Duft, oder einem bestimmten Lied, das uns in einen positiven Gefühlszustand versetzen kann.

So wird die Klangmassage nicht nur zu einem Werkzeug für den Moment, sondern auch zu einer nachhaltigen Ressource, die in stressigen Situationen unwillkürlich vertrauen, Sicherheit und Ruhe aktiviert – genau dann, wenn wir es am meisten brauchen.

In Angstbewältigungs-Einheiten wechseln wir dann ganz bewusst zwischen Zuständen von Angst – und fühlen, wo sie im Körper beginnt und spürbar ist. Wir lenken die Aufmerksamkeit gezielt und bewusst kurz in diesen Zustand, indem wir uns noch einmal hinein versetzen oder daran denken.
Dann ins Selbstgewahrsein gehen.
Um dann ganz bewusst die Aufmerksamkeit wieder in den Zustand von Sicherheit Vertrauen und Loslassen zu lenken. So können wir hier wiederum ins Selbstgewahrsein gehen.

Diesen Zustand begleiten wir mit den Vibrationen des RISING STARs immer dann, wenn der Reiter an den vertrauensvollen Zustand denkt. So trainieren wir diesen Wechsel, den das Gehirn für uns vollziehen muss, wenn plötzlich Gefahren auftauchen. So wird der Reiter mehr und mehr fähig, leicht und mühelos in schwierigen Momenten die Ruhe zu bewahren und das Pferd in diese vertrauensvolle Haltung einzuladen. Wach, präsent, voll innerer Ruhe und Vertrauen.

ES IST DIE KUNST, GLEICHZEITIG WACHSAM UND TIEF ENTSPANNT ZU SEIN.

Gleichzeitig gelassen, und fähig, die Energie rasant von 0 auf 100 hochfahren – und auch wieder hinunter fahren zu können. Also die Fähigkeiten eines Fluchttiers Pferd anwenden zu können! Das Pferd da abholen können wo die Angst beginnt, um dann das Pferd und sich selbst wieder in die Entspannung einzuladen. Dieses lernen und üben wir in der Reiterklangmassage!

Die wirklich angenehmen und entspannenden Reiterklangmassagen erzeugen Momente von Vertrauen und Sicherheit. Diese Ressourcen werden mit der Klangmassage nicht nur aufgebaut, sondern auch fest in den neuronalen Verschaltungen des Gehirns verankert. Das bedeutet, dass in stressigen oder herausfordernden Situationen diese inneren Zustände blitzschnell und unwillkürlich aktiviert werden können – selbst dann, wenn man nur an „Klangmassage" denkt. Dieser Effekt beruht auf der starken Verbindung zwischen Körpergedächtnis, Emotionen und Sinneseindrücken. Die tiefe Erfahrung von Entspannung, Geborgenheit und Gelassenheit während einer Klangmassage im Sitzen hinterlässt eine tiefgreifende Spur in den neuronalen Netzwerken. Mit der Zeit wird allein der Gedanke an die Klangmassage zu einem Trigger, der diese gespeicherten Zustände re-aktiviert. Ähnlich wie ein vertrauter Duft, oder einem bestimmten Lied, das uns in einen positiven Gefühlszustand versetzen kann.

So wird die Klangmassage nicht nur zu einem Werkzeug für den Moment, sondern auch zu einer nachhaltigen Ressource, die in stressigen Situationen unwillkürlich vertrauen, Sicherheit und Ruhe aktiviert – genau dann, wenn wir es am meisten brauchen.

In Angstbewältigungs-Einheiten wechseln wir dann ganz bewusst zwischen Zuständen von Angst – und fühlen, wo sie im Körper beginnt und spürbar ist. Wir lenken die Aufmerksamkeit gezielt und bewusst kurz in diesen Zustand, indem wir uns noch einmal hinein versetzen oder daran denken.
Dann ins Selbstgewahrsein gehen.
Um dann ganz bewusst die Aufmerksamkeit wieder in den Zustand von Sicherheit Vertrauen und Loslassen zu lenken. So können wir hier wiederum ins Selbstgewahrsein gehen.

Diesen Zustand begleiten wir mit den Vibrationen des RISING STARs immer dann, wenn der Reiter an den vertrauensvollen Zustand denkt. So trainieren wir diesen Wechsel, den das Gehirn für uns vollziehen muss, wenn plötzlich Gefahren auftauchen. So wird der Reiter mehr und mehr fähig, leicht und mühelos in schwierigen Momenten die Ruhe zu bewahren und das Pferd in diese vertrauensvolle Haltung einzuladen. Wach, präsent, voll innerer Ruhe und Vertrauen.

ERSTE PRAKTISCHE ÜBUNGEN ZUR FÖRDERUNG VON AUFMERKSAMKEITSFOKUSSIERUNG UND GEWAHRSEIN.

Wie komme ich nun als Reiter in dieses Selbstgewahrsein? Ich kann mich jederzeit vor, während und auch nach dem Reiten mit mir selbst verbinden und die Aufmerksamkeit bewusst lenken. Nur wenn wir bei uns selbst ankommen, können wir auch eine klare und feine Verbindung zum Pferd aufbauen!

Die folgenden Sätze sind mentale Einladungen, die dir helfen dein Gewahrsein zu fördern und deine Präsenz und Achtsamkeit zu stärken. Unabhängig von äußeren Umständen oder Hilfsmitteln. Diese Techniken kannst du auch ohne Klang jederzeit und überall anwenden.
Ich lade dich ein, mit den nachfolgenden Sätzen ein wenig zu experimentieren.

◎ **Wenn du es alleine trainierst**
Lies dir die Sätze durch und wähle einen aus, der dir am besten gefällt. Schreib ihn dir auf ein Blatt, nimm ihn mit zum Pferd (damit du ihn dann auch parat hast). Sprich ihn dir innerlich als eine Einladung für dich selbst aus und lass dich überraschen, was passiert. Lass dich ein! Probiere es aus, wirklich in diese innere Haltung des Erlaubend zu gehen, und der Einladung des jeweiligen Satzes zu folgen. Reflektiere deine Erfahrungen. Auch dazu habe ich drei mögliche Steuerfragen für dich zugefügt.

◎ **Wenn du diese Einladungen zusammen mit einem Lernpartner, Reitlehrer oder -trainer durchführen möchtest, oder selbst andere schulst**
Nimm den Satz, der dir gerade am passendsten erscheint, sprich ihn als Einladung (nicht als Anweisung) aus – und gib dem Reiter ein paar Minuten Zeit, der Einladung zu folgen… Nimm das was auftaucht, als Impuls für den nächsten Schritt deiner Reitstunde.

Lass dich darauf ein, und nimm wahr, welche Unterschiede es macht: Die kleinsten Veränderungen in deiner Wahrnehmung können große Wirkung haben – für dich und für dein Pferd.

VOR DEM REITEN
ATEM- UND PRÄSENZÜBUNGEN

Setze dich in Ruhe auf dein Pferd, atme tief ein und aus, und spüre, wie dein Atem durch deinen Körper fließt.

Setz dich auf einen Stuhl – und richte deine Aufmerksamkeit bewusst auf deinen Sitz – wo spürst du Kontakt? Wie fühlt sich dein Gleichgewicht gerade an? Wo nimmst du Verspannung wahr? Lasse sie mit jedem Ausatmen eine wenig mehr los...

Erlaube dir, für einen Moment nur wahrzunehmen wie sich dein Körper gerade anfühlt, ohne etwas verändern zu wollen. Nimm einfach nur wahr, was ist. Und lasse dich für den Moment einfach so sein wie du gerade da bist.

NACH DEM REITEN
REFLEXION UND INTEGRATION

Wie hast du dich während des Reitens gefühlt? Gab es Momente, in denen du besonders präsent warst?

Welche Veränderungen hast du bei dir selbst und deinem Pferd wahrgenommen?

Was möchtest du aus dieser Erfahrung mit in die nächste Einheit nehmen?

WÄHREND DES REITENS
FOKUS LENKEN

Konzentriere dich für einige Minuten nur auf die Bewegung deines Beckens – wie folgt es der Bewegung deines Pferdes?

Spüre, wie deine Hände die Zügel halten – sind sie weich und flexibel oder fest?
Kannst du eine sanftere Verbindung herstellen, wie ein flexibles Gummiband, durch das Flüssigkeit aus deinen Schultern in die Arme ins Maul des Pferdes – und wieder zu dir zurück fließt?

Lenke deine Aufmerksamkeit abwechselnd auf deine Atmung, dann deinen Sitz und dann auf die Reaktionen deines Pferdes.

Lass deine Schultern ganz entspannt nach unten sinken – wie fühlt sich dein Nacken an, wenn du ein bisschen mehr los lässt?

Während du die nächste Lektion reitest, achte einmal darauf, ob deine Zunge am Gaumen klebt oder du sie losgelassen im Zugengrund liegen lassen kannst – und welche Unterschiede du dadurch jetzt gleich beim Reiten wahr nimmst...

Diese Einladungen, deine Aufmerksamkeit zu fokussieren und dein Gewahrsein zu schulen, können dich immer bewusster werden lassen. Merke: Nur das, was dir bewusst ist, kannst du ändern. Das was unbewusst ist, bleibt „unter dem Radar" – und wirkt trotzdem. Deshalb ist es so hilfreich und nützlich, sich mehr und mehr gewahr zu werden. Denn: Je bewusster du wirst, desto wacher und selbstwirksamer kannst du dein Verhalten steuern, und kommst „vom Autopiloten in den Steuersitz" deines Lebens.

Wofür du es – gerade auch in der Angstbewältigung – nützen kannst, erfährst du im nächsten Kapitel.

Céline Rieck
PHOTOGRAPHY

POSITIVE EFFEKTE VON GEWAHRSEIN & AUFMERKSAMKEITSFOKUSSIERUNG AUF DEN REITER

Verbesserte Körperwahrnehmung und Balance

Reiter, die ihre Aufmerksamkeit bewusst auf ihren Sitz, ihre Atmung und die Bewegung des Pferdes lenken, finden leichter eine stabile Balance. Ein ausbalancierter Reiter ermöglicht es dem Pferd, sich freier zu bewegen, und reduziert ungewollte Spannungen.

Harmonische Kommunikation mit dem Pferd

Pferde reagieren sensibel auf die Körperhaltung, den Atem und die Energie des Reiters.

Durch fokussierte Aufmerksamkeit kann der Reiter feinere Signale senden, was die Kommunikation mit dem Pferd verbessert. Missverständnisse und unklare Hilfen werden reduziert.

Förderung von Ruhe und Gelassenheit

Eine bewusste Lenkung der Aufmerksamkeit auf positive und entspannende Aspekte
(z. B. den Atem oder den gleichmäßigen Takt des Pferdes) beruhigt den Geist. Reiter, die präsent und gelassen sind, schaffen auch für das Pferd eine sichere, entspannte Atmosphäre.

Bessere Fehlerkorrektur

Gewahrsein erlaubt es dem Reiter, unbewusste Muster oder Blockaden zu erkennen (z. B. schiefen Sitz, festgehaltene Zügel). Mit fokussierter Aufmerksamkeit können diese bewusst korrigiert werden.

Gefahrvolle Situationen de-eskalieren

Gewahrsein gepaart mit bewusster Aufmerksamkeitsfokussierung kann in schwierigen Situationen das Fluchttier Pferd schnell und wirkungsvoll aus dem Angst-Modus ins Vertrauen bringen.

POSITIVE AUSWIRKUNGEN AUF DAS PFERD

Entspannung und Wohlbefinden

Pferde spiegeln die innere Haltung des Reiters. Ein entspannter und fokussierter Reiter überträgt diese Ruhe auf das Pferd. Stress beim Pferd wird reduziert, was sich positiv auf die Leistung, das Verhalten und die Gesundheit auswirkt.

Verbesserte Bewegung und Leichtigkeit

Wenn der Reiter achtsam auf Balance und feine Hilfen achtet, kann sich das Pferd freier und natürlicher bewegen. Vermeidung von Verspannungen oder ungünstigen Bewegungsmustern, die durch unbewusste Reiterfehler entstehen.

Vertrauen und Bindung

Ein Reiter, der präsent und gewahr ist, vermittelt dem Pferd Sicherheit.

Pferde fühlen sich durch klare, bewusste Kommunikation respektiert und verstanden, was die Partnerschaft stärkt. ■

Angst bewältigen mit RISING STAR

ANGST UND REITEN – EIN UNSICHTBARER BEGLEITER?

Angst und Reiten – zwei Dinge, die viele Reiter gut kennen, aber über die nur selten offen gesprochen wird. Wer sich mit Pferden beschäftigt, weiß, dass Angst bei Pferden als Fluchttiere allgegenwärtig ist: Das Pferd ist zum Überleben darauf programmiert, auf kleinste Veränderungen reagieren zu können – immer bereit zur Flucht, sobald es Gefahr wittert. Und wir? Wir sind keine Fluchttiere, aber wir kennen Angst ebenso gut. Das Spannende ist: Sobald wir auf ein Pferd steigen, begegnen sich zwei Wesen, die beide Angst empfinden können. Zwei Nervensysteme, die miteinander kommunizieren, sich gegenseitig verstärken oder beruhigen können. Unsere eigene Unsicherheit überträgt sich auf das Pferd – genau so wie Vertrauen.

Trotzdem wird Angst im Reitsport oft tabuisiert. Wer Angst hat, fühlt sich schnell schwach oder unfähig. Dabei ist Angst kein Feind – sie ist ein natürlicher Teil dieser einzigartigen Verbindung zwischen Mensch und Pferd. Die Kunst liegt nicht darin, sie zu verdrängen oder zu kontrollieren, sondern zu verstehen, sie zu nutzen und mit ihr zu arbeiten.

In diesem Kapitel erforschen wir, wie wir mit Angst umgehen können, wie wir sie auflösen oder sogar als wertvolle Ressource für Mut, Klarheit und Achtsamkeit nutzen können. Denn wer seine Angst versteht, kann sie verwandeln – in eine innere Stärke, Vertrauen und eine tiefe Verbindung zum Pferd.

ANGST, MUT UND DIE KUNST
DES HINDURCHGEHENS

Angst ist kein Zeichen von Schwäche – sie ist ein Wegweiser. In vielen indigenen Traditionen heißt es sinngemäß: Wer keine Angst hat, hat keinen Mut. Mut entsteht nicht in Abwesenheit von Angst, sondern im bewussten Umgang mit ihr. Erst wenn wir unsere Angst annehmen, anstatt sie zu verdrängen, können wir den nächsten Schritt wagen – durch sie hindurch.

In der lösungsorientierten systemischen Arbeit, sowie in der Achtsamkeitspraxis geht es deshalb nicht darum, Angst zu bekämpfen oder zu kontrollieren. Vielmehr wollen wir lernen, ihr Raum zu geben, ohne uns dabei jedoch in ihr zu verlieren. Es geht darum, mit ihr in Kontakt zu treten, sie als Teil des eigenen Erlebens zu akzeptieren und gleichzeitig das zu entwickeln, was uns hilft, weiter zu gehen: Mut, Ermutigung, Selbstbewusstsein, Selbstermächtigung und Selbstwirksamkeit.

Doch Angst, ist mehr als eine Hürde, die wir überwinden müssen – es gibt noch einen zweiten wichtigen Aspekt, den wir in der Arbeit mit RISING STAR beherzigen:

Jede Angst trägt auch eine, wie auch immer geartete positive Absicht in sich. Das kann ein Schutzmechanismus sein, ein Warnsignal oder auch eine Erinnerung daran, dass uns etwas wichtig ist, auf das wir achten sollten. Vielleicht zeigt sie uns, dass wir uns besser vorbereiten sollten. Vielleicht fordert sie uns auch dazu auf, achtsamer zu sein. Vielleicht hält sie uns davon ab, etwas zu tun, was nicht gut für uns wäre.

Es gilt, diese positive Absicht zu erkennen und zu würdigen. Dann können wir die Angst transformieren, und sie als innere Stärke, bewusste Aufmerksamkeit oder als ruhige Präsenz im Sattel, in einer neuen kraftvollen Form in unser Leben integrieren.

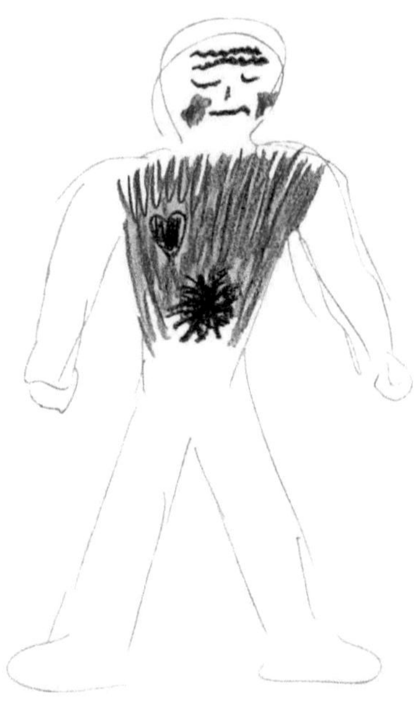

SOMATISCHE MARKER UND KÖRPERGEDÄCHTNIS

Nachdem wir im vorherigen Kapitel die Bedeutung von Selbstgewahrsein und bewusster Aufmerksamkeitsfokussierung erkundet haben, gehen wir nun bei der Angstbewältigung noch einen Schritt weiter. Wir arbeiten mit dem, was in unserem Körper gespeichert ist – und mit dem was wir oft spüren, bevor wir es in Worte fassen können.

Es ist das faszinierende Konzept aus der Neurowissenschaft, das wir in unserer Arbeit im Coaching und Therapie gerne zur Bewältigung und Transformation von Ängsten anwenden: Die sogenannten „somatischen Marker". Sie sind ein Schlüssel dazu, warum uns manche Situationen buchstäblich „unter die Haut gehen", warum wir in bestimmten Situationen automatisch angespannt sind – aber auch, wie wir diese tief verankerten Muster nachhaltig verändern können.

WAS SIND SOMATISCHE MARKER?

Der Begriff der somatischen Marker stammt von dem Neurowissenschaftler Antonio Damasio. Er beschreibt damit ein einfaches, aber tiefgreifendes Phänomen: Unser Gehirn speichert nicht nur Erinnerungen an Ereignisse, sondern auch die körperlichen Empfindungen, die wir dabei erlebt haben.

Ein somatischer Marker ist also ein körperliches Signal, das mit einer bestimmten emotionalen Erfahrung verknüpft ist. Beispiel: Erinnern wir uns an einen Sturz vom Pferd. Wir speichern nicht nur die Szene – den Moment, den Schreck, den Aufprall, sondern auch die körperlichen Reaktionen: Das Herzklopfen, den flachen Atem, das Zusammenziehen der Schultern, die Anspannung im Bauch…
Beim nächsten ähnlichen Reiz, etwa, wenn das Pferd unruhig wird oder vor einem Geräusch erschrickt, reagiert unser Körper automatisch. Noch bevor wir bewusst denken können „ich habe Angst", ist der somatische Marker schon aktiv. Der Körper erinnert sich einfach, ob wir wollen oder nicht. Manchmal sogar dann, wenn der Verstand längst „weiß", dass es keinen Grund zur Sorge gibt.

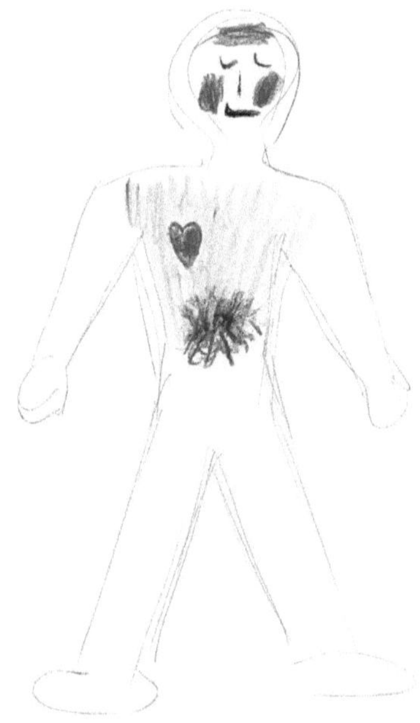

Diese Marker sind hilfreich, weil sie uns blitzschnell vor möglichen Gefahren warnen. Sie können aber auch blockierend wirken, wenn der Körper in harmlosen Situationen unnötig Alarm schlägt. Und wenn die Angst sich verselbstständigt und es scheint, als ob sie uns im Griff hat. Wenn dann bestimmte Trigger oder Momente unwillkürlich Angst auslösen, wo wir eigentlich Vertrauen und Sicherheit bräuchten.

Der Umgang mit Angst ist daher in vielen Situationen mit unseren Fluchttier-Pferden essenziell wichtig. Doch: was tun, wenn wir uns unseren Ängsten eher ausgeliefert fühlen, anstatt sie bewusst steuern zu können? Genau hier setzt das Coaching zur Angstbewältigung mit RISING STAR an.

DER KÖRPER ALS GEDÄCHTNIS – UND HEBEL FÜR VERÄNDERUNG

Der Körper speichert nicht nur traumatische Erlebnisse, sondern auch positive Erfahrungen!

◎ *Das warme Gefühl von Sicherheit, wenn wir uns getragen fühlen.*
◎ *Die Weite in der Brust, wenn wir stolz und aufrecht sitzen.*
◎ *Die Leichtigkeit im Bauch, wenn wir mit Freude reiten....*

Diese Empfindungen sind ganz individuell, jeder Mensch erlebt sie körperlich anders und einzigartig. Das Embodiment Modell besagt: Gefühle entstehen nicht nur im Kopf, sondern durch den Körper. Wenn das so ist, dann können wir den Körper gezielt nutzen, um emotionale Zustände zu verändern. Und hier entfaltet RISING STAR solution seine volle Kraft: Durch die Vibrationen werden nicht nur Muskeln entspannt, sondern auch die tief im Nervensystem verankerten somatischen Marker sanft angesprochen und intensiviert. Wir können neue positive Marker etablieren, und alte angstbesetzte Marker umschreiben.

DER TRANSFORMATIONSPROZESS –
VOM ANGST-MARKER ZUM RESSOURCEN-
MARKER

Dieser Prozess lässt sich in mehrere Phasen unterteilen, die wir im Coaching mit RISING STAR gezielt nutzen:

1. Zwei Zustände identifizieren

Einen, in dem ich Angst hatte, einen anderen, in dem ich mich sicher und voller Vertrauen und Selbstwirksamkeit fühlte.

2. Den Vertrauens-Zustand erkunden

Erinnere dich zuerst an einen Zustand von Sicherheit und Vertrauen. Durch gezielte Aufmerksamkeitsfokussierung lenken wir den Blick auf die positiven Empfindungen.
Spüre in den Körper:

Wie fühlt sich dieser gute Zustand an?
Wo beginnt er im Körper?
Wo fühlst du ihn genau?
Wie schaut er aus?
Welche Farbe hat er, welche Form?

Diese metaphorische Erkundung wirkt auf den ersten Blick etwas surreal, doch die allermeisten Menschen können diese Empfindungen sehr gut beschreiben. Sie können sich voll und ganz in das Erleben dieses positiven Zustands hinein geben – und merken, wie der Körper reagiert. Allein diese Erfahrung ist eine Kompetenz-Erweiterung: Je nachdem, wohin ich meine Aufmerksamkeit lenke – in diesem Fall in eine positive Erfahrung, die ich in mir trage, reagiert mein Körper. Ich kann bestimmen, wohin ich denke. Dies ist ein wichtiger Schritt in der Erhöhung von Selbstwirksamkeit.

3. Den Vertrauens-Zustand sichtbar machen

Im nächsten Schritt wird diese positive Empfindung mit all ihren körperlich identifizierten Ressourcen-Markern nun in ein Körperbild hinein gemalt. Welche Farben, Formen, Texturen tauchen auf?

4. Den Vertrauens-Zustand assoziiert spüren

Danach gehts hinauf auf RISING STAR! All die erkundeten positiven Empfindungen können nun noch einmal mit all den Farben und Formen vor dem geistigen Auge hervorgeholt werden und sich im Körper ausbreiten, während wir RISING STAR schwingen lassen. Ein tiefes, sattes Gefühl von Vertrauen, das den gesamten Körper flutet. Dazu wird der Reiter eingeladen, diesen Zustand körpersprachlich auszudrücken, und diesen Moment durch eine kleine Geste (z.B. Hand auf dem Herzen oder einen tiefen Atemzug) im Körper zu verankern.

5. Absteigen und – in Sicherheit – den angstvollen Zustand erkunden

Der Reiter steigt wieder ab, separiert sich also bewusst von dem gerne Erlebten – und wir wiederholen die Erkundung, nun mit dem Aufmerksamkeitsfokus auf den Angst-Zustand: Hierzu ist es wichtig, vorher einen „neutralen und sicheren" Standpunkt im Raum zu definieren, an dem sich der Reiter in Sicherheit und präsent fühlt. Und zu dem er jederzeit aktiv zurück kann, falls die Angst-Situation sich zu überwältigend anfühlen sollte.

Stehe aufrecht und gut geerdet auf dem Boden – gehe einen Schritt vorwärts – und erinnere dich an den Angstmoment. Falls der Zustand zu intensiv wird, kannst du jederzeit wieder aus ihm heraus treten. Solange er noch halbwegs erträglich ist, hole die Situation auf deinem inneren Bildschirm noch einmal hervor und beschreibe:

Wie fühlt sich dieser angstvolle Zustand an?
Wo beginnt er im Körper?
Wo fühlst du ihn genau?
Wie schaut er aus?
Gib der Angst eine Farbe, eine Form: ist sie ein grauer Nebel? Ein roter Knoten? Ein dunkler Stein? Was ist sie für dich?

6. Den Angst-Zustand sichtbar machen

Die negative Empfindung wird nun in ein zweites Körperbild hinein gemalt. Farben, Formen, Texturen. Durch dieses Externalisieren, das „nach außen bringen" wird der innere Zustand greifbarer. Die Angst ist nicht mehr diffus, sondern sichtbar und was sichtbar ist, kann verändert werden!

7. Integration: Neuronale Umstrukturierung

Nun gehts wieder hinauf aufs Pferd! Wir beginnen wieder mit dem Schwingen, und fokussieren auf den Vertrauens-Zustand. Die meisten Reiter sind erstaunt, wie leicht und mühelos dies jetzt auf RISING STAR gelingt, wo wir noch vor einer Minute im Angst-Zustand waren. Der Schlüssel der Veränderung liegt nun im Kontrast. Das Gehirn lernt am stärksten, wenn es Unterschiede wahrnimmt. Der Unterschied zwischen „so fühlt sich Angst an" und „so fühlt sich Vertrauen an", wird spürbar.

Der wird Reiter nun eingeladen, auch den Angst-Zustand mit aufs Pferd zu nehmen. Doch dieser Angst-Zustand hat sich meist jetzt schon leicht verändert. Denn die neuronale Dissonanz (das Nebeneinander von zwei widersprüchlichen Zuständen) öffnet ein Fenster zur „Neuroplastizität". Durch die sanften Vibrationen wird das Nervensystem einerseits beruhigt, andererseits in einen Zustand versetzt, in dem es besonders empfänglich für neue Verknüpfungen ist.

Was wir in dieser Übung daher immer wieder beobachten:

◎ Der alte, angstbesetzte somatische Marker verliert an Dominanz.

◎ Der neue, positive Marker wird gestärkt und tief im Körpergedächtnis verankert.

Mit jeder Wiederholung festigt sich dieses neue Muster. Der Reiter erlebt, wie er seine inneren Zustände durch seine eigene Aufmerksamkeitsfokussierung blitzschnell verändern kann. Es gibt also noch eine 3. Instanz, einen Anteil, der entscheiden kann, worauf die Aufmerksamkeit gerichtet wird. Dieser „Bestimmer" oder „Beobachter" ist eine essenzielle Ressource, die nun etabliert werden kann. Ganz egal, was ich erlebe, es gibt immer eine Instanz, die mich selbst beobachten und entscheiden kann, worauf sie jetzt ihre Aufmerksamkeit richtet.

Dieser Anteil ist in jedem Menschen, und es ist ein Anteil der weiß, was gut für mich ist.

Im weiteren Klingen auf RISING STAR beginnt der Körper nun, Vertrauen statt automatisch Angst abzurufen. Ein „spielerisches" Hin- und Her-wechseln zwischen den beiden Zuständen verstärkt den Kontrast, und die Angst verliert ihre Macht. Wir lernen, sie zu verstehen, sie zu spüren, um sie dann neu zu gestalten.

Der Körper erinnert sich – und er kann dabei neu lernen. Mit jeder Schwingung, mit jedem Atemzug und mit jeder neuen Erfahrung.

8. DIE GUTE ABSICHT WÜRDIGEN UND NUTZEN

Im letzten Schritt, eingetaucht in diesem kraftvollen und vertrauensvollen Zustand auf dem schwingenden RISING STAR, fragen wir uns: Was wird wohl die gute Absicht der Angst gewesen sein, was wollte oder will sie Gutes für uns? Und: was würden wir jetzt, in diesem kraftvollen Zustand anders machen, wenn wieder eine ähnliche Situation wie diejenige auftaucht, die uns damals so viel Angst gemacht hat.

Wir erweitern also das eigene Verhaltens-Repertoire und wir lassen uns überraschen, welche kreativen neuen Ideen aus dem Unterbewusstsein des Reiters nun auftauchen. Das kann zum Beispiel sein, sich in Zukunft vor dem Reiten mehr Zeit zu nehmen, um präsenter zu sein (und nicht schusselig noch die To-Do Liste des Tages schnell durchzugehen, während man sich aufs Pferd setzt). Oder die Spannung des Pferdes wahrzunehmen und es erst ein paar Runden frei oder an der Longe zu arbeiten, bevor man sich in den Sattel schwingt. Oder sich zu erlauben, sich im Gelände etwas mehr Zeit zu lassen, und den Angst machenden heran donnernden Traktor nicht zu fürchten, sondern als großartige Möglichkeit umdeuten, um ihn jetzt gemeinsam mit dem Pferd zu erkunden, ihn in Sicherheit anzusehen! Dazu dann evtl. abzusteigen, und dem Pferd wie sich selbst in der Angst machenden Situation eine er-mutigende Erfahrung werden zu lassen.

Und so weiter… Es tauchen erfahrungsgemäß immer ein paar neue Ideen auf, um situationsgerechter agieren zu können, statt seinen Plan im Kopf auf jeden Fall durchdrücken zu „müssen". Wir erweitern die Wahlmöglichkeiten und das Handlungsspektrum!

Durch die Arbeit mit somatischen Markern wird Angst also nicht „wegtrainiert". Im Gegenteil: Indem wir sie sanft und freundlich annehmen und würdigen, können wir sie einer fundamentalen Ebene wandeln und umstrukturieren. Wir schreiben dabei nicht einfach nur ein „schönes Gefühl" in den Körper, sondern wir nutzen die innere Weisheit und die gute Absicht der Angst. So können wir Angst-Muster sanft, nachhaltig und tiefgreifend körperlich, emotional und neuronal transformieren: in Ressourcen, Selbstwirksamkeit, innere Achtsamkeit und Stärke.

WARUM DIESE METHODE SO WIRKSAM IST

1. Ganzheitlicher Ansatz
Der Prozess verbindet kognitive Reflexion, körperliche Erfahrung und kreative Visualisierung.

2. Direkter Zugang zum Unterbewusstsein
Durch die Arbeit mit dem Körper und den Vibrationen wird das limbische System angesprochen, wo emotionale Erinnerungen gespeichert sind.

3. Neuroplastizität
Das Gehirn ist zeitlebens formbar. Positive Körpererfahrungen, die bewusst verankert werden, können alte Angstnetzwerke überschreiben und Gewohnheitsmuster-Muster nachhaltig verändern.

4. Selbstwirksamkeit
Der Reiter erlebt, dass er durch seine Aufmerksamkeitsfokussierung aktiv Einfluss auf seinen Zustand nehmen kann. „Ich kann meinen Zustand aktiv verändern". Dies ist ein zentraler Faktor für die Angstbewältigung.

Um mit dieser Methode zu arbeiten, braucht es fundiertes Coaching-Knowhow und im besten Fall therapeutische Kompetenz. Denn die Übung lebt davon, gezielt und bewusst bestimmte Zustände zu fokussieren – und sie sofort verlassen zu können, wenn die negativen Emotionen überhand nehmen. Daher sollten Anwender traumasensibel arbeiten können und ihre Grenzen kennen, um den RISING STAR Reiter gut und sicher durch diesen Prozess zu begleiten.

Wenn du wissen möchtest, wie du auch ohne das Erkunden der Angst auslösenden Situation deine Ängste mindern kannst, dann probiere doch sogenannte hypnosystemische Frage-Techniken hierzu aus! Sie bilden ein wichtiges Element des systemischen Coachings in der KPC Reiterklangmassage. Basierend auf dem Ansatz von Gunter Schmid und Milton Erickson, nutzen wir dabei die Kraft der Aufmerksamkeitsfokussierung. Anstatt sich auf Ängste oder Blockaden zu fixieren, lenken hypnosystemische Fragen die Wahrnehmung auf Ressourcen, Lösungs-möglichkeiten und ungenutzte Stärken. So kann Veränderung ohne direkten Kontakt mit dem angstauslösenden Träger statt finden – allein durch die Neuausrichtung innerer Bilder und Körperzustände. ■

Hypnosystemische Fragen, um akute Angst zu bewältigen

Nicht immer haben wir die Zeit und Möglichkeit, uns in tiefe Prozesse einzulassen. Manchmal brauchen wir kurzfristig eine innere und äußere Haltung für Momente, in denen wir mit Angst konfrontiert sind. Hierzu haben wir hypnosystemische Sprachmuster entwickelt, die speziell auf die Auflösung von Ängsten bei Reitern abzielen. Diese Formulierungen schaffen Sicherheit, lenken den Fokus auf deine Ressourcen und ermöglichen dir, die Angst als einen Teil des inneren Erlebens wahrzunehmen, ohne dich von ihr beherrschen zu lassen.

Wir nutzen sie gerne im Rahmen der Reiterklangmassage, um die innere Haltung mit den Vibrationen und dem dadurch entstehenden Urvertrauen wirkungsvoll zu koppeln.

Sie können aber auch ohne Vibrationen gebraucht werden, um einem Reiter dabei zu helfen, sich auf das zu fokussieren, was hilfreich und nützlich ist, damit die innere und äußere Haltung positiv zu beeinflussen und Ängste zu lösen. Hier ist eine Auswahl dieser Sprachmuster.

ANWENDUNG HYPNOSYSTEMISCHE SPRACHMUSTER

Wenn du sie selbst für eine kleine oder größere Angst-Situation ausprobieren möchtest:
Lies sie dir durch, sprache sie dir innerlich vor – oder lasse sie dir vorlesen – und spüre dabei, ob bestimmte dir gut tun. Du kannst im übrigen diese Sätze jederzeit auch so umformulieren, dass sie noch besser wirken. Diese Sprachmuster kannst du dann auch in Reitstunden nutzen, indem dein Reitlehrer dich an bestimmten Stellen an den Satz erinnert. Und während des Reitens deinen Fokus vom Angstgefühl weg auf den Körper und die Verbindung zum Pferd zu lenken.

**1. Wahrnehmung & Akzeptanz der Angst
(statt sie weg zu drücken)**

◎ *Wo genau spüre ich die Angst gerade in meinem Körper?*
◎ *Wenn diese Angst eine Form oder Farbe hätte, wie würde sie aussehen?*
◎ *Kann ich dieser Angst für einen Moment Raum geben, ohne sie zu bewerten oder zu bekämpfen?*

**2. Aktivierung von Ressourcen & Selbstwirksamkeit
(vom Problem zur Lösung wechseln)**

◎ *Wann habe ich mich auf diesem Pferd (oder einem anderen) schon einmal sicher gefühlt?*
◎ *Welche Eigenschaft oder Stärke von mir könnte mir in dieser Situation jetzt helfen?*
◎ *Wie würde ich im Sattel sitzen, wenn ich mich gerade sicher fühlen würde?*

**3. Distanz zur Angst & Kognitive Umfokussierung
(Angst nicht „sein", sondern „haben")**

◎ *Wenn diese Angst eine Stimme hätte, was würde sie mir sagen, was würde sie Gutes für mich wollen – und was antworte ich ihr?*
◎ *Wie würde ein erfahrener, mutiger Reiter in dieser Situation denken und handeln?*

**4. Körper und Nervensystem beruhigen
(Sich mit sich selbst & dem Pferd verbinden)**

◎ *Welche minimale Bewegung kann ich jetzt machen, um mich freier zu fühlen?*
◎ *Wie fühlt sich mein Atem an, wenn ich mir vorstelle, dass ich in dieser Situation ruhig bin?*

Diese Fragen helfen Reitern, sich aus der Angst zu lösen, ihre Ressourcen zu aktivieren und wieder ins Hier&Jetzt zu kommen. Probiere ihre Wirkung am besten einfach einmal an dir selbst aus! Viel Freude beim Erkunden!

In diesem Kapitel hast du zwei wirkungsvolle Methoden kennengelernt, um mit Angst zu arbeiten: die **Arbeit mit somatischen Markern** sowie die **hypnotherapeutischen Steuerfragen**, die dir helfen, deine inneren Prozesse gezielt zu lenken.

Doch Theorie allein reicht oft nicht – echte Veränderung entsteht durch Erleben.

Deshalb gibt es exklusiv zu diesem Buch einen **begleitenden Online-Kurs**, in dem du diese Methoden in der Praxis vertiefen kannst. Dort findest du geführte Klangreisen, die dich in einen tiefen, entspannenden Zustand bringen, sowie praktische Übungen, mit denen du deine Angst nicht nur verstehst, sondern nachhaltig transformierst. ■

Kursbeschreibung:
Angst auflösen – Vertrauen aufbauen

Angst gehört zum Reiten dazu – doch sie muss dich nicht blockieren. In diesem Kurs lernst du, deine Angst nicht zu bekämpfen, sondern sie zu verstehen und nachhaltig zu verwandeln. Statt nur an der Oberfläche zu arbeiten, tauchen wir tief in die Ursachen deiner Angst ein und nutzen gezielte Methoden, um innere Sicherheit aufzubauen.

Dieser Ansatz basiert auf über **25 Jahren Coaching-Erfahrung** und vereint bewährte Techniken aus der Achtsamkeit, Neurobiologie, somatischen Arbeit und Klangmassage. Hier bekommst du nicht nur theoretisches Wissen, sondern eine erprobte Praxis, die sich in unzähligen Coachings als wirksam erwiesen hat.

WAS ERWARTET DICH?

◎ **Elemente der Klangmassage für Reiter** – durch gezielte Klang- und Schwingungsarbeit lernst du, dein Nervensystem zu beruhigen und emotionale Blockaden zu lösen.

◎ Eine **Klangreise zum inneren sicheren Ort**, die dir hilft, jederzeit Ruhe und Stabilität in dir zu finden.

◎ Eine **transformative Übung mit somatischen Markern**, die dein Gehirn neu vernetzt und dir erlaubt, bewusst mit deiner Angst umzugehen.

◎ Ein **Erste-Hilfe-Notfall-Kit** mit konkreten Verhaltenstipps und Atemtechniken für akute Angstmomente, damit du direkt handlungsfähig bleibst.

◎ Ein **realistischer Weg**, der nicht nur Angst auflöst, sondern auch Mut und Handlungsfähigkeit stärkt – im Sattel und im Leben.

◎ **Bewährte Coaching-Ansätze aus 25 Jahren Erfahrung**, die tiefgreifend wirken und nachhaltige Veränderung ermöglichen.

◎ **Arbeitsblätter und Handout** zur Reflektion, Vertiefung und bestmöglichen Transfer in deinen Alltag mit deinem Pferd

Dieser Kurs ergänzt perfekt das Buch – aber du kannst ihn auch unabhängig davon nutzen. Die Kombination aus **mentaler, körperlicher und klangbasierter Arbeit** gibt dir ein **kraftvolles Werkzeug an die Hand**, um nicht nur sicherer zu reiten, sondern auch in anderen Lebensbereichen mit Herausforderungen neu umzugehen.

Mut tut gut – und hier beginnt dein Weg. ■

ANWENDUNG
HYPNOSYSTEMISCHE
SPRACHMUSTER

Möchtest du sie selbst für eine kleine oder größere Angst Situation ausprobieren? Um zu spüren, wie sich Angst verwandeln kann in Vertrauen, Präsenz und feine Körperverbindung? Dann begleite dich selbst durch den dazugehörigen KPC© digital Kurs: „Angst auflösen für Reiter". Scanne einfach den QR Code und öffne dir damit einen Raum für deinen ganz persönlichen wirkungsvollen Coaching-Prozess.

Embodied Sound mapping

KÖRPERBILDER ZEICHNEN
FÜR BEWUSSTE TRANSFORMATION

Nachdem wir die somatischen Marker als Ausdruck gespeicherter Körpererfahrungen kennen gelernt und gesehen haben, wie wir Angst bewältigen können, möchte ich noch etwas näher auf die Visualisierung der Körperbilder eingehen: Das Embodied sound mapping. Es bietet eine weitere sehr wirkungsvolle Dimension, um zusammen mit Klangmassage, Körpergewahrsein und Visualisierung Veränderungen nicht nur zu spüren, sondern sie auch nachhaltig zu verankern.

Durch das Zeichnen von Körperbildern wird das vorher unbewusst Erlebte sichtbar gemacht.
Eine Brücke zwischen innerer Erfahrung und äußerem Ausdruck. Diese Bilder helfen, neue Körperzustände zu integrieren, neuronale Verbindungen zu stärken und gewünschte Veränderungen bewusster zu verkörpern.

Die somatischen Marker zeigen, wo Veränderung im Körper geschieht – mit Embodied Sound Mapping können wir diesen Prozess vertiefen. Es intensiviert die Körperwahrnehmung. Was vorher nur als Gefühl spürbar war, wird nun als Bild konkretisiert. Durch diese visuelle Repräsentation verstärkt sich der Effekt der Neuroplastizität. Die Erinnerung an das Bild hilft, den neuen Körperzustand bewusster ins Reiten oder in den Alltag zu integrieren.

In der Arbeit mit negativen Zuständen (wie der Angstbewältigung im vorherigen Kapitel) kann das Zeichnen als Externalisieren von Angstzuständen oder Blockaden ganz bewusst Distanz schaffen. Damit erhöhen wir unser Gefühl von Handhabbarkeit, und die Umwandlung wird erleichtert.

Hier siehst du drei Beispiele aus der Praxis. Sie zeigen, wie individuell Körper-Bilder sind – und wie sie sich im Laufe einer Reiterklangmassage mit Sitzschulung und/oder Coaching innerhalb einer Sitzung verändern können: Um dein inneres Erleben in Zeichnungen auszudrücken, musst du kein Künstler sein! Die Methode folgt einer einfachen, aber wirkungsvollen Struktur:

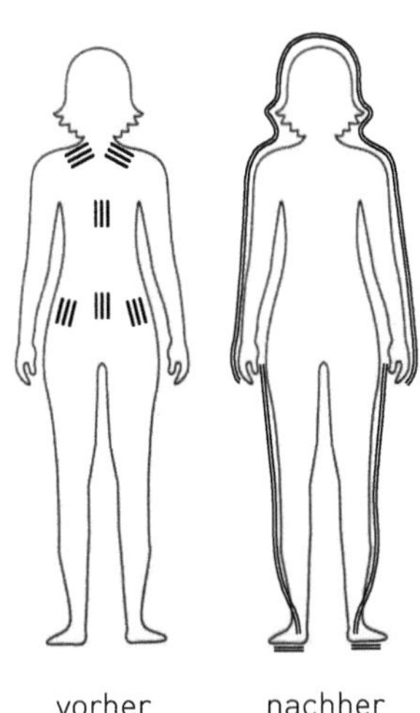

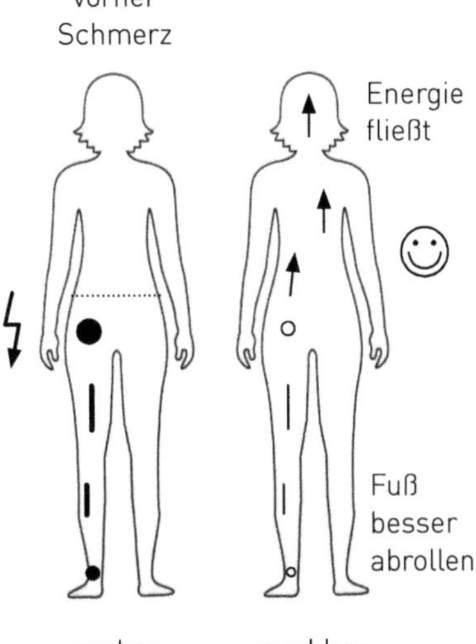

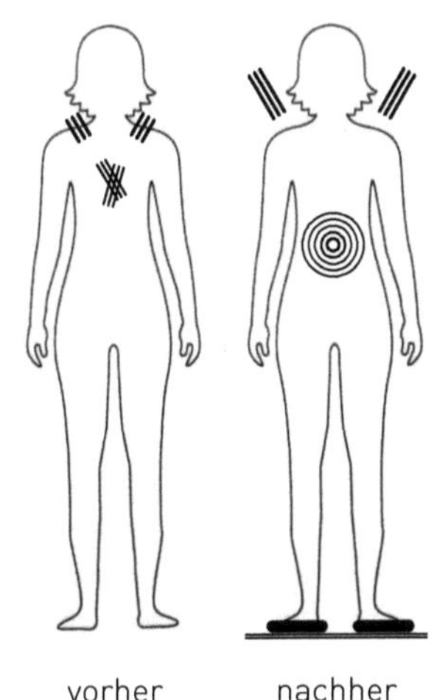

ABLAUF EINER EMBODIED SOUND MAPPING SESSION

1. Erleben und Wahrnehmen

Vor der Klangmassage (oder in Reitkursen auch in der ersten Reit-Einheit) spüren die Teilnehmer bewusst in ihren Körper hinein. Welche Stellen fühlen sich „schwer", „eng", „verspannt" oder „leicht", „durchlässig" „weich" oder „geschmeidig" an?

Während der Klangmassage verändert sich das Körpergefühl. Am Ende der Einheit spüren die Teilnehmer wieder bewusst in ihren Körper hinein: Welche Veränderungen sind spürbar? Welche Körperbereiche haben sich entspannt, geöffnet oder aktiviert?

2. Visualisieren und Zeichnen

Die inneren Empfindungen beider Zustände werden in Farben, Formen oder Symbole übersetzt. Das können Farben, Formen oder Linien sein. Es geht nicht um künstlerische Perfektion, sondern um das intuitive Festigen der neuen Erfahrung.

3. Reflektieren und Verankern

Durch den Vergleich von Vorher-Nachher-Bildern wird der Wandel sichtbar gemacht.

Die neuen Körperzustände können mit Worten ergänzt werden („leicht", „offen", „verwurzelt", ..) um die neuronale Verknüpfung zu stärken.

4. Übertragen in den Alltag / aufs Pferd

das Bild dient nun als Anker, um das neue Körperbild bewusst ins Reiten oder in andere Bewegungsabläufe mitzunehmen. Die Teilnehmer setzen sich wieder aufs Pferd, und lassen sich vor dem Anreiten etwas Zeit, diese „somatischen Marker" im Sattel zu fühlen, bevor sie los reiten. Es ist immer wieder spannend zu beobachten, wie die Pferde darauf reagieren! Sie merken diese Unterschiede, bevor nur ein einziger Schritt miteinander geritten wird! Regelmäßiges Betrachten und Nachspüren hilft, das Erlebte zu stabilisieren. Im Reitunterricht kann die nächsten Stunden damit gearbeitet werden. Manchmal helfen nur kurze Erinnerungen des Reitlehrers, und schon setzt sich der Körper wieder in den neuen Zustand im Sattel auf.

Die Methode ist nicht nur für den Vorher-Nachher-Vergleich wertvoll, sondern kann auch gezielt zur persönlichen Entwicklung genutzt werden:

ANGSTAUFLÖSUNG UND EXTERNALISIERUNG

Wie wir im vorherigen Kapitel gesehen haben: Ängste sind oft körperlich verankert. Indem sie gezeichnet werden, bekommen sie eine Form die verändert werden kann. Ein erster Schritt zur aktiven Umwandlung.

VISIONS-VISUALISIERUNG

Das Embodiment von Wunsch-Zuständen, wie zum Beispiel „mein idealer Sitz / meine Verbindung zu meinem Pferd" kann durch das Zeichnen intensiviert werden. Wie fühlt sich mein Idealer Sitz an? Welche Körperhaltung strahlt Vertrauen und Verbindung zum Pferd aus? Wie fühle ich mich in einer perfekten Piaffe?" Durch das Zeichnen wird diese Vorstellung bunt und greifbar – und damit für den Körper viel leichter umsetzbar.

BEWUSSTMACHUNG UND STABILISIEREN VON POSITIVEN KÖRPERERFAHRUNGEN

Ein entspannter Rücken, eine offene Brust, ein lockereres Kiefer – all das kann bewusst verankert werden, nachdem man es auf RISING STAR erlebt hat. So kann sich der Körper immer wieder an diese ressourcenreichen Zustände erinnern und den Reiter-Sitz nachhaltig verbessern.

Selbstverständlich ist die Übung vor allem durch die Unterstützung der Reiter-Klangmassage mit all ihren Effekten sehr wirkungsvoll. Der vibrierende Holzkorpus und die Klänge der Schaki erleichtern dem Körper die Integration dieses Zustandes. Durch die Neuroplastizität wirkt vor allem das mehrmalige Anschwingen des RISING STARS als eine Art multisensorischer Trigger: Das Gehirn speichert die Verknüpfung des inneren Zustandes mit den Schwingungen und dem guten Körpergefühl als neuen „shortcut" für den guten Zustand.

Doch das Embodied mapping kann auch ohne Klang sehr wirkungsvoll sein. Je stärker die somatischen Marker, die Farben, Formen und inneren Metaphern durch eine gute Aufmerksamkeitsfokussierung sind, desto besser! Deshalb bekommst du hier eine komplette Anleitung, um das embodied sound mapping für dich selbst – ohne sound – anzuwenden und auszuprobieren. Und zwar mit dem Fokus: „Mein idealer Sitz"

Diese Übung hilft dir, dein Körperbewusstsein auf eine ganz neue Weise zu erforschen. Du wirst nicht nur spüren, wie dein Sitz aktuell ist, sondern auch wie dein idealer Sitz sich anfühlt. Und wie du ihn über Farben, Formen und innere Bilder bewusst in deinen Körper integrieren kannst.

1. VORBEREITUNG – DEIN KÖRPERBILD WAHRNEHMEN

Finde einen ruhigen Ort, an dem du dich ungestört bewegen kannst. Setze oder stelle dich entspannt hin. Nimm dir einen Moment, um bewusst in deinen Körper zu spüren.
Setze dich auf einen Hocker, auf einen Holzbock (oder RISING STAR), und schließe deine Augen.
Wie fühlt sich dein Sitz in diesem Moment an? Gibt es Spannungen, asymmetrische Bereiche öderen Gefühl der Schwere oder Leichtigkeit? Beobachte deine Wahrnehmung ohne sie zu bewerten.

Alternative: Du kannst diese Phase auch reitende erleben. Innerhalb einer Reitstunde, oder wenn du jemanden findest, der für die nächste Phase dein Pferd hält. Denn für den nächsten Schritt solltest du absteigen:

2. DEINEN AKTUELLEN SITZ AUF PAPIER BRINGEN

Nimm nun ein Blatt Papier und Farben. Male dann das Körperbild, das du gerade gespürt hast.

◎ Welche Farben passen zu den Empfindungen?
◎ Welche Formen und Strukturen entstehen?
◎ Gibt es Bereiche, die sich eng, schwer oder blockiert anfühlen?
◎ Gibt es Stellen, die leicht, offen, geschmeidig oder frei wirken?

Lass dein Bild intuitiv entstehen. Es geht nicht um Kunst, sondern um deine Körperwahrnehmung.

3. DEINEN IDEALEN SITZ ERSPÜREN UND SICHTBAR MACHEN

Jetzt schließe noch einmal die Augen (oder setze dich auf RISING STAR). Erinnere dich an einen Moment, in dem du dich – reitend – perfekt im Einklang mit deinem Pferd gefühlt hast. Vielleicht ein Ritt, bei dem alles mühelos war. Oder ein Gefühl von „totaler Balance , Leichtigkeit und Vertrauen". Oder einfach der Zustand, der dir nun in den Sinn kommt, wenn du an „Einklang mit deinem Pferd" denkst. Vielleicht hast du auch ein Vorbild vor Augen, bei dem oder der du das Gefühl hattest: Ja, so möchte ich einmal reiten können!

Lass dir Zeit, dass dein Körper von alleine in diesen idealen Sitz „hinein rutscht". Stell dir vor, wie sich dein idealer Sitz anfühlt. Wo alles klappt, harmonisch schwingt und du mit dem Pferd die bestmögliche Einheit bildet, also in Einklang miteinander reitet.

◎ Wie fühlt sich dieser Sitz an?
◎ Wo ist dein Schwerpunkt?
◎ Wie fühlt sich dein Becken, dein Rücken, deine Schultern an?
◎ Wie ist die Verbindung zu deinem Pferd?
◎ Wo ist dein Körper gelöst und frei?
◎ Wie fließt die Energie durch dich hindurch?
◎ Welche Bilder, welche Gefühle, welche Geräusche tauchen auf?

4. NIMM NUN DAS ZWEITE KÖRPERBILD UND MALE

Hier wieder all die Farben und Formen hinein, die dieses Gefühl einfangen.
… Gehe in Fühlung mit dem idealen Sitz:

◎ Welche Farben stehen für den neuen Zustand?
◎ Welche Formen oder Bewegungen spiegeln ihn wider?

Spüre beim Malen in dich hinein und erlaube dir, diesen Sitz ganz zu verkörpern.

5. DIE UNTERSCHIEDE BEWUSST WAHRNEHMEN

Lege nun beide Bilder nebeneinander und betrachte sie. Was fällt dir auf?
Gibt es klare Unterschiede in Farbe, Form und Energie?

◎ Wo sind Blockaden und Schwere?
◎ Wo ist mehr Weite, Wärme und Stabilität?

Nimm dir Zeit, diese Unterschiede nicht nur zu sehen, sondern auch zu fühlen.

Stelle dir vor, die zwei Bilder könnten miteinander sprechen. Was würde dein aktuelles ich dem zukünftigen Wunsch ich gerne sagen? Und umgekehrt? Lass dich überraschen, welche Sätze auftauchen, schreib sie auf. Darüber zu reflektieren, was es braucht, was dir noch fehlt, was der erste nächste Schritt auf deinem Weg zum Wunsch-Sitz sein könnte, ist ein zentrales Element in der Reflektion. Es ist gelebte Lösungsorientierung, die ja einen wichtigen Teil des systemischen Coachings ausmacht.

6. DIE NEUE ENERGIE IN DEN KÖRPER BRINGEN

Schließe nun die Augen und stelle die vor, dass du die Farben und Qualitäten deines idealen Sitzes mit jedem Atemzug in deinem Körper aufnimmst (Mit RISING STAR wird dies durch Vibrationen verstärkt)

◎ Atme tief ein und spüre, wie sich die Farben in dir ausbreiten.
◎ Lass dein Körperbild lebendig werden – du bist dieser ideale Sitz!
◎ Bewege dich sanft und lasse deinen Körper intuitiv in die Haltung fließen, die zu diesem Bild passt.

7. MIT DIESER NEUEN KÖRPERWAHRNEHMUNG AUFS PFERD GEHEN

Jetzt ist es an der Zeit, dein ideales Körperbild in die Bewegungen mit deinem Pferd zu übertragen.

Behalte das Bild, die Farben, Formen und Empfindungen präsent, während du aufsteigst.
Lass die Farben und Energien sich mit der Bewegung deines Pferdes verbinden. So, als ob du deinem Pferd diesen neuen Zustand von dir „schenken" wollen würdest.
Achte darauf, wie dein Pferd auf deine neue Körperwahrnehmung reagiert, während Ihr anreitet.

Erlaube dir, einfach wahrzunehmen, ohne Druck, im Schritt: Wie fühlt sich dein Sitz an, wenn du ihn aus dieser inneren Vorstellung heraus erlebst? Dann gehe Schritt für Schritt damit in andere Tempi oder Lektionen, ganz deiner Wahl. Lass dich überraschen, wie Farben, Formen und innere Bilder dieser Übung deine und die Bewegungen deines Pferdes verändern. Sei der Unterschied auch noch so klein: Nimm es wahr! Denn Lösungsorientierung geschieht gerade über diese Micro-Schritte.

8. INTEGRATION & REFLEKTION

Nach deinem Ritt nimm dir einen Moment, um zu reflektieren:

◎ Wie hat sich dein Sitzgefühl verändert?
◎ Hat dein Pferd anders reagiert? Wie?
◎ Gab es Momente, die besonders mit deiner inneren Idealvorstellung übereingestimmt haben?

Du kannst dein ursprüngliches Bild noch einmal anschauen: Was hat sich bereits in deinem Körper verändert? Gibt es einen bestimmten Atemzug oder eine kleine Bewegung, mit der du dieses Gefühl im Alltag auch zukünftig jederzeit abrufen kannst?

Dein idealer Sitz ist kein Ziel, sondern ein fortlaufender Prozess. Je öfters du diese Übung machst, desto leichter wird dein Körper ihn finden – und dein Pferd wird darauf reagieren.

Lade dir dazu das Übungsblatt herunter, probiere die Übung für dich aus. Und lass dich von ihrer Wirkung überraschen. Viel Spaß dabei!

Intensiviere und vertiefe die im Buch beschriebenen Übungen. Diese Tüten sind Mini-Coachings zum Anfassen, die die Übungen aus dem Buch "Reiten in Balance – Reiterklangmassage auf RISING STAR" auf sinnliche Weise erlebbar machen.
Mit Audio Anleitungen, hochwertigen Materialien und liebevoll gestalteten Ritualen bieten sie dir eine wirkungsvolle Möglichkeit, tiefer einzutauchen, zu spüren und das Gelesene in dein eigenes Erleben zu übersetzen. Ideal für alle, die nicht nur lesen, sondern verkörpern möchten.

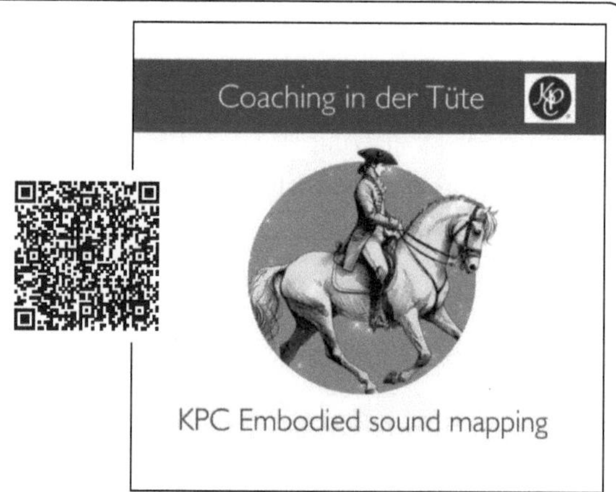

Die Arbeit mit den somatischen Markern und dem
Embodied Sound Mapping unterstützt langfristig
die Veränderung tieferliegender Muster. Sie stärkt das
Selbstvertrauen, löst mentale Blockaden und fördert
eine harmonische Beziehung zwischen Reiter und
Pferd. Durch die bewusste Arbeit mit Körper, Geist
und Emotion kann die Angstspirale durchbrochen
werden – und Platz für Gelassenheit, Freude und Vertrauen entstehen. ∎

In Fühlung gehen mit Entspannung und dem Urvertrauen

KÖRPERBILDER ZEICHNEN FÜR BEWUSSTE TRANSFORMATION

Nun kommen wir von der Angstbewältigung zum Schluss noch in zwei Bereiche, die uns die Klangmassage durch die obertonreichen Klänge und Vibrationen so wunderbar schenken kann: Dem Urvertrauen und der Präsenz in der Stille. Beides sind Qualitäten, die wir beim Reiten brauchen können und die uns als Reiter den Umgang mit dem Pferd vielfach erleichtert.

Urvertrauen ist ein Zustand des inneren Gleichgewichts und der Sicherheit. Es ist ein Gefühl des Geborgenseins in sich selbst und in der Welt. Im besten Fall entsteht es in unserer frühen Kindheit, es kann aber durch belastende Erfahrungen gestört werden. Klangmassagen können helfen, diesen Zustand wiederherzustellen oder zu stärken. Klangmassagen wirken hierbei direkt auf die tieferen Ebenen von Körper, Geist und Seele.

WIE DIE VERTIKALE KLANGMASSAGE AUF RIDING STAR SOLUTION DAS URVERTRAUEN STÄRKT:

1. TIEFENENTSPANNUNG UND LOSLASSEN

Wir wir schon wissen, wirken die sanften Klänge und Vibrationen der Klangschalen beruhigend auf das Nervensystem. Wenn die Reiterklangmassage in einem geschützten Raum statt findet, in der sich der Reiter ungestört auf sich selbst fokussieren kann, fördern sie einen Zustand tiefer Entspannung. Im Gewahrsein und Nachspüren der Klangschwingungen in den Körper hinein, ohne Leistungsdruck, nur als Wohlfühl-Massage kann der Körper Stress, alte Spannungen und Blockaden loslassen. Dies hilft, wieder Zugang zu einem ursprünglichen Gefühl von Sicherheit und Vertrauen zu finden.

2. RESONANZ ALS GESUNDHEITSFÖRDERNDER IMPULS

Die Klangschwingungen unterstützen die Selbstregulation des Körpers. Tiefe Entspannungs-momente können innere Harmonisierungsprozesse anstoßen. Sie fördern das Körperbewusstsein und ermöglichen es, in Resonanz mit seinen eigenen Bedürfnissen und Körperregionen zu gehen, um die eigene Stärke und Resilienz wieder bewusst zu machen.

3. RÜCKKEHR ZUM URSPRUNG

Klangschalen erzeugen Töne, die oft an Urlaute oder Klänge erinnern, die wir bereits im Mutterleib gehört haben, wie den Herzschlag der Mutter. Diese Verbindung zu frühen, prägenden Erfahrungen kann helfen, ein Gefühl von Geborgenheit wiederherzustellen.

4. FÖRDERUNG VON SELBSTWAHRNEHMUNG

Wie wir auch schon wissen, helfen die Klänge der Massage, sich auf den Moment zu konzentrieren und in sich hineinzuhorchen. Dieses bewusste Erleben des eigenen Körpers stärkt die Selbstwahrnehmung und hilft, eine positive Beziehung zu sich selbst aufzubauen – ein wichtiger Aspekt des Urvertrauens. ■

Durch Klangschalen in die Stille und Präsenz – die Kraft der Pause

Das Lauschen auf einen Klang in die Stille hinein ist ein besonderes schönes Erlebnis.

Die Präsenz, das Gewahren dieses einen Augenblicks, das Jetzt wahrnehmen, das weder von Gedanken in der Vergangenheit, noch von Gedanken in die Zukunft abgelenkt wird, ist ein Zustand, in dem die Pferde andauernd sind.

Durch das gezielte Üben und dem Lauschen eines Klanges in die Stille hinein, kann sich der Reiter in jedem Moment wieder neu in diesen Zustand der Präsenz bringen.

Erst in der Präsenz, Achtsamkeit, und im Gewahrsein für die eigene Körperhaltung, Atmung und emotionalen Energie, in der ich gerade bin, kann eine klare, feine Kommunikation mit dem Pferd beginnen. Ohne diese Präsenz ist im eigenen Kopf oft ein munteres Gedankenpotpourrie, das die Aufmerksamkeit andauernd von diesem einen Moment in dem man gerade ist, wegzieht.

Wer allerdings in dieser Präsenz, in diesem einen jetzigen Augenblick lebendig ist, genau im Jetzt, in dem unser Leben statt findet, kann in eine harmonische Verbindung mit dem Pferd – auch im Sattel – gehen! Präsenz bedeutet auch, die Emotionen und Bedürfnisse des Pferdes besser wahrzunehmen und darauf reagieren zu können. Dieses Im-Moment-Sein und direkt auf das Pferd eingehen zu können, vertieft die Beziehung ungemein!

Die Buddhisten sagen: Du darfst denken, was du willst – wenn du dich nur nicht von den Gedanken „wegtragen" lässt, wenn sie dich nicht beherrschen. Wenn du ihnen nicht „anhaftest.

In meiner eigenen jahrzehntelangen Erfahrung in der Meditation fand ich dies immer eine der schwierigsten Übungen. Sich der eigenen Gedanken bewusst werden – und sich nicht von ihnen fort tragen zu lassen, sondern in der Präsenz zu bleiben.

Mit den Klangschalen habe ich eine wunderbare Möglichkeit gefunden, wie wir mühelos und leicht durch die langsam verhallenden Töne in die Stille hinein geleitet und begleitet werden. Dieser Weg ist ein vielfaches müheloser und sanfter. Es beruhigt zudem, wie wir wissen, unser Nervensystem. Ein entspannter Reiter überträgt diese Ruhe auf das Pferd, das seinerseits schnell darauf reagiert und seinerseits harmonischer und gelassener wird. Gerade in stressigen Situationen – etwa bei Herausforderungen oder im Training – kann das bewusste Eintauchen in die Stille helfen, Ruhe und Klarheit zu bewahren.

Hier kannst du einem Ton der Klangschale bis in die Stille hinein lauschen – und ihre Wirkung erfahren

HÖREN – HORCHEN – LAUSCHEN
▶ IN DIE PRÄSENZ

Hier kannst du gleich einmal dieses Lauschen in die Stille ausprobieren.
Wir unterscheiden drei verschiedene Formen des Hörens: das Hören, Horchen und Lauschen:

Beim Hören, einem passiven Prozess, werden die Schallwellen über die Ohren wahrgenommen und vom Gehirn verarbeitet. Dies passiert automatisch und meist unbewusst.

Mit dem Horchen oder Hinhorchen wird schon ein aktiveres, gezielteres Hinhören beschrieben, bei dem der Fokus auf ein bestimmtes Geräusch oder eine bestimmte Quelle gerichtet ist. Pferde machen dies oft, wenn sie ein neues Geräusch beunruhigt. Der gesamte Fokus wird dann auf die Geräuschquelle gerichtet und die Körperspannung steigt.

Das Lauschen dagegen ist eine bewusste, achtsame und oft auch genussvolle Form des Zuhörens, bei dem nicht nur der Klang, sondern auch dessen Wirkung erfasst wird. Es ist eine tiefere, intuitivere Form des Hörens, und beinhaltet eine Offenheit und Empfänglichkeit für Nuancen. Also eine Art bewusstes, achtsames Eintauchen in die Klangwelt. Hier kann vollständige Präsenz und Verbindung mit dem jetzigen Moment entstehen.

ein Klang - Einklang

So bietet dir nur ein einziger „Einklang" vor dem Reiten als Reiter:in die Möglichkeit, in einen Zustand tieferen Gewahrseins und Präsenz zu kommen, und den Stress des Tages durch das Öffnen deiner Ohren hin zum Lauschen hinter dir zu lassen! ∎

Ausblick: KPC© Klangmassage Systemische Reitpädagogik und pferdegestütztes Coaching

Dieses Buch widmete sich der KPC© Reiterklang-massage und ihren vielfältigen Facetten auf dem RISING STAR. Doch die Möglichkeiten reichen weiter – in den Unterricht, in die Begleitung, in therapeutische und systemische Kontexte.

Im abschließenden Ausblick möchte ich zeigen, wie die systemischen Prinzipien und Methoden der KPC© Klangmassage auch im Reitunterricht und im pferde-gestützten Coaching neue Türen öffnet.

1. EINE ERGÄNZUNG DES REITUNTER-RICHTS MIT DEM RISING STAR ANSATZ

Der RISING STAR eröffnet eine neue Dimension des Reitens, die auf Wahrnehmung, Eigenverantwortung und tiefem Körpergefühl basiert. Doch damit diese Erfahrung des Reiters nicht nur auf dem Holzbock des RISING STAR bleibt, sondern tatsächlich ins tägliche Reiten übertragen werden kann, braucht es eine neue Art des Unterrichtens. Systemische Reitpädagogik ist der Schlüssel, der die Erfahrungen von RISING STAR optimal integrieren lassen und dadurch den Reitunter-richt auf ein neues Level heben kann.

EIN NEUER ANSATZ FÜR DEN REITUNTERRICHT

Die Idee, systemische Prinzipien in den Reitunter-richt zu integrieren, ist bislang kaum dokumentiert. Während systemische Pädagogik im pferdegestützten Coaching oder der Therapie bereits eine Rolle spielt, gibt es kaum Konzepte für den üblichen Reitunter-richt. Dabei bietet diese Denkweise eine bahnbre-chende Möglichkeit, den Unterricht nachhaltig zu verbessern.

Anstatt den Reiter nur äußerlich „richtigzustellen", geht die systemische Reitpädagogik einen anderen Weg: Sie fragt nicht: „Was macht der Reiter falsch?", sondern beobachtet und spiegelt: „Was passiert hier gerade?" „Was ist in diesem Kontext gerade (Wet-ter/Stimmung/Umweltfaktoren/Allgemeinbefinden

Pferd/Mensch / etc) gerade möglich, sinnvoll und nützlich?" „Wofür könnte (ein evt unvorhergesehenes negatives Ereignis, z.B. laute Baustelle, schlechtes Wetter, Missverständnisse, Ängste, etc) jetzt eine Chance für uns in dieser Reitstunde sein?" Sie holt den Reiter und das Pferd genau da ab, wo beide gerade in diesem Moment stehen.

Sie gibt keine Befehle, sondern ermöglicht eigene Erfahrungsräume – dem jeweiligen Kontext angepasst. Sie arbeitet nicht mit schnellen Korrekturen, sondern mit hypothetischem Arbeiten und Wahrnehmung. Sie fördert nicht Gehorsam oder unhinterfragte Anpassung vom Schüler, sondern setzt auf Eigenverantwortung, Sinnstiftung durch Hintergrundinformation und Körperintelligenz.

Diese Haltung bildet auch die Grundlage der Arbeit mit dem RISING STAR – denn hier wie dort geht es nicht in erster Linie um Korrektur. Es geht um das Eröffnen von Erfahrungsräumen, in denen der Reiter durch Impulse zum eigenen Spüren, und zum Erfahren neuer Handlungsmuster angeregt wird. Im Dialog können innere Erkenntnisprozesse, Aha!- und Oho! Effekte stattfinden. So findet der Reiter zu neuer Balance und neuen Fähigkeiten, die nachhaltig wirken.

WESHALB RISING STAR MIT SYSTEMISCHEM DENKEN SEINE VOLLE WIRKUNG ENTFALTET

Der RISING STAR ist eine kleine Revolution für das Reiten, weil er Reitern erlaubt, durch Klang und Vibration, ihre eigene Bewegung neu zu spüren. Doch wenn der Reitunterricht weiterhin auf traditionelle Weise gestaltet ist, rein mit äußeren Anweisungen und Korrekturen, gehen diese neuen Erfahrungen schnell wieder verloren.

Ein Beispiel

Ein Reiter sitzt auf dem RISING STAR und erlebt durch die sanften Vibrationen, wie sein Becken ganz natürlich in die Mitte und Balance kommt. Es fühlt sich leicht an, frei und mühelos. Der Atem fließt, Aufrichtung von innen beginnt… Eine echte Körpererfahrung! Doch kaum setzt er sich wieder aufs Pferd, ruft der Reitlehrer: „Sitz aufrechter! Becken nach vorne!" und sofort ist der Moment der inneren Bewegungserfahrung verschwunden. Statt dem eigenen Gefühl zu vertrauen, kehrt der Reiter zurück in die „Ich muss es richtig machen"-Haltung, der Atem stockt, der Körper zieht sich unwillkürlich zusammen.

Ergebnis

Die Erkenntnisse vom RISING STAR werden nicht integriert, sondern wieder durch die alten Schutz-Muster des Körpers (Zusammenziehen, hart werden, sich festhalten) überlagert.

Die Lösung

Es ist sehr hilfreich, wenn Reitlehrer mit der gleichen Haltung arbeiten wie die RISING STAR Reiterklangmassage.

Das bedeutet

- ◎ Mehr Fragen, und Angebote – weniger Befehle.
- ◎ Mehr Aufmerksamkeitsfokussierung mit inneren Bildern – weniger äußere Kontrolle.
- ◎ Mehr Erfahrungsräume – weniger starre Vorgaben.

So kann der RISING STAR sein volles Potenzial entfalten!

ZWEI EINLADUNGEN AN REITLEHRER

1. Die Einladung in die Kunst, das Fühlen zu lehren

Der Gedanke, **RISING STAR** als Werkzeug zu nutzen, um präzise Bewegungen wie z.B. das Schulterherein nicht nur technisch zu reiten, sondern tatsächlich **zu erfühlen**, fügt dem Reitunterricht eine wunderbare praktische neue Dimension hinzu. Durch das Lösen von Blockaden und das bewusste Spüren wird der eigene Körper zu einem feineren Instrument, das Bewegungen nicht nur ausführt, sondern erlebt.

Die besten Reitlehrer sind diejenigen, die über das Technische hinausgehen. Sie lehren nicht nur „wie", sondern inspirieren ihre Schüler dazu, das „warum" und „wie es sich anfühlen soll" zu entdecken. RISING STAR Reiterklangmassagen können sie dabei tief und wirksam unterstützen und dabei den Reitunterricht zielgerichtet bereichern. Denn Losgelassenheit, Harmonie und Balance sind nicht nur Ziele – sie sind ein Prozess, der immer bei einem selbst beginnt.

Mit RISING STAR laden wir jeden Reiter ein, das Fühlen (wieder) zu lernen – sei es durch die direkte Anwendung der Reiterklangmassage oder durch die Integration der systemischen Prinzipien in den Unterricht. Dadurch entsteht ein Raum, in dem die Schüler nicht nur lernen, sondern sich – und das Pferd wahrnehmen, spüren, reflektieren und vor dadurch miteinander und aneinander wachsen. Nicht durch Perfektion, sondern durch Präsenz, Körperbewusstsein, Gefühl und Erkenntnis.

2. Die Einladung in die Kunst, den richtigen Kanal zu treffen

Bei all dem Fühlen und Spüren müssen wir beachten, dass jeder Mensch individuell ist und anders lernt. Manche nehmen zuerst wahr, was sie sehen. Andere spüren, was sie fühlen. Wieder andere erinnern sich an Worte, und sind empfänglich für Sätze und Stimmen. Wer ganzheitlich unterrichtet, lädt nicht nur zum Tun und Spüren ein, sondern macht Angebote über verschiedene Sinneskanäle hinweg.

In der Pädagogik spricht man dabei von VAKOG: Visuell, Auditiv, Kinästhetisch, Olfaktorisch, Gustatorisch. Für die Reitpädagogik sind insbesondere die ersten drei bedeutsam:

◎ **Visuell**
innere Bilder, äußere Beobachtungen, Körperskizzen
◎ **Auditiv**
innere Sprache, Affirmationen, Stimme und Klang
◎ **Kinästhetisch**
Bewegung, Körpergefühl, Spannung, Entspannung

BEISPIEL

WENN DER KANAL WECHSELT, BEGINNT
DAS VERSTEHEN

Eine Reitschülerin sitzt auf dem Pferd, verkrampft in der Hüfte, das Becken ist blockiert. Nachdem die Reitlehrerin schon drei Mal wiederholt hat: „Lass das Becken mitschwingen!" – passiert … nichts. Die Reiterin nickt zwar höflich, tut ihr Bestes – und bleibt doch fest. Dann fragt die Reitlehrerin: „kannst du dir vorstellen, dein Becken ist wie eine Schale Wasser, die du balancierst?" Da lächelt die Reiterin: „Ah! Jetzt verstehe ich`s!"

Hier wurde nichts „anderes" gesagt, nur der Kanal gewechselt. Und ein inneres Bild statt einem Gefühl angeboten: Die Reiterin war visuell erreichbar, nicht kinästhetisch. Und in dem Moment, in dem sie sich gemeint fühlte, und die Information im Inneren verarbeiten konnte, begann Bewegung.

Mit dem RISING STAR und den KPC©-Tools (Somatic Mapping, Affirmationen, Reiterklangmassage) lassen sich diese drei Zugänge gezielt aktivieren. So kann ein Schüler nicht nur hören, was zu tun ist – er **fühlt**, was gemeint ist, **sieht**, (und malt), wie sich Veränderung anfühlt, und wird zum Beobachter, wie sein Körper in neue Muster findet.

Besonders im **systemischen Coaching** geht es darum, die **Eigenwahrnehmung** zu stärken und die eigene Verarbeitung ernst zu nehmen – ohne Bewertung, sondern mit neugieriger Beobachtung. Wer versteht, wie er lernt, kann bewusstere Entscheidungen treffen, sich selbst besser regulieren und in echten Kontakt mit seinem Pferd kommen.

IMPULS FÜR REITLEHRERINNEN
UND COACHES

Beobachte, **welcher Kanal** bei deinem Schüler anspringt:

◎ Spricht er in Bildern?
◎ Fühlt er stark?
◎ Oder braucht er klare Worte?

Passe deinen Unterricht an – nicht in der Technik, sondern in der Sprache, im Rhythmus und im Zugang. Denn: Lernen geschieht dort am besten, wo der Zugang stimmt (Ein Bild, ein Gefühl, oder ein Satz) – Erst, wenn wir den „richtigen Kanal" unseres Gegenübers treffen, fühlt sich der Reiter wirklich ernst genommen, und kann mit unserer Information wirklich etwas anfangen.

2. EINE ERGÄNZUNG DES PFERDE-GESTÜTZTEN COACHINGS & THERAPIE – EIN IMPULS FÜR KOLLEG:INNEN

Pferdegestütztes Coaching hat sich in den letzten Jahren als wirkungsvolle Methode etabliert, um Menschen in Entwicklungsprozessen zu begleiten. Pferde spiegeln unbestechlich, was im Menschen präsent ist – sie fordern Authentizität, Klarheit und Präsenz. Genau hier knüpft die Klangarbeit auf RISING STAR – aber auch mit der Schaki an. Klang schafft Resonanzräume, in denen nicht nur der Körper, sondern auch das emotionale Erleben ins Schwingen kommt. In Kombination mit der feinen Wahrnehmung der Pferde entsteht ein Feld, das tiefgreifende Selbstwahrnehmung und Veränderung ermöglicht.

Systemische Coaches, die pferdegestützt arbeiten, finden mit der KPC©Klangmassage auf RISING STAR ein wirkungsvolles Werkzeug, um innere Prozesse sichtbar, hörbar und vor allem körperlich spürbar zu machen. Ob zur Ressourcenverankerung, zur Regulation nach intensiven Momenten, oder zur Erkundung von eigenen somatischen Markern – die Anwendungsmöglichkeiten sind vielfältig.

Über RISING STAR hinaus bieten Klangmassage-Einheiten mit der Schaki für Pferd&Mensch (s. Kapitel 2) im Rahmen von Coaching & Therapie noch viele weitere Möglichkeiten in der feinen gegenseitigen „art-übergreifenden" Begegnung zwischen Mensch und Pferd.

Da RISING STAR und Schaki neben dem Reit-Fokus auch im Rahmen dieser pferdegestützten Coaching-Praxis entwickelt wurde, möchte ich hierauf noch kurz eingehen.

KPC© KLANGMASSAGE-ELEMENTE IM PFERDEGESTÜTZTEN COACHING/THERAPIE

◎ **stärken das Urvertrauen**

Klangwellen wirken tief regulierend auf das Nervensystem. Mensch und Pferd können loslassen, entspannen und eine bejahende Daseinsform finden. So entsteht Raum für echte Verbindung.

◎ **Herz-zu-Herz-Kommunikation**

Durch die gemeinsame Klangmassage entsteht eine besondere Form der Präsenz ‚Pferd und Mensch begegnen sich feiner, offener, wahrhaftiger.

◎ **Klang macht Resonanz sichtbar**

Die Klangwellen verstärken die energetische Ausrichtung – Gedanken, Emotionen und körperliche Spannungen werden unvermittelt spürbar und verstärkt. Dies fördert die Bewusstheit, Achtsamkeit und innere Klarheit.

◎ **Achtsamkeit und Präsenz**

Die KPC© Klangmassage ist ein Training in Mindfulness. Nur wenn der Mensch wirklich ganz da ist, kann die feine Wirkung des Klangs zur Entfaltung kommen. Ein Schlüssel für authentische (Selbst-) Führung und Kommunikation

◎ **Herdenbewusstsein durch das Wächterprinzip**

Die gemeinsame Klang-Arbeit am Pferd stärkt das Aufeinander-Achten. Ob ich Klangmassage bekomme – oder (Pferd oder Mensch oder beiden) gebe: Ich bin Teil eines schützenden, achtsamen Feldes, das wir miteinander aufbauen und beschützen, so wie es eine Herde auch tun würde. Dies ist eine sehr tief greifende Erfahrung des „Aufgehoben seins" wie in einer Herde.

◎ **Förderung von Selbstwirksamkeit**

Klienten erleben sich als wirksam, wenn sie z.B. einer ganzen Pferdeherde ein „Klangkonzert" schenken. Ein zutiefst emotional positives und stärkendes Erlebnis! Ebenso, wenn sie auf dem Pferd selbst in eine regulierende Schwingung eintauchen.

◎ **Regulation durch Zentaurus-Massage**

Die Klangmassage auf dem Pferd (Zentaurus-Format) ermöglicht körperliche Tiefe, Atemverbindung und ein Erleben von Geborgenheit im Kontakt mit einem großen, mitfühlenden Wesen.

◎ **Kreativer Ausdruck und Ritualkraft**

Klangkonzerte mit Pferden, Klangrituale auf dem RISING STAR oder in der Natur, oder bewegte Formen wie „Tanzen mit Pferd und Klang" eröffnen neue Erfahrungsräume. Die KPC© Klangmassage mit Schaki und RISING STAR inspiriert zu neuen schöpferischen Formaten.

Ich bin davon überzeugt

Diese Form der Klangmassagearbeit bereichert das pferdegestützte Coaching enorm! Sie ist kein Ersatz, sondern eine Ergänzung – eine Einladung zur Vertiefung und Verfeinerung.

Wenn du selbst mit Pferden im Coaching arbeitest, findest du in diesem Buch vielleicht erste Impulse. Noch mehr praktische Anleitungen, Bezüge zum Einbetten in den pädagogisch-therapeutischen Rahmen – und die Möglichkeit zur Weiterbildung findest du auf meiner Website oder im Rahmen der KPC-Practitioner-Ausbildungen. Lass uns gemeinsam erforschen, was möglich wird, wenn Pferd, Mensch – und Klang – einander lauschen.

KPC© Klangmassage im pferdegestützten Coaching – was möglich ist:

◎ Ressourcen verankern durch Körperresonanz

◎ Klang als nonverbales Feedback und Resonanzraum in der Pferdearbeit

◎ Klangmassage zur Regulation nach intensiven Momenten

◎ Vertiefung systemischer Prozesse über Schwingung & somatische Marker

◎ Erleben von Selbstwirksamkeit, Präsenz und „Herdenbewusstsein"

◎ Training der Selbstwahrnehmung auf dem RISING STAR

10 Prinzipien für systemisch denkende Reiter*
* und solche die es werden wollen..

Nachdem wir im Ausblick gesehen haben, wie die KPC© Klangmassage über den Reitunterricht hinaus neue Wege im pferdegestützten Coaching & Therapie eröffnet, kehren wir nun zurück in den Sattel. Mit einem frischen Blick. Denn: Reiten ist mehr als Technik. Es ist die Kunst, die Balance, Körperwahrnehmung, innere Haltung und bewusste, feine Kommunikation erfordert.

Dabei versuchen viele von uns immer noch, alles perfekt zu machen. Sie verlieren dann genau das, was wir im Reiten eigentlich erleben wollen: Flow, Leichtigkeit, Einklang und tiefe Verbindung.

Die folgenden 10 Prinzipien laden dich dazu ein, das eigene Reiten aus einer etwas systemischeren Perspektive zu reflektieren. Dich im Reiten neu zu entdecken und dabei zu erforschen – und vielleicht ganz neu zu spüren. Vielleicht ist das ein oder andere Prinzip für dich hilfreich und nützlich. Wähle nur das, was dir selbst gut tut. (Das ist im übrigen auch schon ein systemisches Prinzip)

> DREI RISING STAR KERNAUSSAGEN
> DER SYSTEMISCHEN HALTUNG
>
> ◎ Reiten ist kein Zustand, es ist ein Prozess.
>
> ◎ Deine Wahrnehmung verändert deine Haltung.
>
> ◎ Geschmeidige Bewegung entsteht mehr von innen heraus, als durch Korrektur von außen.

Bist du bereit, dein Reiten neu zu erleben? Dann lade ich dich ein, diese Haltung in dein Reiten zu integrieren. Lass dich überraschen, was sich dadurch verändert. Welche „Unterschiede, die Unterschiede machen", du beobachten kannst. Also: welche kleinen Veränderungen plötzlich neue Wirkungen, neue Bewegungen oder neue Reaktionen (bei dir wie beim Pferd) hervorrufen. Viel Freude damit!

10 PRINZIPIEN FÜR SYSTEMISCH DENKENDE REITER

1. Ich beobachte, ohne gleich zu bewerten

Ich erlaube mir, meinen Körper achtsam zu spüren, ohne in zu verurteilen.
Mein Sitz ist nicht „gut" oder „schlecht" – er ist mein Ausgangspunkt. Er ist wie er ist.
Und das ist ok.

◎ *Wie fühlt sich mein Körper jetzt gerade an, ohne dass ich ihn verändern will?*

2. Ich stelle neugierig erkundende Fragen (statt mich sofort zu bewerten oder zu korrigieren).

Ich frage mich nicht: *„Mache ich es richtig?"*, und *„Hoffentlich mache ich nichts falsch. "*,

sondern ich gehe in eine neugierige, offene Haltung:
◎ *„Wie fühlt es sich an, wenn ich xy tue oder lasse?"*
◎ *„Was verändert sich, wenn ich meine Aufmerksamkeit auf (meinen Körper, innere Bilder, den Atem, den Takt, etc) verlagere?"*

Statt: *„Ich muss mein Becken mitschwingen lassen":*
„Was passiert, wenn ich den Atem in mein Becken sinken lasse und mir vorstelle, durch meine Füße hinaus auszuatmen?"

3. Ich entdecke und ent-falte meinen Sitz mit Freude – statt ihn zu erzwingen

Kein Körper ist gleich. Mein Sitz muss nicht so aussehen wie der von anderen.
Ich entwickle meinen Sitz dadurch, dass ich Anweisungen, Tipps und Ratschläge in meine Welt und in meinen eigenen Erfahrungsschatz übersetze.
Ich probiere aus. Ich ent-falte mich, und lasse mich von nichts und niemanden unter Druck setzen. Ich darf Spaß haben, auch wenn es erst mal nicht gut aussieht oder nicht perfekt ist!

◎ *Welche der Bewegungen fühlt sich jetzt leichter und fließender an?*

◎ *Wenn ich xy tue (oder lasse): Was ändert sich dadurch bei mir – beim Pferd?*

◎ wenn ich eine Anweisung höre, die mich unter Druck setzt, erlaube ich mir, jetzt wählen zu dürfen: *Will ich diesen Druck jetzt?* Oder gebe ich mir den Freiraum, weiter bei mir zu bleiben, innerlich zu lächeln – und die Spannung mit dem nächsten Ausatmen zu entlassen.

4. Ich arbeite mit Hypothesen, nicht mit festen Regeln Fehler zeigen mir, was fehlt!

Ich experimentiere mit meinem Körpergefühl. Dabei probiere ich aus, was passiert, wenn ich etwas verändere, ohne gleich einem festes Ziel nachzujagen. Das Pferd und ich dürfen dabei „Fehler" machen. Sie zeigen auf, was „fehlt". Wenn uns das bewusst wird, können wir dadurch können wir lernen!

◎ *Könnte es sein, dass ich meinen unteren Rücken mehr loslassen kann, wenn ich meine Fußsohlen bewusster spüre?*

◎ *Könnte es sein, dass ich bei Druck und Stress meine Zunge an den Gaumen hoch presse? Was passiert, wenn ich bewusst meine Zunge vom Gaumen weg – in den Zungengrund lege?*

◎ *Vielleicht hilft mir meine Aufmerksamkeitsfokussierung auf Momente, in denen ich mich wohl fühle, auch auf dem Pferd. Wenn ich z.B. innerlich mal mein Lieblingslied summe – welche Unterschiede stellen sich im Sattel ein?*

**5. Ich richte meine Wahrnehmung auf innere Bilder.
Sie verändern oft mehr, als Kontrolle oder
Anweisungen von außen**

Ich versuche nicht, mich „korrekt" zu positionieren.
Stattdessen spüre ich, wie mein Körper sich von selbst
neu ausrichtet, wenn ich meine Aufmerksamkeit
lenke. Statt:

◎ *„Ich muss meinen Kopf gerade halten":*
◎ *„Was passiert, wenn ich meine Aufmerksamkeit auf
den Faden an meinem Scheitel lenke, der mich nach
oben Richtung Himmel zieht?"*

**6. Stärken stärken
Ich entdecke und nutze meine Ressourcen,
nicht meine Defizite**

Statt mich auf meine Fehler und Defizite zu fokussieren, erforsche ich, wo Bewegung leicht und fließend
ist. Ich beginne dort, wo mein Pferd und ich schon
gut sind! Was wir schon gut können. Ich stärke unsere
Stärken und nutze diese Zustände, wann immer ich
sie brauche.

◎ *Welcher Teil meines Körpers fühlt sich gerade stabil,
entspannt und durchlässig an?*

◎ *Was hat schon mal so richtig gut geklappt? Angenommen, ich beginne die Stunde mit dem, was mein Pferd
und ich so richtig gut können und mögen?*

**7. Veränderung entsteht durch Erfahrung,
nicht durch Zwang.**

Je weniger ich mich und mein Pferd zwinge, desto
natürlicher verändert sich meine Haltung. Ich erlaube
mir, neue Bewegungsmuster zu entdecken, statt sie zu
„machen".
Ich erlaube mir neue Erfahrungsräume zu betreten
und zwinge mich nicht in ein festes Programm.

◎ *Was wäre, wir würden heute einmal (etwas tun, was
wir noch nie getan haben)?*

◎ *Wie könnte (ein neuer Impuls) wirken, wenn ich mir
heute erlaube, mir für dieses Neue Zeit zu nehmen,
und es einfach einmal auszuprobieren?*

**8. Ich nutze meinen Atem und meinen Körper
als Resonanzraum**

Mein Atem ist mein bester Lehrer – er zeigt mir, wo
Spannung ist und wie sie sich lösen kann. Mein Körper ist ein eigener Resonanzraum.

◎ *Wenn ich atme, summe und den Klangwellen Raum
gebe, wie verändert sich mein Sitz dabei?*

◎ *Wenn ich mir erlaube, einmal tief ein und dann ganz
lange auszuatmen – und in diesem Ausatmen einen
Ton entstehen lasse: Welche Körperbereiche lockern sich?*

◎ *Wie reagiert das Pferd? Vielleicht mag sogar bei mir
ein kleines Lächeln von innen entstehen..*

9. Ich bin offen für Neues und Feedback
   Reiten ist eine kontinuierlicher, lebenslanger
   Lernprozess.

Es gibt kein „perfektes Reiten" – es gibt nur Entwicklung. Jeder Ritt, jeder Moment ist eine neue Erfahrung. Und: jedes Feedback ist wertvoll! Ich stehe zu mir und bleibe offen für andere Perspektiven und Feedback. Damit mache ich neue Erfahrungen und Lerne. Schritt für Schritt – und akzeptiere, dass Entwicklung Zeit braucht. Ich akzeptiere, dass ich selbst als erfahrner Profi hin und wieder den Kreis meiner lieb gewonnen Gewohnheiten erweitern muss, neue Erfahrungen zu machen. Denn: Reiten ist ein lebenslanger Lernprozess!

◎ *Was hat sich heute anders angefühlt als gestern?*

◎ *Was, von dem was ich höre oder sehe, erweitert mein Weltbild?*
Könnte ich es für mich selbst einmal ausprobieren?
Welche Vorurteile trage ich in mir – aus meiner Vergangenheit – die ich evtl. mal hinterfragen könnte:
Was, wenn es anders wäre, als ich bisher glaubte, dass es richtig ist?

10. Ich finde meine Lösungen von innen heraus –
   das macht mich selbstwirksam

Mein Körper hat eine eigene Intelligenz. Ich vertraue darauf, dass ich die Lösungen für meinen Sitz in mir trage. Statt: „Ich muss mich mehr kontrollieren oder konzentrieren".

◎ *Was passiert, wenn ich mir heute erlaube, weniger zu tun und mehr zu spüren, mich selbst und mein Pferd?*

◎ *Was würde ich tun, wenn ich könnte was ich wollte?*
Was brauche ich, was braucht mein Körper gerade?
Was braucht mein Pferd gerade?

Fazit

Dein Reiten wird sich verändern, wenn du es dir erlaubst! Reiten ist nicht nur das „richtige Tun", sondern das bewusste Erleben. In dem Moment, in dem du aufhörst,

◎ dich innerlich ständig selbst zu richten und zu bewerten (oder abzuwerten),

◎ oder nur das zu tun, was andere von dir fordern, ohne dass du weißt, was du eigentlich willst

◎ oder das zu tun, was du schon immer getan hast, ohne darüber nachzudenken

kann Veränderung von innen heraus entstehen. Dein Körper weist dir dabei den Weg – du musst ihm nur zuhören.

RISING STAR© gibt dir die Möglichkeit, deine eigene Bewegung neu zu entdecken. Doch du kannst diese Haltung auch ohne Klangmassage in dein tägliches Reiten integrieren, egal, ob auf dem Pferd oder am Boden.

DEIN NÄCHSTER SCHRITT: NEHME DIE EINLADUNGEN AUF DEIN PFERD MIT!

◎ Suche dir eine der zehn Prinzipien für deine nächste Reiteinheit aus.

◎ Experimentiere mit Wahrnehmung, Aufmerksamkeitsfokussierung und Erlaubern, statt Bewertung und Korrektur.

◎ Finde heraus, was sich verändert, wenn du dieses Prinzip im Sattel verkörperst.

◎ Was passiert, wenn du dein Reiten als eine Reise der Entdeckung für dich und dein Pferd siehst?

◎ Geh Schritt für Schritt deinen Weg im Reiten, voller Leichtigkeit, Bewusstheit und Lebensfreude! Reiten darf Spaß machen! Dir und deinem Pferd. Also: Lächle! Und habt Spaß!

Ein abschließender Gedanke zur Sicherheit im Sattel

ENTSPANNUNG UND FÜHLEN ALS GRUNDLAGE FÜR SICHERHEIT UND HARMONIE

Reiten auf einem Fluchttier ist immer mit einem gewissen Risiko verbunden – und dieses Risiko steigt, wenn der Reiter angespannt, unklar und unsicher ist. Verspannte Muskeln, eine unruhige Atmung und ein hektischer Geist übertragen sich unmittelbar auf das Pferd. Aus einer kleinen Unsicherheit kann schnell eine große Reaktion werden. Umgekehrt zeigt sich: ein Reiter, der in sich selbst ruht und präsent ist, kann auch sein Pferd in einen Zustand von Entspannung und Losgelassenheit führen. Dieses Wechselspiel ist essenziell, nicht nur für die Harmonie im Sattel, sondern auch für die Sicherheit.

Die Reiterklangmassage greift genau hier ein. Durch die Klangwellentherapie wird der Körper in einen Zustand von Balance und Entspannung gebracht. Verspannungen lösen sich, die Atmung vertieft sich, und der Geist wird klarer. Dies schafft eine ideale Ausgangslage für das Reiten: Der Reiter ist präsenter, klarer in seinen Hilfen, körperlich ausbalanciert und geistig in sich selbst ruhend. Pferde reagieren auf diesen Zustand mit weniger Stress und größerer Bereitschaft, sich ebenfalls zu entspannen.

Langfristig kann diese Verbindung von Entspannung und Präsenz dazu beitragen, Unfälle im Reitsport zu minimieren. Ein Reiter, der sich selbst spürt, wird achtsamer – sowohl für sich, als auch für sein Pferd. Dieses Prinzip der Prävention macht die Reiterklangmassage nicht nur zu einem Werkzeug für Harmonie, sondern auch zu einem wertvollen Beitrag zur Sicherheit im Reitsport.

Nachwort – die Reise mit Klangmassage, Pferd und sich selbst

Klangmassage für Mensch und Pferd, Reiterklangmassage, Sitzschulung auf RISING STAR, Lockerung der wichtigsten Körperregionen, Faszienklangmassage und systemisches Coaching – all diese Elemente fügen sich in diesem Buch zu einem ganzheitlichen Ansatz zusammen. Schritt für Schritt hast du erfahren, wie Klangmassage, Körper und Bewusstsein ineinander greifen und wie du mit RISING STAR nicht nur deinen Sitz und deine Verbindung zum Pferd verbessern, sondern auch persönliche Entwicklungsprozesse anstoßen kannst.

Doch eines ist mir wichtig zu betonen: Keine Klangmassage gleicht der anderen. Ob du eine einmalige kurze Entspannungsmassage genießt oder einen langfristigen Prozess startest, um deinen Sitz zu vertiefen, dich auf Turniere vorzubereiten, deine Ängste zu durchschreiten oder deine Visionen mit dir und deinem Pferd klarer zu sehen und zu erreichen – du hast die Freiheit zu wählen, was du brauchst. Klang und Klangmassage kann begleiten, stärken und verändern. Es kann helfen, tief sitzende Muster zu wandeln und eine neue, bewusstere Verbindung mit dir selbst und deinem Pferd zu schaffen. Es kann Räume eröffnen,

die Leichtigkeit, Schönheit und Einklang im Sattel mit deinem Pferd möglich machen, von denen du bisher vielleicht nur geträumt hast.

In diesem Buch sind nicht nur die Grundlagen der KPC© Reiterklangmassage, ihre Wirkungen und Anwendungsfelder beschrieben, sondern auch die mit ihr verknüpfte systemische Haltung eingeflochten: Die Kunst, Ressourcen in den Blick zu nehmen und zu stärken, Lösungen statt Probleme zu fokussieren. Zu erkennen, dass sich das, was uns herausfordert, oft in etwas Wertvolles verwandeln lässt und wir Ängste transformieren können. Vielleicht hat die ein oder andere Frage, eine hypnosystemische Schleife oder eine neue Perspektive dazu beigetragen, dein eigenes Denken flexibler zu machen und Muster zu erkennen und in Bewegung zu bringen.

Dieses Buch bietet dir einen Überblick, eine Landkarte, aber es ist noch längst nicht alles. Wenn du die Reiterklangmassage selbst erleben oder erlernen möchtest, um sie für dich oder andere anzuwenden, dann lade ich dich ein, den nächsten Schritt zu gehen.

Beginne mit dem digitalen Kurs, in dem du mit nur einer Schaki und einem Schlägel die Grundlagen der Reiterklangmassage erfahrbar machst – und dir und anderen schon einiges Gutes tun kannst. Ganz ohne RISING STAR.

Danach kannst du tiefer eintauchen in die Ausbildung und lass dich zum KPC© Practitioner Reiterklangmassage ausbilden. So kannst du selbst diese Form der Reiter-Klangmassage, Sitzschulung und Lockerung von Körperbereichen sowie Faszienklangmassage professionell lernen, anbieten und anderen Reitern damit großen Mehrwert schaffen.

Ob du Lust hast, tiefer einzutauchen, oder vielleicht einfach nur mit einer Schaki erste Erfahrungen sammeln magst: Alles darf, nichts muss! Vielleicht hast du beim Lesen einfach neue Impulse gewonnen, deinem Körper anders zuzuhören, dem Klang Raum zu geben oder deinem Pferd mit neuen Augen zu begegnen. Was auch immer du für dich mitnimmst – ich hoffe, Buch hat dich inspiriert auf deinen eigenen Weg beim Reiten.

Und wer weiß, vielleicht begegnen wir uns irgendwann – in einer Klangmassage, in einem Kurs oder einfach in einem Moment voller Resonanz. Live, schwingend und ganz echt.

DANKSAGUNG

Ein besonderer Dank gilt **Kathrin Fischbach**, die mich gerade in der Anfangszeit intensiv begleitet hat. Mit ihr habe ich die ersten Schritte gewagt, Versuche unternommen, Erfahrungen gesammelt, und für ihre Loyalität und Begeisterung bin ich bis heute zutiefst dankbar.

Ein ebenso herzlicher Dank geht an meine **Tochter Anna Truckenbrodt**, die mich über Jahre hinweg in der Entwicklung von KPC und auch dieses Buches kritisch, fordernd und innovativ begleitet hat. Mit ihrer Klarheit, ihrem Pferdesachverstand und ihrem Gespür für Wesentliches hat sie mich immer wieder heraus gefordert – und genau das ist unbezahlbar. Als Fotomodel hat sie sich mit Hingabe und Biss eingebracht, auch wenn die Sessions manchmal lang und fordernd waren. Ohne ein einziges Murren – einfach mit dabei. Stark!

Mein Dank gilt auch **PFERD&REITER Reisen und den Anbietern in Portugal, Dänemark, Dominikanischen Republik und Deutschland**, die früh das Potenzial der Reiterklangmassage erkannt haben. Wir haben wunderschöne Urlaubsangebote gemeinsam entwickelt und in die jeweiligen länder-typischen Ferienmodelle integriert! Ich erinnert mich sehr gerne auch an die zahlreichen Messen gemeinsam, auf denen ich vor der Corona Zeit viele Besucher „beklingen" durfte! Für die große Offenheit, ihr Vertrauen und die gemeinsame Kreation möchte ich mich ausdrücklich bedanken!

Ein besonderer Dank geht an **Denise Barth**, mit der ich das Reiten aus der Körpermitte zusammen mit der Klangwirkung erforscht habe. Gemeinsam haben wir mit dem ersten Klanghocker bahnbrechende Erkenntnisse entwickelt und neue Wege für das Verständnis der Körperbalance und Reitersitz geebnet.

Ich danke **Caroline Willer**, Kollegin, Therapeutin und Reitlehrerin für die jahrelange Zusammenarbeit, ihr Vertrauen, und die Möglichkeit, Klangmassage für Pferde und Reiter zusammen mit ihrer Camargue-Pferde-Herde zu erforschen. Ganz besonders auch für die Studienreise nach Südfrankreich, mit Eintauchen in die halbwild lebende Camargue-Stuten-Herde. Sie hat mich das Wächter-Prinzip tiefgründiger erfahren verstehen gelehrt. (Dieses Wächterprinzip habe ich in der Klangmassage für Pferde als ein zentrales Element integriert.) Und für das inspirierende klare Feedback, das mir in der Entwicklung der Methode extrem hilfreich war.

Ein großes Dankeschön auch an **Tierärztin Larissa Thielen**, die von Anfang an offen war, die Wirkung der Klangmassage für Pferde wissenschaftlich zu hinterfragen. Gemeinsam haben wir erste Voruntersuchungen an zehn Pferden durchgeführt – und unter bestmöglichen Bedingungen erforscht, ob Klangmassage physiologische Auswirkungen auf PAT Ergebnisse und Entspannungszeichen hat. Eine so tatkräftige, offene und professionelle Unterstützung auf Tierarzt-Seite zu bekommen, war ein bedeutender Schritt – für die Methode selbst und für ihre Anerkennung.

Und dann möchte ich ganz besonders meinen drei Gastbeitrags-Geberinnen danken:

Melanie Schwandt, die mittlerweile nicht nur ausgebildete KPC Klangmassage Practitionerin ist, sondern auch aktiv Kurse begleitet, selbst Klangmassagen für Pferde und Reiter gibt, und die die Reiterklangmassage intensiv mit Working Equitation und KPC verbindet. Durch ihr großes Engagement und ihre Mithilfe in den Kursen konnten wir die Didaktik und das Gesamt-Konzept im Laufe der Jahre immer weiter verbessern und damit die Qualität der Ausbildung optimieren.

Birgit Michael-Maiwert, meine „beste Reitlehrerin der Welt", die ich so lange beknien durfte, bis sie sich zum ersten Mal auf RISING STAR setzte. Für ihre kompetente empathische und motivierende Art, mich als Reiterin zu begleiten, für ihre tiefgehende kluge Vermittlung der Reitkunst nach klassischen Vorbildern und für ihren jahrelangen Unterricht bin ich ihr zutiefst dankbar. Ebenso für die Zusammenarbeit im „Jenseits vom Ernst", indem wir unsere Kernkompetenzen, die Reitkunst und die KPC© Reiterklangmassage ergänzend zusammen bringen.

Annika Keller, eine wahre Meisterin des feinen Reitens, die RISING STAR von Beginn an in seiner Tiefe verstanden hat. Mit ihrer hoch entwickelten Reit-, Fühl- und Reflektions-kompetenz hat sie nicht nur die Methode supervidiert, sondern selbst vieles ausprobiert und für ihr eigenes Reiter-Leben übertragen. Für ihre Offenheit, ihre tiefgehenden Impulse und den inspirierenden Austausch bin ich sehr dankbar – und freue mich auf alles, was noch kommt.

Und zu guter Letzt: Drei Mitwirkende „im Hintergrund", leise aber unverzichtbar:

Ein großes Dankeschön an **Heike Mertins**, die als ausgebildete Practitionerin nicht nur mit klarem Blick und systemischem Verständnis, sondern auch mit beeindruckender Akribie die Korrekturen dieses Buches begleitet hat. Sie hat jeden Satz, jedes Komma, jede Formulierung mit liebevoller Gründlichkeit geprüft – und damit mitgeholfen, dem Inhalt auch äußerlich den Feinschliff zu geben, den er verdient.

Ein herzliches Danke an **Tina Huhne**, die sich ohne Zögern auf diese Arbeit eingelassen hat – nicht nur als Fotomodel, sondern als echte Teilnehmerin. Sie hat die Methode selbst erlebt, sich berühren lassen und war sofort mit Feuer und Neugier dabei, um sich mit großer Offenheit fotografisch begleiten zu lassen.

Dieses Vertrauen, diese Begeisterung und ihr echtes Mitwirken machen die (Coaching-)Bilder in diesem Buch lebendig, echt – und für mich besonders kostbar.

Und ein ganz besonderer Dank geht schlussendlich an **Klaus Niedermeier**, meinen Grafik-Designer, der nicht nur formatiert, sondern mit scharfem Blick und großer Erfahrung pro-aktiv mit gestaltet hat. Mit feinen Gespür, gestalterischer Klarheit und handwerklichem Können hat er meine Ideen in Form gebracht – und die Seele dieses Buches sichtbar werden lassen.

Dieses Buch ist das Ergebnis all dieser (und noch vieler weiterer) Begegnungen, Erfahrungen und Erkenntnisse, die sich im Laufe der Jahre zu einer inneren Landkarte verdichtet haben. Ich danke jedem Menschen, der dazu beigetragen hat – in Worten, in Klang und im Sein.

Und vielleicht – wer weiß – wird eines Tages mein Traum wahr: Dass ein RISING STAR in vielen guten Reitställen seinen Platz findet – dort, wo Reiterinnen und Reiter nicht nur Reitmethodik schulen, sondern auch Haltung und Bewusstsein entwickeln. Vielleicht sogar in traditionsreichen Häusern wie der Spanischen Hofreitschule in Wien, der Hofreitschule Bückeburg, der Portugiesischen Schule der Reitkunst in Queluz – oder in den Hallen der Akademischen Reitkunst, wo Reitkünstlerinnen, Lehrende und Ritter mit Hingabe den feinen Weg der Ausbildung gehen. Nicht als Ersatz für die klassische Lehre, sondern als Beitrag zu einer Reitkunst, in der der Sitz sich von innen entfalten darf – und der Mensch sich nicht im Funktionieren verliert, sondern gemeinsam mit dem Pferd in echte Verbindung findet.

In Würde. In Präsenz. In Einklang.

Von Herzen,
Nicole Truckenbrodt

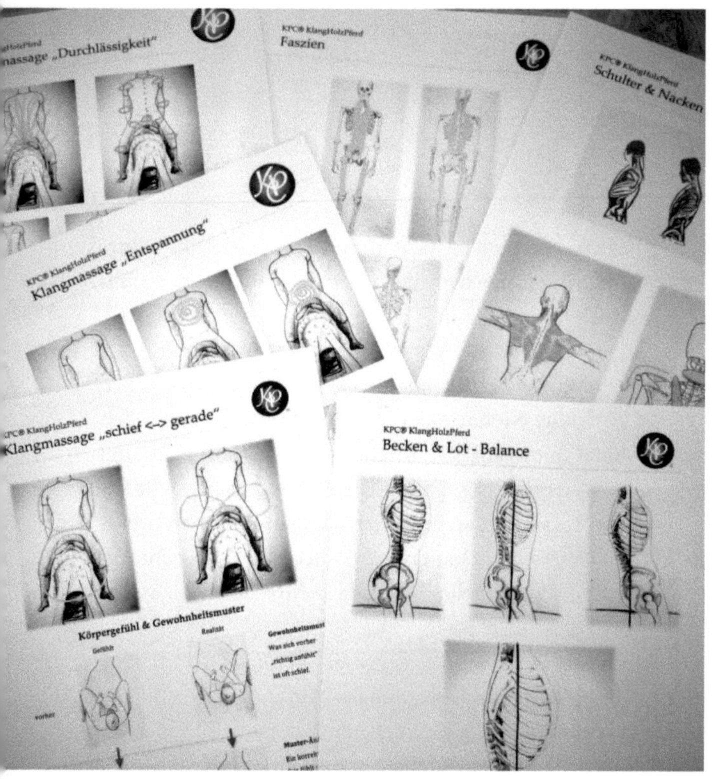

Alle Infos zur Ausbildung findet über den QR-Code oder direkt auf unserer Website. www.klangpferdecoaching.de

Ich freue mich, wenn wir uns begegnen.

AUSBILDUNG ZUM KPC PRACTITIONER „REITERKLANGMASSAGEN"

In einem mehrstufigen Curriculum kannst du die vertikale Klangmassage auf RISING STAR erlernen. Hier kommen alle Ebenen und Inhalte zusammen: Reiterklangmassage, Sitzschulung, Faszienklangmassage und ausgewählte systemische Coaching-Übungen. All dies wird Schritt für Schritt gelernt, trainiert, selbst gespürt, angewendet, und supervidiert.

Am Ende hast du einen großen Werkzeugkoffer, mit dem du deine eigenen Reiterklangmassagen ganz passgenau auf die Anliegen von Reitern hin ausrichten und in deine vorhandene Professionalität einbauen kannst. Je nach Vorwissen und Fokus der Ausbildung kann sich dies

1. rein auf Entspannungsangebote und Wohlfühlmomente,

2. auf gezielten Einsatz der Reiterklangmassage für Sitzschulung als Ergänzung von Reitunterricht

3. auf Lockerung von Gelenken und Durchlässigkeit von Reitern,

4. auf Faszienklangmassagen – gerade für Sportreiter interessant

5. oder zusätzlich auch auf die Anwendung von Coaching- und Therapie-Elementen in Coaching oder Therapie hin fokussieren

Anwenderbezogenes Wissen, konsequente Eigen-Erfahrung, fundierte Theorie Aufbereitung. Das Lernen in einem kleinen Intensiv-Gruppen-Setting bietet eine fundierte kompakte Ausbildung mit ausreichend Übungs-, Vertiefungs- und Supervisionsmöglichkeiten.

LITERATURVERZEICHNIS

Bücher

◎ Behrens, Frauke, „Der Reitersitz – das Praxisbuch", evipo Verlag, 2021
◎ Beran, Anja, „Aus Respekt !", Wu Wei Verlag, 3. Aufl. 2008
◎ Beran, Anja, „Botschaften zur Reitkultur", Crystal Verlag, 2023
◎ Branderup, Bent, „Akademische Reitkunst", Cadmos Verlag, 3. Aufl. 2019
◎ Bundy, Murray, „Sensorische Integrationstherapie", Springer Verlag, 3. Aufl. 2007,
◎ Diacont, Kerstin, „Mit System zum harmonischen Reiten", BLV Verlagsgesellschaft, 2002
◎ Fischer-Zillinger Marlies, Claudia Weissauer, „Der korrekte Sitz des Reiters", Müller Rüschlikon Verlag, 2019
◎ Graf, Angelika, „Working Equitation Basics", Angelika Graf Verlag, 2. Aufl. 2022
◎ Heimsoeth, Antje, „Mental-Training für Reiter", Müller Rüschlikon Verlag, 3. Auflage 2017
◎ Kaiser, Silke Katharina, „Das Kleingedruckte zwischen Mensch und Pferd", tredition Verlag, 2016
◎ Konir, Gerhard, „Pferdegestütztes Coaching", BoD, 2012
◎ Künzel, Nicole, „Jeder Gedanke ist eine Kraft", Kosmos Verlag, 2015
◎ Meyners, Eckart: „Bewegungsgefühl und Reitersitz", Kosmos Verlag, 2. Auflage 2012
◎ Meyners, Eckart, „Sitzen lernen und lehren II – Harmonie von Reiter und Pferd", Dressur-Studien Verlag, 2018
◎ Meyners Eckart, Schreiber-Jetzinger Roswitha, Eschenhorst Katrin, „Verbessere dein Reiten", Kosmos Verlag, 2024
◎ Nagel, Tom, „Zen und Reiten", Zogen Publications, 3. Aufl 2013.
◎ Prockl, Erika, „Wenn Erwachsene in den Sattel wollen", Cadmos Verlag, 2006/2010
◎ Recktenwald, Anke, „Besser reiten mit Feldenkrais", Kosmos Verlag, 2012
◎ Rosenberg, Stanley, „Der Selbstheilungsnerv.", VAK Verlag, 15. Aufl. 2024
◎ Stechmann, Klaas (Hrsg) u.a., „Faszien. Architektur des menschlichen Fasziengewebes", KVM Medizinverlag, 2016
◎ Swift, Sally, „Reiten aus der Körpermitte – Pferd und Reiter im Gleichgewicht", Müller Rüschlikon Verlag, 5. Aufl. 1995
◎ Swift, Sally, „Reiten aus der Körpermitte – Perfektion im Sattel", Müller Rüschlikon Verlag, 2003
◎ Tietze, Tuuli, „Reiten mit inneren Bildern", Kosmos Verlag, 2016

Filme

◎ Diacont, Kerstin, „Einfach reiten lernen 1 – Bewegungsverständnis und effektive Biomechanik (DVD)", LANA-Film e.K., 2012
◎ Reitz, Dr. med. vet. Astrid, „Akupressur – So kann ich mein Pferd selbst unterstützen (DVD)", IK Filmproduktion, 2010
◎ ways 2liberty Natural Horsemanship, „liberty – Freie Bodenarbeit als Grundlage für die Kommunikation zwischen Pferd und Mensch (DVD)", Schauwacker Filmproduktion